华章经管
HZBOOKS | Economics Finance Business & Management

Dreams and Details

Reinvent Your Business and Your Leadership from A Position of Strength

梦想与细节

重塑企业 数字新赛季的领导力

[丹] 吉姆·哈格曼·思纳博 著
Jim Hagemann Snabe
米卡埃尔·特欧乐
Mikael Trolle

高大众 译

机械工业出版社
China Machine Press

图书在版编目（CIP）数据

梦想与细节：重塑企业数字新赛季的领导力 /（丹）吉姆·哈格曼·思纳博（Jim Hagemann Snabe），（丹）米卡埃尔·特欧乐（Mikael Trolle）著；高大众译 . -- 北京：机械工业出版社，2021.5

书名原文：Dreams and Details: Reinvent Your Business and Your Leadership from A Position of Strength

ISBN 978-7-111-68062-8

I. ① 梦… II. ① 吉… ② 米… ③ 高… III. ① 企业领导学 IV. ① F272.91

中国版本图书馆 CIP 数据核字（2021）第 075241 号

本书版权登记号：图字 01-2021-1375

Jim Hagemann Snabe, Mikael Trolle. Dreams and Details: Reinvent Your Business and Your Leadership from A Position of Strength.

Copyright © 2018 Jim Hagemann Snabe & Mikael Trolle.

Simplified Chinese Translation Copyright © 2021 by China Machine Press.This edition is authorized for sale in the People's Republic of China only, excluding Hong Kong, Macao SAR and Taiwan.

No part of this book may be reproduced or transmitted in any form or by any means, electronic or mechanical, including photocopying, recording or any information storage and retrieval system, without permission, in writing, from the publisher.

All rights reserved.

本书中文简体字版由 Jim Hagemann Snabe & Mikael Trolle 授权机械工业出版社在中华人民共和国境内（不包括香港、澳门特别行政区及台湾地区）独家出版发行。未经出版者书面许可，不得以任何方式抄袭、复制或节录本书中的任何部分。

梦想与细节：重塑企业数字新赛季的领导力

出版发行：机械工业出版社（北京市西城区百万庄大街 22 号　邮政编码：100037）

责任编辑：孟宪勐　　　　　　　　　　　　责任校对：殷　虹

印　　刷：北京文昌阁彩色印刷有限责任公司　版　　次：2021 年 5 月第 1 版第 1 次印刷

开　　本：170mm×230mm　1/16　　　　　印　　张：18.75

书　　号：ISBN 978-7-111-68062-8　　　　定　　价：79.00 元

客服电话：（010）88361066　88379833　68326294　　投稿热线：（010）88379007

华章网站：www.hzbook.com　　　　　　　　　　　　读者信箱：hzjg@hzbook.com

版权所有·侵权必究
封底无防伪标均为盗版
本书法律顾问：北京大成律师事务所　韩光 / 邹晓东

愿您以梦为马，不负韶华！ Dream it possible！

I will chase, I will reach, I will fly. Until I'm breaking, until I'm breaking. Out of my cage, like a bird in the night. I know I'm changing, I know I'm changing. In, into something big, better than before. And if it takes, takes a thousand lives. Then it's worth fighting for. It's not until you fall that you fly. When your dreams come alive, you're unstoppable. Take a shot, chase the sun, find the beautiful. We will glow in the dark turning dust to gold ...

Delacey，*Dream It Possible*

一直地、一直地往前走，疯狂的世界。迎着痛把眼中所有梦，都交给时间。想飞就用心地去飞，谁不经历狼狈。我想我会忽略失望的灰，拥抱遗憾的美。我的梦说别停留等待！就让光芒折射泪湿的瞳孔，映出心中最想拥有的彩虹……

张靓颖，《我的梦》

高大众
水木清华·枫丹白露·2020 年 12 月 20 日

赞 誉

《梦想与细节》提出了建立可持续成功企业所需的"魔法"与科学管理知识，是两者的完美结合。本书描述了通过激励每个人来创造共同梦想的"魔法"，同时也介绍了在领导企业重塑过程中种种细节背后所涉及的科学管理知识。本书是企业领导者、管理者的必读之作。

李思拓（Risto Siilasmaa） 诺基亚集团董事会主席，
著有《偏执乐观：诺基亚转型的创业式领导力》[⊖]

《梦想与细节》激励领导者通过激发人类的创造力来取代官僚式的领导方式，并为无情变化的当今世界定义了一种全新的领导力模型，使企业可以不断地实现自我重塑。

加里·哈默（Gary Hamel）
管理专家、作家、伦敦商学院客座教授

《梦想与细节》描述了真正具有影响力的领导者必胜公式。每一位

[⊖] 此书中文版机械工业出版社已出版。

想要获得成功的领导者都应该读一读这部杰作！

孟鼎铭（Bill McDermott）

SAP 前首席执行官

人类社会正处于从工业经济向数字经济巨大的转型过程中，《梦想与细节》基于两位作者在不同行业多年的领导实践描绘了数字化转型时代全新的领导力模式，兼具理论和实践，是一本致力于释放人类的创造力和潜力，关于数字化转型和领导力的必读精品！

陈煜波

清华大学经济管理学院党委书记兼副院长、互联网发展与治理研究中心主任，著有《数字化转型：数字人才与中国数字经济发展》

怀抱着让人们更好地感知世界的梦想，柔宇科技通过在核心柔性技术、全柔性屏和传感器等关键细节上的不断创新，开启了柔性显示屏产业的新赛季。梦想与细节领导力模型提出的通过激发人的潜力、关注关键细节来带领企业实现共同梦想的理念，是企业在数字化时代不断自我重塑所必需的。

刘自鸿

Royole（柔宇科技）创始人、董事长、CEO

沉浸于当下成功喜悦的巨头，往往因为故步自封而导致下一阶段的失败。时刻洞察趋势，为下一阶段的规则而提前自我迭代，才是在数字化时代笑傲江湖的唯一法门。战略，比的不是绝对的力量和速度，而是节奏。能把握正确节奏的领导者只是凤毛麟角，而他们必然左手梦想，右手细节。唯有这种领导力，才能重塑组织文化，释放组织与个体的潜能。

穆胜博士

穆胜企业管理咨询事务所创始人、

北京大学光华管理学院工商管理博士后

推荐序

2020年和2021年,世界处在一个巨大的转折点。新冠肺炎疫情进一步加速了全球数字化、低碳化和地缘政治化的进程,这对企业领导者提出了新的挑战:在充满不确定性的今天,我们做的决定也充满了不确定。这就像在大海里航行,企业领导者就是一个站在桅杆上的远望者,要善于思考长远问题、全局问题,时刻为企业眺望远方;企业所处的商业环境瞬息万变,这要求企业领导者必须非常迅速地对各种变化做出反应,企业领导者不仅需要确保航行的方向正确,还要拥有做出变革的勇气,时时注意暗礁,随时抗击恶劣的风暴。

古今中外,对于未来的思考历来就有许多相通之处。《梦想与细节》的两位作者的背景和我不尽相同:我在中国大型企业工作整整40年,历经各个阶段的变革;思纳博先生是西门子集团和马士基集团的董事长、世界经济论坛(World Economic Forum)董事会成员,在IT领域工作超过30年;特欧乐先生拥有8年的国际排球运动员生涯、21年的俱乐部和国家主教练经验,代表丹麦国家男排参加了300余场比赛。但我们三人对新时代领导力的思考却殊途同归,我们都认为以下一系列的品格和特点对未来优秀企业领导人来说非常重要。

《梦想与细节》一书中提到，数字化时代加速了变革，"如果企业从一开始就没有确立正确的发展方向，那在数字化时代指数级发展的趋势下的风险会更大……所有企业面临着同样的两难境地，是冒着风险进行改革，还是故步自封？"对于企业领导人来说，"当数字技术以全新的方式排列组合在一起时，我们当前的许多假设和商业模式都会受到挑战"，"预测未来最好的办法，就是去创造未来"，最好的改革时机是"在企业处于成功之时，从一个强势有利的位置开始对企业进行重塑"。即使企业还没有出问题，企业领导人也要经常问"是否已经出现了新赛季的迹象"。

《梦想与细节》中还提到，"许多因素抵消了我们进行赛季转变的能力。首先，我们对改变抱有偏见。其次，我们受到企业文化和企业历史包袱等问题的困扰。企业只有拥有好奇心和做出改变的勇气，才能具备转换赛季的能力。"

这让我回想到长达40年的国企改革生涯。在中国建材的时候，我启动了对企业未来发展方向的讨论，来研究"怎样才能在市场中生存下来"。最后我们"选择"的未来"经营思路"是：中国建材退出了普通装饰材料市场，重点发展水泥产业，同时也切入新材料行业。在这个思路下，中国建材开始了对全国产能过剩、竞争无序的水泥产业的联合重组，从而成为"水泥大王"。

回首做决定的时刻，那时整个行业处在一个比较艰难的阶段，社会上对我整合水泥产业的质疑声也很大，再加上世界金融危机让中国建材的股价一落千丈。回顾改革起点，改革从来不像田园诗般浪漫，中国建材与当时很多困难企业的情况一样，只有勇敢地跳入水中才能学会游泳。尽管艰难，但从未来视角出发，做正确的选择，勇于变革是企业家/企业领导人的首要任务。就如《梦想与细节》中所提及的，最重要的领导风格是"有勇气：勇于承认事实，即使事实与你的假设相悖；相信自己直觉的勇气、信任他人的勇气、勇于尝试未知事物的勇气、勇于承认自己错误并从中吸取教训的勇气，以及诚实的勇气、不妥协的勇气"。

《梦想与细节》列举了一系列的成功案例，这些案例中领导人首先提出梦想，之后朝着一个方向激励团队努力奋斗，继而实现梦想，即书中所倡导的领导力模型，"创造梦想，并将其转变为鼓舞人心的激励"。这个观点我是非常认同的。我认为企业家/企业领导人首先是会做梦的人。企业需要有梦想、目标和信念，确定目标以后缺什么找什么。企业家要有品格，比如我们的绿色发展、热心公益、让职工全面发展，这些都是企业和企业家的品格。企业家同时也要有责任，对国家的责任、对社会的责任和对人类的责任。企业家不长青，但企业长青，每位企业家的一生都是短暂的，但我们希望企业的梦想长存。

《梦想与细节》一书的另一部分讲述的是"细节"，拥有梦想是企业决胜未来的先决条件，但梦想不能单独存在，领导者必须思考哪些细节是实现梦想的关键。谈到细节，我们并不是说"领导应当微观管理"，而是应该"专注于2～4个不可或缺的能力/架构平台"。企业领导人所专注的关键"细节"可以是"创新的速度"和"为客户创造更多的价值"。作为领导者，"应该专注于开发员工的潜能，让员工朝着实现梦想的方向发展"。

我在参加"第四届国家发展论坛"时，谈到在国企40年里的心得，其中很重要的一点是，"建立机制，点燃员工心中之火"。多年的管理经验让我理解了管理其实是以人为中心，企业不能只看到厂房、机器和现金，最重要的是活生生的人。在通往成功的道路上，往往存在着不可预知的困难，在战胜困难的过程中我们会不断有所收获。带领员工经营企业，最关键的在于企业能不能点燃员工心中之火，激发员工战胜一切困难的信心。《梦想与细节》一书为读者提供了很好的思维框架，思考如何识别关键"细节"，如何激发员工潜力，点燃心中之火。

在新的数字化时代，借由阅读《梦想与细节》，读者将收获一系列具体的建议，重新思考全新的领导力模式：如何从未来视角出发找到前行的方向，如何创造梦想激励人们前进，如何识别关键细节激发人才的潜力。

宋志平
中国上市公司协会会长

前　言

　　在极其偶然的情况下，你才会遇到一个人，他似乎和你来自完全不同的世界。但在见面时，你们彼此间产生了熟悉感，能够感受到对方的活力，互相激发对方的灵感。这很神奇，本书就是一次这样会面的产物。本书的作者思纳博和特欧乐的相遇看似偶然，实则他们两人都投入了大量时间思考怎样去领导，如何帮助人们成长，以及怎样才能让人们达到更高的绩效水平。

　　思纳博来自商界，在SAP漫长的职业生涯中，他亲历了这家德国软件巨头数次自我重塑的过程。SAP的每次变革都创造出了新的价值和机遇，思纳博和他的同事孟鼎铭对SAP进行了大刀阔斧、卓有成效的重塑。SAP成功的关键因素是什么呢？究竟是什么造就了SAP的与众不同呢？

　　思纳博说："多年以来，我一直在思考领导力。作为领导者，我反思了自己所犯的错误和取得的成绩。我注意到，一些企业成功地进行了自我重塑，而另一些却举步维艰。我一直在为企业领导者面临的最大挑战之一寻找答案：如何重塑一家已经处于其鼎盛之时的企业。在SAP与孟鼎铭的合作中，我获得了灵感，同时我也从商界、体育界和艺术界的其他一些优秀的领导者那里寻找答案。尤其是英国著名指挥家本杰明·赞德（Benjamin Zander），他鼓励我相信人类的能力与潜力。"

特欧乐来自体育界，他曾担任丹麦男子国家排球队的主教练、丹麦男排的首席执行官。特欧乐多年来一直致力于研究竞技体育中的领导力。作为一名艺术、科研和商业领域的领导力顾问，他跨越多个行业和领域，对各种不同的领导风格进行了比较和研究。

特欧乐说："我在绩效心理学领域的领导角色和经验让我思考了和思纳博一样的问题，'到底是什么让我的领导力发挥了作用''我能传承些什么'。和思纳博一样，我也曾寻找和研究过其他成功的领导者，尤其是在体育领域。在传奇教练，例如比尔·沃尔什（Bill Walsh）和篮球偶像约翰·伍登（John Wooden）的启发下，我被驱使着去探索实现人类最佳工作表现的基础。"

我们两人看似偶然的相遇是由我们共同的朋友艾伦·勒凡（Allan Levann）促成的。几年前，艾伦·勒凡创立了高绩效学院（High Performance Institute），该学院旨在利用艺术、体育、科学和商业领域中积累的技术和知识，帮助个人及企业实现更好的绩效表现。艾伦将人们聚集在一起，获得新见解的能力是无与伦比的。虽然我们的初次会面看似偶然，但这次会面很可能是生活在一个越来越需要定义领导力概念以释放人类潜能的时代的必然结果。

当我们相遇后，很多事情都变得顺理成章了，两个世界也融为一体。尽管我们来自不同的领域，但我们意识到，对于一些关于领导力的关键问题，我们已经得到了相似的答案。这些问题是：当市场情况发生变化时，怎样才能让企业在未来仍占有一席之地？你将如何带领员工和企业达到更高的绩效水平？更重要的是作为领导者，你该如何释放人的潜能，让一个已经取得成功的企业再次发生翻天覆地的积极改变？随着我们不断交流彼此的经验，并尝试建立一种基于激发人类潜能的全新领导力模型，我们之间的对话也不断深入。

从我们第一次见面开始，我们研究并分析了各种类型的转型案例，并与来自商界、体育界、艺术界、学术界甚至军事领域的许多领导者进行了交流，了解了他们在处于鼎盛之时如何进行变革。每种情况、每个故事都不尽相同。然而，所有案例的基本原理都是相通的。所有成功的重塑都有相同的基本出发点，即激发人的潜能，提高人的工作绩效，以及满足人们对成就与认可的渴望。

一次次鼓舞人心的面对面交流为完成本书奠定了基础。撰写本书的过程本身就是一个不断重塑的过程。很多事情从一开始就很明确，但与此同时，我们仍坚持不断地挑战自己的假设，只有这样才能找到正确的答案。我们相信，你的企业能够也必须学会重塑自我，不是一次性的，而是持续不断的自我重塑。实现这一目标，需要一种崭新的领导方法，一种支持企业进行彻底的、颠覆性的、变革的领导方法，一种为助力处于鼎盛之时的企业进行改革所设计的领导方法。

2020年新冠肺炎疫情席卷全球，商界领袖面临前所未有的挑战。在本已急速变化的世界，这场危机让企业的领导者不得不去反思："我们想要创建什么样的社会""商业在未来应该扮演怎样的角色"。

1989年柏林墙倒塌，大大加速了全球化的进程。互联网的出现引发了数字革命，让人们和各种设备以一种我们以前无法想象的方式联系在一起。2020年，世界同样处在一个新的更加巨大的转折点。全球化、气候变化、地缘政治、数字化的挑战，加上新冠肺炎疫情的冲击，在这个关键的十字路口，企业的领导者必须反思怎样肩负起领导者的责任和使命，带领企业挑战过时的假设，大胆地制定新路线，为人类创造更美好的未来。

愿本书的读者不仅能够从树立鼓舞人心的梦想、关注正确的细节中获得灵感，而且还能在实践梦想与细节领导力模型的过程中受到启发。

思纳博　特欧乐

目录

赞　誉
推荐序
前　言

/ 1　　**导　读**
　　　　错误的假设　| 4
　　　　以人为本　| 7

/ 15　　**第1章　未来仍可计划吗**
　　　　别了，绩效管理　| 18
　　　　工业革命　| 20
　　　　数字革命　| 22
　　　　指数曲线　| 27
　　　　挑战战略假设　| 29
　　　　四季变换，赛季转换　| 31
　　　　寻找机遇　| 32
　　　　冲破创新者的窘境　| 34

第2章 寻找隐藏的信号 / 45

预测过去还是展望未来 ｜ 47

发现赛季转换的艺术 ｜ 49

从主动到积极主动 ｜ 56

第3章 梦想与细节：全新的领导力模型 / 59

梦想与细节：实现变革的平台 ｜ 61

梦想：方向、志向和激励 ｜ 63

细节：角色、技能与协作 ｜ 69

思维模式和框架构建变革平台 ｜ 71

行之有效的平台加速变革 ｜ 76

别了，商业计划 ｜ 77

你好，再创造 ｜ 78

第4章 为什么人的因素能发挥作用 / 85

全新的需求 ｜ 89

人类协作的魅力 ｜ 91

领导者的角色 ｜ 94

奖励与员工发展 ｜ 95

提高员工参与感的回报 ｜ 98

我们需要意义 ｜ 101

满足人的基本需求 ｜ 103

动机键盘 ｜ 106

增强敬业精神是领导者的责任 ｜ 109

第5章 提出正确问题的艺术 / 115

知之为知之，不知之不知 | 119

转换赛季需要勇气与谦逊 | 123

第6章 创造梦想 / 131

方向 | 133

志向 | 145

激励 | 149

同一个梦想 | 156

第7章 关键细节 / 165

谨慎地选择细节 | 167

要领导细节，不要微观管理 | 169

训练细节 | 170

不同角色 | 174

各种技能 | 181

协作 | 188

绩效文化 | 194

绩效评估 | 198

第8章 变革平台 / 205

思维模式：大脑的过滤器 | 207

框架：最佳的比赛场地 | 212

第9章 全局：保持动态平衡 / 225

你无法欺骗梦想与细节领导力模型 | 227

新旧业务间的冲突 | 231

第10章 赛季转换：连接新旧赛季 / 237

训练与比赛同步进行 | 240

引入新赛季 | 242

备战新赛季 | 243

优化：开启新赛季 | 244

新赛季中的董事会 | 246

管理风险也意味着要承担风险 | 248

开拓未来 | 248

定义成功 | 249

第11章 领导力 / 253

体育领域的成功领导者 | 256

卓越绩效的共同特征 | 259

用梦想与细节来领导 | 265

结语　领导力的新赛季 | 270

致谢 | 279

作者简介 | 281

译者简介 | 283

导　读

　　任何一家企业的发展历史，至少会出现那么一个时刻，你必须做出巨大的改变，才能将业绩提升到更高的水平。错过这一时刻，你就会开始走下坡路。

安迪·格鲁夫（Andrew Grove，1936—2016）
英特尔前首席执行官

2014年3月的一个清晨，一级方程式赛车（Formula One，F1）2014赛季的首场比赛正在澳大利亚墨尔本进行。SAP投入了巨额广告费用才让其标志出现在两辆迈凯伦赛车上，驾驶其中一辆赛车的是备受关注的丹麦新车手凯文·马格努森（Kevin Magnussen）。

一个半小时后，凯文·马格努森以第三名的成绩冲过了终点线，但由于红牛车队的丹尼尔·里卡多（Daniel Ricciardo）被取消了比赛成绩，因此凯文·马格努森上升到了第二名。

思纳博兴奋地给时任迈凯伦集团总裁的罗恩·丹尼斯（Ron Dennis）发了一条短信："罗恩，祝贺赛季有了出色的开局。你发现年轻人才的能力依然是世界级的。"几分钟后，罗恩·丹尼斯回复短信："思纳博，谢谢你的支持。这确实是一个良好的开端，但我们不应该忘记，我们是为了赢得第一名而参赛的。我们需要改进的地方还很多！"

这是一个典型的罗恩·丹尼斯式回复。罗恩·丹尼斯是当今最具抱负的商业领袖之一。无论罗恩·丹尼斯在做什么，都像在F1赛道上一样，他总是努力让自己处于最有可能获胜的位置。

此后，赛事的进程证明罗恩·丹尼斯的推断是正确的。迈凯伦车队确实还有很多需要改进的地方，迈凯伦在2014赛季的后续表现再也没有超越凯文·马格努森在首场比赛中获得的第二名。罗恩·丹尼斯开始对迈凯伦集团进行重塑。他认为，科技的发展为迈凯伦创造了新的机遇，他希望利用迈凯伦在一级方程式赛车和高端跑车领域的优势，推动一项雄心勃勃的计划，让迈凯伦集团实现多元化，转型为业内的技术领导者。

然而，罗恩·丹尼斯对迈凯伦集团进行改造的计划遭到了董事会和大多数股东的反对，他不得不放弃。最终，罗恩·丹尼斯在2017年离开了迈凯伦，并出售了所持股份。这对罗恩·丹尼斯来说是一个艰难的决定，35 年来，他一直致力于迈凯伦的发展，无论它是 1980 年仅有 70 名员工、市值 300 万美元的小公司，还是 2017 年拥有 3500 名员工、市值超过 30 亿美元的全球性企业。

虽然罗恩·丹尼斯没有获得重塑迈凯伦的机会，但他开启了自我重塑的旅程。今天，罗恩·丹尼斯投身到重塑其他行业的工作中，他在一级方程式赛车比赛方面的经验，至今仍影响着他的志向和领导哲学。正如罗恩·丹尼斯所说："在过去的几个赛季中，虽然你多次获得一级方程式赛车的世界冠军，但这并不能确保你在下个赛季也能夺得冠军。"

——

一级方程式赛车比赛的例子与本书的主题息息相关——如何具备重塑企业的能力，以及重塑企业必需的领导力。在一级方程式赛车比赛中，每个赛季的规则经常发生很大的变化，但在同一个赛季内，比赛规则通常不会发生变化，按照规则车队可以对每场比赛的参赛车辆进行优化，以提高车队赢得比赛的概率。然而，在每个赛季之间，规则都会改变，甚至有时变化会很大。这就迫使参赛车队尝试新技术、设计新赛车、使用新引擎，甚至重建整个车队。所有这些努力都是为了找到一种创新的工作方式。换言之，参赛车队必须为每个新赛季对车队进行彻底的改造。如果你继续在旧规则的基础上优化上赛季的"老爷车"和车队，在新赛季的首场比赛中，你就已经被淘汰了。

这也正是现今企业面临的两难境地，是冒着风险进行变革，还是故步自封？这就是本书的全部内容，掌握在正确的时间对企业进行重塑的能力，当新的赛季出现，新的市场开放，并提供了新的机遇时，拥有了这种对企业进行重塑的能力，企业的业绩水平将大幅提升。

在竞技体育比赛中，新赛季何时开始、赛程安排以及比赛结果都一目了然。在商业世界里，我们却很难预知什么时候会出现一个新赛季，对于企业的生存来说，关键是要确定，对现有业务进行优化是否足以应对新赛季的挑战，或者对企业进行重塑是否已迫在眉睫。

如何重塑一家处于鼎盛之时的企业呢？大多数人都会认为，当企业业绩不佳或者正处于亏损时，变革才会显得刻不容缓，但此时往往为时已晚。因为在这种情况下，企业能够用来探索新机遇的财务资源通常十分有限。因此，我们所面临的挑战是在企业发展顺利、实力强大之时，为迎接新赛季去重塑这家企业。如今，变革发生得如此之快，在明确地意识到进行变革的必要性之前，企业就必须及早做出反应。

错误的假设

200多年来，工业化通过引进新技术、不断改进生产工艺、优化供应链，给人们创造了机遇，也让人们积累了财富。为此我们不断地调整管理方式以及优化各种流程。

我们很难准确地界定人类何时从工业时代过渡到了数字化时代，因为这一变化是渐进的。从许多方面来看，1989年是具有里程碑意义的一年。1989年，柏林墙倒塌，同年英国科学家蒂姆·伯纳斯–李（Tim Berners-Lee）发明了万维网（World Wide Web），让任何一个拥有电脑并可以联网的人都能轻松地在网上分享信息。

柏林墙的倒塌以及万维网的出现都改变了我们的世界。柏林墙的倒塌为经济全球化开辟了一条新途径，使企业进入新兴市场，获得新资源和各种人才成为可能。与此同时，正如托马斯·弗里德曼（Thomas Friedman）在《世界是平的》（*The World Is Flat*）一书中所描述的那样，互联网让世界变得更加扁平。互联网的发展促进了经济的发展，我们现在已经看到它的影响无处不在，伴随着数字技术呈指数级的发展趋势，变化的速度将会越来越快。

指数级的发展速度是数字革命和工业革命之间的一项显著差异。工业革命的发展是线性的，因此更容易预测，我们也更容易做好准备。而今天，数字化发展带来的变化甚至快到当你开始关注这些变化时，可能已经来不及做出反应了。

回溯到 2008 年，沃尔玛的市值高达 2100 亿美元，而当时互联网创业公司亚马逊的市值仅为 200 亿美元。9 年后的 2017 年，沃尔玛的市值增长到了 2350 亿美元，实现了平稳的增长，这家传统零售商的市值在 9 年间增长了 12%。截至 2017 年年底，亚马逊的市值已达到沃尔玛的两倍多，并一跃成为全球最有价值的企业之一。沃尔玛的价值呈线性增长，亚马逊的价值却呈指数曲线增长，在过去的 9 年里惊人地增长了 240%。仅在过去的两年里，亚马逊的价值就翻了一番。2008 年，沃尔玛的员工可能并不会担心亚马逊这样的互联网创业公司与之竞争。如今，我们似乎很难想象沃尔玛能够卷土重来，超越亚马逊。但沃尔玛也已经开启了自我重塑的进程，正在努力追赶零售行业的新赛季。

同样是以互联网为基础的电子商务企业，阿里巴巴也在发展的过程中呈现出指数级增长的特性。阿里巴巴自 1999 年创立至 2019 年，在 20 年间从无到有，从 18 个人的创业公司发展为拥有约 11 万名员工、市值达 5670 亿美元的国际巨头，按市值排名位列全球第六名。

许多企业也不得不承认，眼下的成功和规模并不能确保企业长久立于不败之地。2014 年 4 月《哈佛商业评论》（*Harvard Business Review*）上发表的一项研究结果显示，在过去 50 年里，那些全球规模最大的企业的"平均寿命"已经从 60 岁降至 18 岁左右。企业存活的概率已经大大降低，对于历史上取得了成功的那些大型企业来说也是如此，不能仅仅用糟糕的管理、短视的决策来解释企业"平均寿命"大幅缩短这一现象。尽管在某些情况下，糟糕的管理和短视的决策无疑产生了一些不利影响，但企业生命周期大幅缩短的主要原因是工业时代的规模优化这一基本假设已经不再成立。50年甚至10年前被认为是优秀的管理方式，现在已经不足以确保企业在未来的市场中仍占有一席之地。

当一些基本假设被打破时，我们就要重新思考如何重塑我们的企业，以适应新的市场条件，并为新的赛季调整那些固有的假设。例如，现代智能手机上的微处理器，如果使用1971年的技术，那么这个微处理器足有一个停车位那么大。今天，智能手机的计算能力是1969年美国国家航空航天局（NASA）在人类登月计划中所使用的电脑的1000多倍，价格却不足以前的一百万分之一。数字技术呈指数级增长的特性，会使数字技术在未来的发展大大加快。

没有哪个行业能够回避数字技术带来的巨大颠覆。相关研究报告预测，目前1/3甚至1/2的工作岗位到2050年将被数字技术占据。企业的新赛季不同于每年只有一个赛季的F1赛事，对企业来说数字化赛季的变化不会在固定的时间发生。企业的领导者需要不断地去考量，仅仅对现有业务进行优化是否足以应对新赛季的新规则和各种挑战。如果答案是否定的，那么企业的领导者就必须进行彻底的变革，重塑他们的企业。正如英特尔前首席执行官安迪·格鲁夫早在1998年就建议的那样，企业的领导者应该保持一种偏执的心态，要时刻感受到威胁的存在。

全新的数字化时代需要一种崭新的领导力。数字化时代的领导者应具备以下特质：理解数字化新赛季的规则；具备指数而非线性的思维模式；能培养并释放人的全部潜能；肩负领导处在优势地位之时的企业重塑自身的责任。

以人为本

在可预见的未来，那些能够实现自动化的工作岗位可能会逐渐消失，这是数字化发展造成的影响之一。许多传统装配线工作已经实现了自动化，人工智能（AI）和机器人正在不断挑战以前需要经过各种专业培训的工作，例如医生、律师、翻译、金融和投资分析师，这只是其中的一小部分。相比之下，数字化难以替换的工作是那些需要人类特质（例如创造力、社交技能、同理心、直觉和判断力）的工作，所有这些都很难系统化或通过算法加以控制。

这种发展趋势对领导者的领导方式产生了重大影响。未来，人们将因其自身的特质（例如创造力、社交技能、同理心、直觉和判断力）而被雇用。如果你不具备这些特质，技术就完全可以取代你。领导者需要了解如何培养人的这些特质，只有这样企业才能吸引和留住最优秀的人才，进而充分发挥团队的整体潜力。

人的潜能必须经过培养，并被给予充分的发展空间才能被激发。因此，人的潜能不应该被局限于通过详细的计划和预先设定的结果来衡量。在一个需要完全不同思维模式的时代，过于详细的计划通常毫无意义，很少能创造出新的机遇。当人们感到计划缺乏意义时，他们也就失去了激励自己和他人的能力，甚至他们的绩效表现在关键时刻反而会下降。如果管理层施以更多的管控和考核来应对，这种糟糕的绩效表现就会愈演愈烈。在这个科技不断挑战旧习惯的时代，我们拥有得天独厚的机会来施展领导才能，与人的天性和谐相处，而不是去限制人的天性。这要求我们以一种完全不同的方式去领导，重点在于如何通过激发人的潜能来提高其工作效率。那些懂得如何释放人的潜能的领导者，也就拥有了开启数字化变革机遇之门的钥匙。

——

《梦想与细节》呈现了我们的观点：领导者应该在企业处于优势地位时领导企业进行重塑，并通过关注激发人的潜能以及提高人的工作绩效，不断创造新的机遇。

在本书的理论和实践部分，我们介绍了相关的背景和原理来解答下列关键问题：如何及早识别可能出现的颠覆，并果断地做出反应？当一家企业已然很成功的时候，如何领导企业转型？如何激励员工以充分发挥他们的潜力，并找到最好的方式来重塑企业，使其在未来立于不败之地？

本书的第一部分与梦想有关。企业的梦想与企业的战略紧密相关。未来，哪些市场对你的企业最为重要？为了在下一赛季获得更多的机遇，企业需要怎样重塑自我？你如何将企业的战略转化为梦想和志向，进而激励人们去拥抱梦想，以此来推动彻底的企业变革？

本书的第二部分，即细节。如何找出实现梦想的过程中不可或缺的，同时至关重要的那些关键因素？为了实现梦想，企业必须具备哪些新的能力？为了赢得未来，企业需要在哪些方面做出最大的改变？在新赛季，你将如何释放人的潜能？你将如何带领团队从上一个赛季过渡到新赛季？

梦想与细节领导力模型，专注于如何激励和培养员工。它通过激发员工的潜能，来实现商业模式和产品的创新，进而为客户创造更多的价

导　读

值，以此为企业的成功重塑创造最好的机遇。"梦想"与"细节"两者不能单独存在。梦想鼓舞人心，为人们在细节上的努力提供动力；在细节上的努力，释放了人们的潜能，让梦想成真。在追逐梦想、关注细节的过程中，时机成熟时企业得以重塑。

在本书的第1章，我们讨论了为什么领导力的适用条件发生了变化，以及发生了哪些变化。我们介绍了数字化如何改变所有行业的基本假设，解释了为什么如果你想要在一段时间内保持竞争优势就必须不断地对企业进行重塑。我们还解释了在一家企业运营状况良好的情况下，怎样识别赛季转换的迹象。我们挑战了传统的、侧重于计划的、面向结果考核的绩效管理模式。传统的绩效管理模式已不合时宜，阻碍了企业进行必要的、根本性的变革，也妨碍了员工充分发挥自身潜力的积极性。

———

我们希望能够言简意赅地展现梦想与细节领导力模型。我们解释了如果你设定了一个明确的方向，雄心勃勃地创建了一个框架，员工就可以在框架内自由地寻找新的解决办法来拓展下一个赛季的业务，企业将因此取得更好业绩的理论背景。此外，我们还就领导者应如何开启赛季转换来重塑他们的企业给出了具体的建议。我们阐述了如何系统性地挑战企业可以做什么以及市场是什么的假设。我们介绍了培育梦想背后必不可少的分析工作，以及如何确定那些实现梦想不可或缺的、需要彻底改变的关键细节。我们还研究了在重塑企业之时，领导者应该怎样与包括董事会在内的利益相关者进行互动与合作。

本书也涵盖了我们领导那些处于成功阶段的企业开展重塑的一些经验。我们介绍了SAP这家欧洲最成功的软件公司的重塑之路，解释了不断的自我变革如何让 SAP 成为德国最具价值的企业。我们还介绍了持续的重塑如何使一支优秀的排球队连胜 230 场。我们的经历显然大不相同，但其中的基本原理是相通的。因为我们作为领导者都有机会释放人的潜能。

——

人的工作绩效和潜能是梦想与细节领导力模型的关键概念，也是本书的核心。许多传统的管理模型关注目标、计划和考核。目标和计划是确定的，企业的管理者努力去实现这些目标。但在我们看来，商业计划常常将人的工作绩效限制在计划的范围之内。作为领导者，我们不应该把人的工作绩效限制在完成预定的目标上，而应该在最关键的领域，把重点放在挖掘人的潜能和提高工作绩效上。当人的潜能被激发出来时，工作绩效提升就是水到渠成的事了。

企业的目标和志向在梦想与细节领导力模型中也起着至关重要的作用。在商业活动中，企业要实现短期的财务业绩目标固然十分重要，但即使是那些经营状况良好、以短期利润为目标的企业，在面对整个行业基本面发生变化时，也很难在市场中占有一席之地。我们认为，基于深远意义且通过设定更高目标进行管理的企业，随着时间的推移，能够为所有的利益相关者创造可持续的成功。目标驱动型企业能够吸引最优秀的人才，并可以让员工具备高水平的敬业精神。因此，这类企业具有更强的能力来不断地重塑自我，并且可以摆脱其规模和历史成就的束缚。

——

我们撰写本书，希望以此分享我们的经验，介绍我们通过与商界、

导　读

体育界和艺术界的杰出领导者交流收获的启发及感悟。我们相信，领导力能够激励人们去追求雄心勃勃的梦想，释放人的潜能，让人们在最关键的细节上脱颖而出。我们坚信，重塑我们所领导的企业以及我们赖以生存的领导力模型的时刻已经到来了。

参考及
译者注释

[01] **安迪·格鲁夫**，美国著名企业家。他参与创建了英特尔公司，是英特尔公司的第三名员工，于 1987 ~ 1998 年担任英特尔首席执行官，主导了英特尔在 20 世纪八九十年代的发展。1979 年，安迪·格鲁夫成为英特尔总裁；1987 年，成为英特尔首席执行官；1997 年，成为英特尔董事长兼任首席执行官。1998 年 5 月，因被诊断罹患前列腺癌，格鲁夫辞去首席执行官一职，但仍担任董事长一职。2000 年，被诊断为罹患帕金森氏症。2004 年，卸任英特尔董事长。代表著作有《只有偏执狂才能生存》(*Only the Paranoid Survive*，又译为《十倍速时代》，于 1996 年出版)。2001 年出版《横渡生命湖》(*Swimming Across*)。

[02] **一级方程式赛车**是由国际汽车联盟举办的最高等级的赛车比赛。F1 的正式名称为"国际汽车联合会世界一级方程式锦标赛"。名称中"方程式"是指一组所有参赛车辆都必须遵守的规则。F1 赛季包括一系列的比赛，这些"大奖赛"的场地是全封闭的专门赛道或者是临时封闭的普通公路。每场比赛的结果算入积分系统并以此确定两个年度世界冠军：一个颁发给车手，另一个授予赛车制造商。

导　读

[03] **SAP** 是一家德国软件企业，总部位于德国巴登符腾堡州华尔道夫，主营企业资源管理软件业务，在 130 个国家设有分公司和办事处，在 190 个国家拥有超过 335 000 个企业级客户。SAP 的股票是欧洲 STOXX 50 股票市场指数、德国 DAX 10 股票市场指数的成分股。根据《福布斯》杂志的排名，截至 2016 年，SAP 是世界第三大软件公司。本书作者之一思纳博于 1990 年作为实习生加入 SAP，2010 年被任命为联席首席执行官，2014 年进入 SAP 监事会。

[04] **迈凯伦**是一家总部位于英国萨里郡沃金的高性能跑车制造商。该公司由新西兰人布鲁斯·迈凯伦（Bruce McLaren）创立于 1963 年，以运用一级方程式赛车的技术研发公路跑车而闻名。迈凯伦汽车与 F1 迈凯伦车队同属于迈凯伦集团。

[05] **罗恩·丹尼斯**，英国企业家，曾在很长一段时间内担任迈凯伦集团的执行主席。从 1981 年开始，丹尼斯担任迈凯伦车队的领队。2007 年 1 月，丹尼斯将所持迈凯伦集团股份的一半出售给巴林控股公司（Bahrain Mumtalakat Holding），自己留下 15%。2011 年，罗恩·丹尼斯与 TAG 集团以及巴林控股公司从梅赛德斯奔驰的母公司戴姆勒手中回购 40% 的迈凯伦股份。2016 年，丹尼斯离开迈凯伦。

[06] **工业化**（industrialisation）是人类社会由前工业（累积资本速度缓慢的农业、畜牧业经济）到工业状态的社会及经济改变过程（前工业社会）。此一社会及经济改变与技术创新（尤其是大规模量产和冶金学的进步）有很密切的关系。狭义的工业化，即制造业和第二产业在国民经济中的比重及其就业比重不断上升的过程。

[07] **数字化时代**（digital age）通常是指计算机时代或者信息化时代。数字化时代，个人有能力自由传递信息以及适时获取信息，这在过去是很难或者不可能做到的。

[08] **托马斯·弗里德曼**是一位犹太裔美国新闻记者、民主党人、专栏以及图书

作家，曾先后获得三届普利策新闻奖。《世界是平的：21 世纪简史》（*The World Is Flat: A Brief History of the Twenty-first Century*）是托马斯·弗里德曼所撰写的一本畅销书，该书分析了 21 世纪初期全球化的过程。该书的主要论题是"世界正被抹平"，这是一个个人与公司行为通过全球化得到权力的过程。作者分析了这种快速的改变如何通过科技进步（如手机、网络、开放源代码程序……）而产生。弗里德曼大力支持这些改变，自称"自由贸易人""热情推土机"，并且批评拒绝这些改变的国家。

[09] 2014 年 4 月发表在《哈佛商业评论》上的文章《企业持久的艺术》（The Art of Corporate Endurance, Eric Knight）谈道："在过去 50 年里，标准普尔 500 指数成分股公司的平均寿命从 60 年缩短到 18 年左右。拥有百年历史，业已不复存在的企业数不胜数……"

第 1 章

未来仍可计划吗

>预测未来的最好方法,就是去创造未来。
>
>彼得·德鲁克(Peter F. Drucker,1909—2005)
>
>现代管理学之父

在百视达（Blockbuster）最受欢迎的时候，它几乎在美国的每个城镇都有一家连锁店。2007年，百视达在美国拥有约9000家门店和近6万名员工。

如果让我们当时预测未来，我们会不会预想到百视达即将迎来新的赛季，并在10年后被Netflix（网飞）等新晋数字竞争对手取代，最终破产倒闭呢？我们当时可能不会做出这样的预测。尽管Netflix 2007年就已经存在了，但它还没有被百视达视为竞争对手。因为，使用电脑看电视剧在当时几乎是不可能的。那时网速太慢，数字市场上的新晋玩家不具备竞争力。Netflix和其他类似的创业公司并没有受到百视达这些大型企业的重视。

今天，我们经常谈论关于各种颠覆的话题，即新兴的技术和商业模式完胜旧的商业模式和运营方式。然而，在许多成功的大型企业中，这些变化发生的范围以及发生的速度常常被低估。"我们是市场领导者""我们大而不倒，不可能被这么小的对手威胁到""它们赚不到钱""这项技术尚未完全成熟""顾客更喜欢传统的方式"，这些都是常见的解释。

这样的企业，财务账本显示的经营业绩不错，市场份额通常也令人印象深刻，就像百视达那样，看上去似乎一切都坚不可摧。这些表面上的成功背后却隐藏着潜在的危机。许多企业努力尝试维持增长，并在很长一段时间内占据市场领先地位。然而，事实上即使是那些最大、最成功的企业也可能被颠覆，进而变得无足轻重。

企业管理层几十年来践行着使他们成功的方法：建立愿景、确立使命、制订商业计划和预算、设定财务目标、定义关键绩效指标（KPI），同时关注企业的市场份额。企业管理层根据自己学到的和过去成功的经验做了所有正确的事情。企业从来没有像现在这样注重关键绩效指标和可以衡量的结果。个体的分工从未被如此详细地描述过，企业也从未如此系统性地对各项业务流程进行优化。

过去,这些方法年复一年地为企业带来了回报。即便如此,一些企业不但没能保持增长、提高生产效率,反而出现了增长停滞,甚至收入下滑。作为应对措施,企业管理层开始削减成本以维持利润。

并非只是企业处在巅峰的时间变得越来越短,首席执行官的任期也在缩短。现如今,首席执行官领导一家企业的平均时间很少超过四年。尽管他们付出了艰苦的努力,但企业的一些状况在其任期内仍没有得到改善。当企业陷入困境,变得无足轻重时,员工的责任感就会减弱。此时,管理层通常会关注员工的满意度和幸福感,引入专注力管理和压力管理之类的课程。这些措施可能会产生暂时的作用,即便如此,人们也总会觉得有些事情从根本上就是错的,这种感觉总是挥之不去。

然而,这并非企业员工或管理层造成的,是因为市场环境以及客户期望都发生了变化。

作为企业管理者,对于管理方式不能产生预期结果的情况,我们的解决办法通常是制订更具体的计划,以及加强对计划执行情况的管控,优化那些经过检验且已经被证明可靠的方法。这是因为,我们认为在这些方法的实施上,我们做得还不够充分。我们坚持原有的计划,认为它们会帮助我们创造积极的结果。问题在于,这些计划往往是根据经验和历史数据制订的。因此这些计划中只有某些部分与未来有关。市场环境越不确定,我们定义的雄心勃勃的水平就越低。否则,雄心勃勃的计划反而会被认为是不切实际的。然而,那些"胸无大志"的计划并不会给企业带来我们期待的改变。

问题在于,我们很容易就会去优化一些不相关的东西。我们学到的和正在运用的各种管理方法是在一个未来更可预测、变化更缓慢的时代发展出来的,这给了我们进行调整所需的时间。但是,你不可能为不可预知的未来制订计划，这就是为什么传统管理方法的效率越来越低。而且，在很多情况下，传统的管理方法摧毁了我们适时彻底改造企业的能力，也让我们无法应对快速的变化。

当世界发生根本性的变化时，企业拥有"大同小异"的业务已经行不通了，这类企业可能会像百视达、柯达、诺基亚和许多其他曾经的巨头那样，要么不复存在，要么被迫进行非常艰难的重组，以重新在市场上获得立足之地。然而，作为企业的领导者，我们完全可以在这种极端的情况发生前，在企业有良好的发展势头时，重塑企业。

别了，绩效管理

新公共管理（new public management，NPM）这一概念已经被"宣判死亡"多次了，甚至该理论的提出者英国教授克里斯托弗·胡德（Christopher Hood）也这样认为。近年来，一些企业管理专家认为，私营企业的主要管理流程——绩效管理也已经过时了。其他形式的领导力方法也基于相同的思维模式：根据一项完美的计划来衡量绩效水平，就能够获得想要实现的预期结果。如今这一假设受到了挑战。

让我们来回顾一下这些年来我们经历的一些管理实践。CRANET是一项全球性的研究项目，致力于对不同管理方法的效果进行检验和评估。该项目是世界上最大、最全面的关于管理政策与实践的独立研究项目。丹麦哥本哈根商学院自1991年以来，每年都会参与该项目的研究。学者们调查了一些雇员超过100人的公共机构和私营机构。调查结果价值很高，让我们可以更客观地了解哪种管理方法能够给企业带来更大的收益。

例如，过去20年里，针对管理层和员工的正式考核制度在丹麦得到了广泛的应用。然而，一家企业的业绩结果如何与其应用哪种绩效评估体系间并没有必然的联系。在不同的奖金制度和其他一些绩效管理方法中，业绩与应用哪种考核体系间同样没有关联。

CRANET的研究结果显示，没有证据表明应用绩效管理可以提升企业的业绩。德勤在其发布的《2015年全球人力资本趋势报告》中对全球的商业领袖进行了问卷调查，发现这种基于绩效管理的领导力让绝大多数企业领导者疲惫不堪。只有8%的领导者表示，绩效管理显著地改善了企业业绩。另外58%的受访者则认为绩效管理是一种低效的管理方法。同时，德勤的报告也显示，传统的绩效管理方法脱离了绩效表现最好的那些员工，抑制了员工的积极性和敬业感，浪费了企业宝贵的时间。德勤的问卷调查结果与许多心理学家在过去10～15年的研究结果一致。

鉴于此，埃森哲、微软、德勤、通用电气、奥多比（Adobe）和丹麦银行等机构决定不再单独使用绩效管理，转而将其他形式的绩效管理系统或全新的管理方法与它结合起来。

我们坚信，基于传统绩效管理模式的时代已经终结。尽管我们仍然需要去衡量、追踪、了解员工的绩效表现和绩效发展水平，但是我们必须改变对结果的关注，转而关注如何激发人的潜能。所以，我们必须理解以下关键问题：为什么传统的领导力方法不再奏效？我们为什么必须去探索新的领导力方法？我们应该如何重塑我们的领导力以释放人的潜能？

工业革命

200多年来，人类一直受益于工业革命。工业化极大地提高了我们的生活水平，让数十亿人摆脱了极端贫困。除偶尔爆发局部战争外，我们在所有人口密集的大洲都看到了积极的发展，尽管发展的速度不尽相同。

工业革命的特点往往是大规模生产。小型、昂贵和缓慢的手工生产的产品转变为边际成本最低的工厂大规模生产的标准化产品。这种情况往往出现在工资较低的国家，工业革命让当地的木匠被迫与全球性企业宜家竞争，当地的造船厂不得不与韩国大宇造船海洋株式会社这种可以同时建造三艘马士基3E级集装箱船的工业设备生产商竞争。

全球标准的引入显著地提高了生产效率，使向全球消费者销售产品成为可能，并且实现了以极低的成本将商品运送到世界各地。同时，全球标准还创造了建立在价格竞争基础上的全球市场。

大多数人已经理解了这种假设，即进行尽可能高效的大规模生产可以为企业创造竞争优势。这一竞争优势基于产品价格和质量间持续的平衡。要想获得这种持续的平衡，企业必须对从原材料采购到生产、物流等供应链的各个方面进行优化。

我们经常提到工业革命，实际上更为准确的说法应该是"四次工业革命"（见图1-1），因为工业革命并不是一个平稳的过程。当新的技术和生产方法为大规模生产和流程优化创造了新的契机时，就会出现大幅度的跳跃式发展。

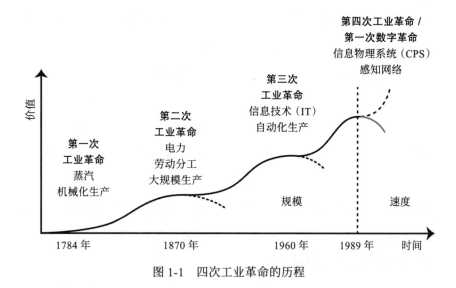

图1-1 四次工业革命的历程

在前三次工业革命中,生产效率和生产力的提高由一系列通过科技发展引领的变革所推动,其特点如下。

- **专业化**。生产和供应链被划分为不同的、具体的职能部分,这提高了专业化生产的可能性,同时降低了生产成本。企业主要专注于如何在价值链中让生产效率最大化。
- **通过机器实现自动化**。机械设备的引入促进专业化劳动力进行更加高效的生产。在生产成本不断下降的同时,中产阶级的工资和购买力上升,大量增加了产品需求。
- **全球化及标准化**。全球化及标准化开启了境外生产和将业务外包到劳动力廉价国家的浪潮。企业的商业模式建立在以尽可能低的边际成本进行生产的基础之上。

在整个工业革命期间,规模经济是支撑工业化发展的基本原理。基于这一原理,产生了以生产规模为竞争优势的全球性企业巨头。企业规模越大就越具有竞争优势。让企业立于不败之地的策略就是在降低生产成本的同时，提高可扩展性并扩大市场规模。

20世纪60年代初到80年代末柏林墙倒塌、互联网诞生，在这30年间，《财富》500强中70%的企业没有发生变化，例如通用汽车、埃克森美孚、福特汽车、通用电气、克莱斯勒、德士古（Texaco）和IBM。这印证了以规模经济为架构的企业在那30年间获得了可持续的竞争优势。我们对比一下1989年至今市值最高的企业，会发现《财富》500强企业的排名发生了巨大变化。今天，市值最高的企业中超过60%都是数字化企业，它们相对年轻，其商业模式基于数字化平台，而不再建立在大规模生产的基础之上。

数字革命

那么，究竟是什么发生了变化呢？全球化仍在不断深化，通过刺激消费和利用新技术来实现规模最大化的机会也仍在持续。基于规模经济的原理，企业现有的业务和管理模式仍然可行。然而，第四次工业革命势头强劲，规模经济的原理已不再适用。因为，以前的工业革命都是机械化的，而第四次工业革命是数字化的。

梅特卡夫定律

梅特卡夫定律是由以太网技术的共同发明者、电气工程师罗伯特·梅特卡夫（Robert Metcalfe）在1993年提出的。梅特卡夫定律认为，网络的价值与系统连接用户数的平方（n^2）成正比。实践中，这意味着网络中的每个新用户，无论是数字用户（即数字设备）还是个人用户都会增加网络的价值。梅特卡夫定律常被用来解释为什么数字平台的增长如此之快，往往会出现"赢家通吃"的市场局面。这也表明，那些不曾考虑过数字化平台的企业，为什么必须重新审视自己的企业战略。特别是那些拥有实体产品的企业，必须考虑数字化平台将如何在产品之外为客户创造更多价值并提高客户的忠实度。

在很多情况下，数字化把线性增长变成了指数级增长。因为，在数字化时代技术是相互连接的，因此通过数字化可以不断地获得新的连接点和数据。同时，数字化发展的速度不断翻倍，使得生产成本持续降低、生产能力倍增。

有了移动设备，我们的口袋里也有了互联网，这让我们可以随时随地连接到世界各地的设备上，并且可以快速、廉价地利用数字化网络和数字化平台技术所带来的各种机遇。

数字技术在几年前还主要影响着那些实体产品可以被数字化产品所取代的行业。在这些行业，实体产品可能会被数字化产品所取代，例如音乐、电影、媒体和广告等。其中的佼佼者包括谷歌、Facebook、Netflix 和 Spotify 等数字化企业，这些企业不受实体供应链劣势的影响，但可以基于数字化假设对整个行业进行重塑。

那种认为企业拥有自己的资产才能创造价值的传统观点，也受到了数字化商业模式的挑战。优步、滴滴出行、爱彼迎（Airbnb）和其他一些数字化平台都没有自己的资产。优步、滴滴出行、Lyft 并没有自己的汽车，爱彼迎也没有自己的酒店或物业，新的银行平台也没有现金储备或分支机构。一些新兴的数字化企业只是将供需连接起来，但这改变了行业内原有企业的生存条件。

数字化平台改变了商业模式，以前从规模效应中获益的成熟型企业，如今被规模较小但发展迅速的数字化企业所取代。数字化企业更了解个体消费者，因为这些企业可以通过获得客户数据并利用在线技术，在没有任何中间媒介的情况下，将供需紧密连接起来。

数字技术的独特之处在于，它挑战了传统的规模经济假设。企业竞争优势开始转移到数字化平台和数据所产生的价值上。数字化平台的边际成本和销售成本相较于工业时代大规模生产的成本几乎可以忽略不计。这意味着，早期工业时代，企业间的竞争主要集中在通过扩大生产规模来降低边际成本这一假设已经不再适用。

与此同时，数字化对标准化的假设也提出了挑战。消费者不再完全倾向于消费标准化产品。在价格更低的情况下，他们可能会购买标准化产品，但在价格相同时，大多数消费者更倾向于购买定制化产品。

数字化使企业能够更准确地了解消费者的偏好，按照个人需求、偏好提供产品与服务。《连线》杂志前主编克里斯·安德森（Chris Anderson）在他撰写的《长尾理论》一书中讲述了数字化如何强化个人主义。"长尾理论"这一书名的灵感来自一幅图，该图显示了小众产品的总体市场需求远远超过畅销产品的市场需求。在工业革命的早期阶段，消费者青睐于主流的、畅销的产品，但数字化给企业提供了满足消费者定制需求的有利条件。

这仅仅只是一个开始。这一发展趋势已经持续了几十年，随着数字技术开始利用人工智能，以及各种数字技术的不断集成，这为数字化发展提供了动力。通过物联网（IoT），大多数实体产品都实现了数字化和互联互通。随着人工智能的加入，各种数字化产品开始自我学习、更新和维护。人工智能加速推进的各项技术为人类创造了前所未有的各种机遇。

软银集团董事长兼首席执行官孙正义（Masayoshi Son），将这种现象与5亿多年前的寒武纪大爆发进行了对比。寒武纪大爆发所带来的物种多样性同样改变了人类的进化历程。在孙正义"三十年愿景"的演讲里，他预测人造计算机的智商（IQ）将达到10 000，而人类的平均智商仅为100。这位日本企业家还预测，到2040年世界上将存在100亿台智能机器人，这些机器人将让人类的生活变得更加轻松。尽管要实现这一愿景，目前仍有许多尚未解决的挑战，但这是人类在面对前所未有的机遇时提出的一种积极的预测。

当数字技术以全新的方式排列组合在一起时，我们当前的许多假设和商业模式都会受到挑战。未来的汽车很可能由电脑自动驾驶并与其他汽车、交通系统和传感器紧密连接。我们说的是未来的汽车吗？自动驾驶汽车已经出现了，虽然还处于试验阶段，但它们已经可以与其他车辆、道路上的电脑芯片、路灯、谷歌地图、建筑物、日历等一切我们希望自动驾驶汽车与之交流的东西进行交流，为我提供更安全、更舒适的驾乘体验。想要实现这些并非毫无挑战，但毋庸置疑，自动驾驶汽车正在呈指数级发展。

自动驾驶汽车是一个非常好的例子，说明数字化发展不再仅仅影响那些产品可以被数字化所替代的行业，而是对所有行业都具有深远的影响。当一辆汽车使用先进的传感器、人工智能并与交通系统和其他智能汽车互联时，汽车行业的一项重要假设（即消费者拥有私家车的优势）就受到了挑战。当自动驾驶汽车能够提供点到点接送服务，并让人们把花在驾驶上的时间转化为工作时间时，人们就可以在完全不拥有汽车的情况下获得更多自由。

自动驾驶汽车越来越具有吸引力，因为联网的自动驾驶汽车通过动态地优化交通路线，更加有效地利用了道路，减少了交通拥堵的时间。如果这一点仍不能说服你，那么当你不必浪费时间去寻找停车位时，你可能会更进一步体会到自动驾驶汽车带来的便利。现在，大多数私家车有 85% 以上的时间处于闲置状态，这是一种巨大的资源浪费。所以，当资源可以被更好地利用时，交通成本就会大大降低。

由于自动驾驶汽车可以给消费者带来更大的价值和自由，人们自然而然地认为，自动驾驶汽车将会以一种共享汽车的形式出现，包括租赁和即付即用两种形式。对今天的传统汽车制造商来说，这可能意味着未来人们对汽车的购买欲望和需求会急剧下降。

其他行业也同样会受到影响。如果你想要购买一辆自动驾驶汽车，你需要支付多少车险？谁需要为汽车支付保险？是车主、乘客、汽车制造商，还是提供出行服务的智能软件公司？

随着自动驾驶汽车彻底重塑了汽车行业，传统的汽车保险市场也将被彻底重塑。对停车位的需求将减少，因为自动驾驶汽车在大部分的时间里都行驶在路上，只有需要维修或充电时才会停驶。我们可以试想一下自动驾驶汽车对停车场的影响。公共交通也会受到影响，更不用说自动驾驶汽车对驾校、出租车行业、司机这一工作以及加油站产生的影响。

上述这种思维拓展适用于所有行业。例如在能源行业，如果从太阳能和风能等可再生能源中获得能源的成本远低于石化燃料，那么能源行业的价值链会发生怎样的变化呢？当企业可以就近生产消费者需要的个性化产品时，消费品行业的价值链又会发生怎样的变化呢？制造业会发生怎样的变化？运输网络会发生怎样的变化？当我们从治疗疾病转向预防疾病时，医疗保健行业又会发生怎样的变化呢？

汽车是第二次工业革命和第二次工业革命中产生的流水线的标志性产品。对汽车行业的重塑，恰恰说明了数字革命是如此广泛且不同以往。数字革命正蓄势待发，将使所有行业的赛季转换。

指数曲线

英特尔的创始人之一戈登·摩尔（Gordon Moore）在 1965 年观察到晶体管技术的飞速发展。戈登·摩尔预测集成电路上的晶体管数量每年都会翻一番，而且这种情况将持续 10 年。10 年后，他对该预测进行了修改——晶体管数量每两年翻一番。戈登·摩尔的预测在增长速度上来说几乎是准确的。数据显示，集成电路上的晶体管数量翻倍的平均用时为 18 个月。

然而，戈登·摩尔关于该定律持续性上的判断是错误的。到目前为止，摩尔定律已经有 50 多年历史了。数字产业里流传着一个笑话，预测摩尔定律将很快终结的人数每 18 个月就会翻一番。

摩尔定律之所以重要是因为它描述了数字世界的指数级发展速度。今天，超市里生日贺卡的存储容量和 20 世纪 70 年代 NASA 用来控制阿波罗计划登陆器的电脑的存储容量同样大。想象一下，当计算机无处不在且成本几乎可以忽略不计时，这意味着什么？

美国学者、发明家、作家雷·库兹韦尔（Ray Kurzweil）曾预测，人类的进步程度将每 10 年翻一番。在接下来的 90 年里，我们将看到与过去 1 万年对应的变化。10 年后，我们的进步程度与今天相比，相当于人类过去两万年的发展历程。

指数级增长不仅是数字化时代的特征，也是人类进化的普遍特征，尽管这一过程有时会遇到一些挫折。人类游猎采集的时代占到整个人类历史的 98%。当我们知道如何耕种、冶炼和使用金属后，人类社会得以迅猛发展。旧石器时代、新石器时代、青铜器时代、铁器时代、中世纪、文艺复兴、工业化和数字化时代，各个时代都以越来越快的速度取代前者。

与此同时，人类作为个体至少在某一特定时间段内也发展得很快，例如一个孩子的成长过程。在几年的时间里，孩子从一个不能自理的幼童成长成一个拥有各种能力的成人，能够用高级的语言完成复杂的任务。人类也同样具备指数级发展的潜力，特别是在互联网出现以后，人们可以互相学习，通过训练和实践正确的细节来提高效率。

如果企业从一开始就没有确立正确的发展方向，那么在数字化时代指数级发展趋势下的风险会更大，这种风险带来的不仅是一些小毛病，还会导致很多重大的问题。这也许有些危言耸听，让我们放松一下，尝试使用体育界的表达方式，进行实验、学习、调整和反思，来检验我们是否在做正确的事，是否在朝着正确的方向前进。

指数级发展趋势要求我们在更宽广的范围内想象未来。同时，指数级发展要求我们辨识各种机会。在数字化时代，所有的改变都发生得很快，我们某些新的假设很快会被证明是错误的。即便如此，我们也要勇于挑战这些假设。

——

让我们回到自动驾驶汽车的话题。自动驾驶汽车的速度将远远快于人们的预期。就在几年前，一些专家还认为不可能在 2050 年前实现自动驾驶，而现在，最乐观的预测认为自动驾驶将在 2025 年成为现实。2017 年，在百度的开发者大会上，百度的无人驾驶汽车载着创始人李彦宏驶向会场，百度因此收到了一张违章罚单。事后李彦宏表示："如果无人驾驶的罚单已经来了，无人驾驶汽车的量产还会远吗？"仅仅三年后，2020 年我们就看到百度的 Robo Taxi（自动驾驶出租车）在北京的道路上开始了具有一定规模的测试运营。这说明人工智能的高速发展同样将以指数级的速度加快。而人工智能的高速发展源于参与人工智能的人数呈指数级增长。同时，汽车网络也已经开始了互相学习。

对于那些基于客户购买和拥有自身产品的传统商业模式的企业来说，开发新的商业模式的时机已经到来。很多产品和服务都将实现"按需交付"。15年前，没有多少人愿意挑战"百视达不可超越"这样的假设。我们能预见到这样的发展趋势吗？答案是肯定的，因为有人早已预见到了。然而，时至今日，人们还是很难接受基于指数级增长的预测。

同样值得我们注意的是指数级发展在最初阶段是缓慢的。刚起步的初创企业看起来似乎并不具有任何威胁，因为它们的规模都很小，几乎不会被人们注意到。但当它们变得可见时，竞争对手们就已经来不及做出反应了。如果这些初创企业保持指数级发展，那么它们不仅会超越你，还会将基于线性假设的、开着"老爷车"的"老司机"远远甩在身后。

这就是为什么企业的领导者必须在赛季转换大规模发生之前保持高度警惕。你需要知道什么时候出现赛季转换，并且有能力及时对企业进行重塑。阻碍我们自我重塑的通常不是技术上的障碍，更有可能是企业固化的现有假设、缺乏想象力或胸无大志的计划，以及对企业领导者在领导力方面最大的挑战，也就是重塑一家已经获得成功的企业这一挑战。

挑战战略假设

如果企业的发展已经到达了指数曲线上的最高点，那么我们就不得不去挑战构建企业战略和领导力模型基础的那些现有假设。在数字化时代，第一个受到挑战的假设是"规模经济"。如前所述，工业革命时代引发大规模生产背后的"规模经济"这一假设，在数字革命时代已经不再适用，而所有新的假设都基于单一或相互关联的数字化平台。

第二个受到挑战的假设，即最具吸引力的市场是需求最大的市场。在工业革命时代，个性化产品和服务形成的小众市场并不是需求最大的市场，但是数字技术使消费者能够以合理的价格得到他们期待的个性化产品。当上述这两个假设都受到挑战时，新的商业模式就会出现。为了在未来保持企业的相关性，我们需要考虑以下战略假设。

- **市场细分不复存在**。长期以来，很多企业一直以目标客户群体和细分市场为出发点。但当我们有机会满足客户的个性化需求时，我们不需要再去考虑利润最大的目标群体。相反，我们可以专注于如何满足每个客户特定的个性化需求。这也正是大数据、人工智能以及物联网等技术十分重要的原因，即它们可以让企业更好地了解客户的个性化需求，并直接与这些客户互动。
- **平台取代资产**。数字技术让我们能够把对产品价值的关注转变为对平台的指数级价值的关注，提供住宿服务的爱彼迎就是一个很好的例子。从战略上来讲，爱彼迎的商业模式建立在一个数字化平台之上，爱彼迎将拥有额外房间的房东与需要住宿的房客直接联系在一起。爱彼迎本身并不拥有任何房屋，但它连接了供求双方，这正是数字化平台的优势。这里的价值在于平台，而不是房屋，这也就让爱彼迎拥有了一种与连锁酒店截然不同的、全新的商业模式，尽管它们提供的服务几乎是一样的。
- **服务模式取胜**。"规模经济"正在被"范围经济"取代，而范围经济带来的好处和积极影响也变得越来越广泛。我们不仅要去优化价值链上的某一特定环节，还应该降低其复杂性，增加整个价值链为客户创造的价值。例如，一家企业可以从以往仅仅生产和销售风力涡轮发电机，转而销售风力发电站生产的能源。这家企业不但可以控制涡轮发电机的运行并对它进行维护，同时还能够接收涡轮发电机产生的所有数据，进而优化它的运行时间，以降低维护成本。这样就给客户创造了更多的价值，也给企业带来了更大的利润空间。

当企业最基本的假设受到挑战时，新的机遇就会出现，这也要求企业必须不断地重塑自我。

四季变换，赛季转换

传统管理模式的问题在于关注执行和考核已经计划的内容。传统管理模式的重点是完成计划，而不是关注计划是否仍然具有相关性和意义。根据预算来衡量收入这种做法只会让企业了解计划有多好，而不能让企业了解市场可能会发生怎样的变化，以及谁将成为企业未来的竞争对手。通过削减成本的手段企业可以在短期内实现增长，但如果措施不当，那么一味削减成本将逐渐损害企业未来的增长潜力。

当我们作为企业管理者对员工的绩效表现进行考核时，我们衡量的是个人或企业在完成某一项工作任务时的表现。然而，传统绩效考核方法的结果并不能说明我们是否对工作任务进行了正确分配。

未来，赛季转换会更加频繁，企业领导者不仅要对赛季的转换及时做出反应，还要积极地通过主动转换赛季去寻找重塑企业的机遇。

寻找机遇

来自美国哥伦比亚大学的丽塔·麦克格兰斯（Rita McGrath）教授对数千家企业进行了研究，希望找出哪些企业能够保持持续高速增长。丽塔·麦克格兰斯总结出了可持续增长企业的一个具体特征：实现了可持续增长的企业对自身的发展方向都具有长远的眼光，同时这些企业都很明确地认识到，目前的盈利模式很可能不会成为企业未来增长的驱动力。

换言之，这些在过去实现持续高速增长的企业并不认为自己的商业模式在未来是可持续的。这类企业充分利用了自身目前的良好业绩，一旦其他领域中出现高增长机遇时，它们也做好了转换赛季的准备。这些企业通常都有明确的方向，但并没有十分详细的计划。

当今世界，企业所处的商业环境瞬息万变，这要求企业领导者必须非常迅速地对各种变化做出反应。因此，仅仅以计划和目标作为管理手段是远远不够的，因为计划和目标将企业限制在现有的认知、固有的假设之中。这些认知和假设，甚至在企业理解其自身商业计划以及对计划执行情况进行考核之前就已经发生了变化。

——

2009 年，在 SAP，超过 5000 个不同的目标定义了什么能够让 SAP 获得"成功"。它根据已定义的商业计划和关键绩效指标来考核各部门的执行情况。每个部门都要选取 3～5 个绩效指标来描述该部门对 SAP 整体计划做出的贡献。每个部门也会根据个人绩效目标的完成情况来发放奖金。

当一家企业拥有 45 000 多名员工时，让每名员工负责 3～5 个可评估的个人绩效目标或许是合理的。然而，当需要对 5000 个不同目标的执行情况进行考评时，所有员工都朝着同一个方向努力的概率有多大呢？当大多数员工被按照旧赛季的逻辑进行考核时，作为企业的领导者，你将如何确保下一赛季出现的新机遇能够得到足够多的关注？你将如何防止大多数员工的个人绩效目标都实现了，但企业在市场中仍然无足轻重？你将如何避免企业只是在优化过去，而不是面向未来进行重塑？

如果企业没有在赛季转换时及时采取行动，那么尽管企业的业绩目标可能会实现，但是 KPI 将会变得越来越无关紧要且毫无意义。没有什么比没有意义更让人们觉得泄气的了。如果员工看不到自己工作的意义和目标，就会产生不确定感，进而在工作中漫不经心。

数字化发展使世界变得更加透明，理解这一点也十分重要。数字化时代，我们可以立即连接互联网，不断共享大量数据，几乎在世界上任何地方都可以跟上变化的步伐。这意味着，企业员工对客户的期望以及新的竞争对手的了解通常比管理层更明确、翔实。

传统意义上，企业的大方向由管理层来掌控，但如今，每名员工都可以接触大量非常详细的信息。通过社交媒体，员工可以实时了解客户对产品和服务的反馈。企业员工往往是第一个注意到赛季转换的人，但他们可能并未因拥有发现赛季转换的能力而获得奖励。企业员工的绩效表现仍然按照旧赛季的逻辑来进行考核和奖励，他们可能建议企业进行一些新的尝试，但这常常会和他人早已为其设定好的绩效目标产生冲突。简言之，员工的积极性受到绩效考核方式的限制。这无疑增加了员工的无意义感，打击了他们的积极性，同时造成员工敬业度下降。

冲破创新者的窘境

在商业世界，赛季转换的迹象可能很微妙。如果你问你的客户，他们会告诉你对他们来说，赛季永远不会转换。哈佛大学教授克莱顿·克里斯坦森（Clayton Christensen）在《创新者的窘境》一书中描述了一种窘境，解释了大多数企业为何不惜一切代价来竭力满足现有的客户，并坚持为其中最苛刻的客户提供服务。根据克莱顿·克里斯坦森的观点，这类企业不会认真对待具有颠覆性的初创企业发起的竞争，他也不看好这类企业重塑自身的能力，因为它们往往只会捍卫自己的历史地位，而不会主动挑战这一地位。

我们认为，克莱顿·克里斯坦森描述的"创新者的窘境"是传统管理模式造成的。因为传统管理模式仅仅对已取得成功的企业进行优化，而不会在企业处于优势地位的时候对企业进行重塑。很多企业成功地进行了自我重塑并进入新赛季，有说服力的例子不胜枚举，但开启自我重塑的过程需要领导力和勇气来挑战企业当前的成功。我们在梦想与细节领导力模型中提出的各项建议可以冲破克莱顿·克里斯坦森提出的"创新者的窘境"。

——

一家企业的生命周期通常都会遵循所谓的 S 形曲线，该曲线展现了一家企业从创立、成长、停滞、衰落，最终走向衰亡或被收购的过程。随着技术发展的加速，企业生命周期的发展速度也越来越快，这导致近几十年来企业的生命周期不断缩短。通过识别赛季的转换，企业可以跳到下一个 S 形曲线，获得新的机遇，开始新的发展。企业处于生命周期曲线顶点时，即企业发展开始出现滑坡前，是其跃向下一曲线的最佳时间。

　　善于自我重塑的企业可以一次又一次进入下一个赛季，亚马逊就是一个很好的例子。亚马逊从早期的在线书店发展成为电子商务平台，再到引领云计算时代的云平台。今天的亚马逊已经成为一家多元化的实体与数字相结合的企业，不断开发并推出全新的产品和服务。

　　亚马逊最新推出的产品是数字个人助理 Amazon Echo。亚马逊已经多次成功地转换了赛季，并且总是能够抓住下一赛季的机会。因此，亚马逊是当今世界上最有价值的企业之一。自亚马逊成立以来，其市值一直呈指数级增长。

　　赛季的转换也可以被称为一个转折点、一个拐点（失速点、极限点），正如英特尔创始人安迪·格鲁夫在《只有偏执狂才能生存》一书中所描述的那样，他对战略转折点做了如下解释："企业发展过程中将出现一个时刻，企业赖以生存的根基即将发生变化。这种变化意味着企业有机会上升到新的高度，但它也同样有可能标志着企业没落的开始。"

　　安迪·格鲁夫认为，战略转折点是指市场的关键维度以十倍速甚至更快的节奏发生变化。因此，基于旧赛季规则的优化很明显并不足以在下一赛季让企业保持竞争优势。

　　在后面的章节中，我们将介绍更多关于如何更好地发现和最大限度地利用赛季转换的知识。简言之，赛季的转换就是挑战假设，并在企业里建立一种新的思维模式。挑战假设和开放的思维模式可以帮助我们不断地去寻找战略转折点出现的种种迹象，让我们比竞争对手更快地抓住新赛季的机会。

　　安迪·格鲁夫还指出，商界领袖们还不够偏执。他们可能已经看到了变化的迹象和战略转折点，但并没有迅速地做出强有力的反应。相反，他们在维护和优化旧赛季的企业上投入了过多的时间和精力。

图 1-2 展示了赛季的转换是怎样发生的。

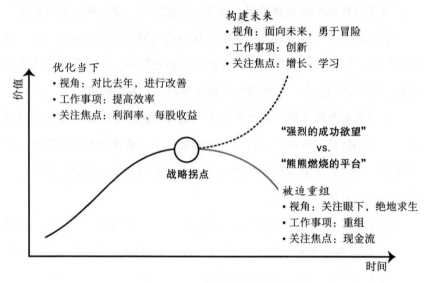

图 1-2　赛季的转换

事后来看，亚马逊的发展是合乎逻辑的、必然的。但现实中，即便在企业发展顺利的情况下，转换赛季也是相当困难的。我们很容易忽视赛季转换的种种迹象，可能是因为我们不想看到这些迹象，因为我们大多数人都不愿意做出改变。美国作家、幽默大师马克·吐温（Mark Twain）曾经说过："我赞成发展，但我不喜欢改变！"这其实也是我们大多数人的真实想法。

在科研领域，有很多关于"改变偏差"或"创新偏差"（换句话说，也就是盲点）的讨论。因为对现有事物做出改进相对容易得多，改进基于一些我们所熟悉的东西。要进行彻底的变革，则需要新的假设和习惯。

我们认为，要冲破"创新者的窘境"，领导者必须认识到只有通过创造共同的"强烈的成功欲望"，才能在企业处于强势地位时进行根本性的变革。这让企业转型变得顺理成章，而不再是一种让人们感到担忧的威胁。同时，这也为探索新机遇打开了大门。

战略转折点

英特尔已故传奇首席执行官安迪·格鲁夫是战略转折点理论的推动者。该理论认为变化是根本性的，它将迫使一家企业要么进行自我重塑，要么最终倒闭。安迪·格鲁夫把这种情况形象地比作湍急河水中的一股激流，激流把一艘船冲进漩涡，并威胁要把船撞向岩石或瀑布。仅仅用表面的、结构上的变化来应对战略转折点是完全不够的。我们需要进行全面的、彻底的变革。

安迪·格鲁夫的战略转折点理论基于十倍速变化理论。它意味着，当某些关键条件的变化速度是企业习以为常的变化速度的10倍时，企业将面临一个战略转折点。如果一款电脑芯片变快了10倍，价格变为原来的1/10或者尺寸变为原来的1/10，那么使用它的企业的规则就会发生变化。

到目前为止，激进的战略转折点主要影响着数字行业。但今天，其他行业受到的影响也越来越大。几乎所有商业领域的技术发展和数字化都已经改变了各个行业的游戏规则。

安迪·格鲁夫还指出，战略转折点可能受到许多因素的影响，例如立法变化、经济危机、客户期望的改变等。而那些已经准备好接受和应对战略转折点的企业，将拥有更好的发展机遇，能在未来的市场中占有一席之地并存活下去。

参考及
译者注释

[01] **彼得·德鲁克**，作家、管理顾问、大学教授。"知识分子"一词经由彼得·德鲁克的作品变得广为人知，他催生了管理学这个学科，他预测了知识经济时代的到来，被誉为"现代管理学之父"。

[02] **百视达**是一家美国家庭影视娱乐供应商，最初只是出租录像带，后来扩展到流媒体、视频点播和影院等行业。在其 2004 年发展高峰时段，它拥有超过 6 万名员工和 9000 家商店。随着数字化的兴起，在实体出租商店逐渐倒闭的情况下，百视达在与竞争对手 Netflix 和 Redbox 的交锋中失利，于 2010 年 9 月 23 日宣布破产。

[03] **Netflix** 是一家起源于美国的提供网络视频点播的互联网电视服务公司。Netflix 由里德·哈斯廷斯和马尔克·兰多夫在 1997 年 8 月 29 日创立，总部位于加利福尼亚州的洛斯盖图，1999 年开始推出订阅制服务。如今，Netflix 在流媒体平台中已是佼佼者，主要的竞争对手包括 HBO、亚马逊、迪士尼、YouTube、AT&T。

[04] **新公共管理**，一种管理公共服务组织的方法，在政府和公共服务机构中使

用，包括地方和国家两级。这是一种主要目的为减少政府职能，充分利用社会和市场的力量来提供公共服务，从而弥补政府财政和公共服务能力不足的新的管理模式。

[05] **绩效管理**（performance management），一种管理模式，其目标是达到更好的绩效。绩效是指对应职位的工作职责所达到的阶段性结果及工作过程中可评价的行为表现。所谓绩效管理是指管理者与员工之间在就目标与如何实现目标达成共识的基础上，通过激励和帮助员工取得优异绩效来实现组织目标的管理方法。绩效管理的目的在于通过激发员工的工作热情与提高员工的能力和素质，以达到改善公司绩效的效果。绩效管理是通过在管理者与员工之间持续不断地进行的业务管理循环过程，实现业绩的改进，采用的手段通常为 PDCA 循环，即计划（plan）、实施（do）、检查（check）、改进（act）。

[06] **CRANET**（The Cranfield Network on European Human Resource Management），CRANET 网络成立于 1989 年，是为满足随时获得欧洲乃至全球最佳实践方法和比较业绩信息的需要而成立的。CRANET 现在是一家研究合作机构，在持续收集有力的、有代表性的数据方面有良好的声誉；它开展严格的分析并传播高质量的结果。在克兰菲尔德管理学院的协调下，CRANET 在国际人力资源管理的各个方面，无论是理论还是实践，都是公认的领导者，在世界范围内享有盛誉。该网络是 40 多所大学和商学院之间的合作网络，定期对全球人力资源管理的组织政策和实践进行比较调查，为比较欧洲与世界其他地区的发展提供了基准。该合作网络系统化地比较、分析雇主的人力资源管理趋势，通过报纸、业内刊物、学术期刊和图书、会议及研讨会，以及在教学中传播其研究成果。

[07] **哥本哈根商学院**（Copenhagen Business School，CBS）位于丹麦哥本哈根，是北欧最大的三所商学院之一，也是全世界顶尖的商学院之一。

[08] **马士基 3E 级集装箱船**（Maersk Triple E Class）是一个由丹麦海运公司马

士基集团操作的大型高效集装箱船系列,是马士基 E 级集装箱船的后续系列。2011 年 2 月和 7 月,马士基与韩国大宇造船海洋株式会社(DSME)签订了两份各价值 19 亿美元的合同,授权该公司建造 20 艘 3E 级新船。

[09] **感知网络**(cognitive network)是指通信网络能够感知现存的网络环境,通过对所处环境的理解,实时调查通信网络的配置,智能地适应专业环境的变化。同时,它还具备从变化中学习的能力,且能把学到的东西用到未来的决策中。

[10] **规模经济**(economies of scale)在微观经济学中是指扩大生产规模引起经济效益增加的现象,是长期平均总成本随产量增加而减少的特性。规模经济反映的是生产要素的集中程度同经济效益之间的关系。规模经济的优越性在于:能够实现产品规格的统一和标准化;通过大量购入原材料,使单位购入成本下降;有利于管理人员和工程技术人员的专业化和精简;有利于新产品开发;具有较强的竞争力;充分利用规模经济,对于提高企业乃至整个国民经济的效益具有重大意义。但这并不仅仅意味着生产规模越大越好,因为规模经济追求的是能获取最佳经济效益的生产规模。一旦企业的生产规模超过一定的水平,边际效益就会逐渐下降,甚至趋向零,乃至变成负值,引发规模不经济现象。

[11] **边际成本**(marginal cost),指的是每增产一单位的产品(或多购买一单位的产品)所造成的总成本的增量。这个概念表明每一单位产品的成本与总产品量有关。

[12] **范围经济**(economies of scope)指由厂商的范围而非规模带来的经济,即当同时生产两种产品的费用低于分别生产每种产品所需成本的总和时,所存在的状况被称为范围经济。只要把两种或更多的产品合并在一起生产比分开来生产的成本要低,就会存在范围经济。

[13] **戈登·摩尔**,英特尔公司的共同创办人之一。仙童半导体公司"八叛逆"之一。1968 年他与罗伯特·诺伊斯一起创立了英特尔公司,任公司副总

裁；1975 年他成为总裁和首席执行官。1979 年 4 月～1987 年 4 月，他成为英特尔公司董事长和首席执行官。1965 年 4 月 19 日，他在《电子学》杂志上发表的文章中提出了著名的摩尔定律。

[14] **摩尔定律**（Moore's law），其内容为：集成电路上可容纳的晶体管数目，约每隔两年便会增加一倍。经常被引用的"18 个月"，是由英特尔前首席执行官大卫·豪斯（David House）提出的。预计 18 个月芯片的性能提高一倍（即更多的晶体管使其更快），是一种以倍数增长的观测。

[15] **克里斯·安德森**，英裔美籍作家、企业家，曾供职于《自然》《科学》《经济学人》,《连线》杂志前总编。因 2004 年出版《长尾理论》(*The Long Tail*)而名噪一时，此书被列入《纽约时报》畅销书排行榜（非小说类）"。2012 年，克里斯·安德森辞去《连线》杂志总编一职，创办无人机制造公司 3D Robotics。"长尾理论"又译"长尾效应"，最初由克里斯·安德森于 2004 年发表于自家的杂志，用来描述诸如亚马逊、Netflix 和 Rhapsody 之类的网站的商业和经济模式。它是指那些原来不受重视的销量小但种类多的产品或服务由于总量巨大，累积起来的总收益超过主流产品的现象。在互联网领域中，长尾效应尤为显著。

[16] **关键绩效指标**，又称主要绩效指标、重要绩效指标、绩效评核指标等，是指衡量一项管理工作成效最重要的指标，是一个数据化管理工具，必须是客观、可衡量的绩效指标。关键绩效指标是将公司、员工、事务在某时期表现量化与质化的一种指标，可协助优化组织表现并规划愿景。

[17] **克莱顿·克里斯坦森**，美国哈佛商学院著名教授，任职于哈佛商学院总经理及技术与运营管理部。他的研究和教学领域集中在新产品和技术开发管理以及如何为新技术开拓市场等方面。1979 年，克里斯坦森在哈佛商学院以优异成绩获得 MBA 学位；1992 年，他重返哈佛商学院获得 DBA 学位之后留校担任教职。他教过的课程包括科技与运营管理、工商管理学及运营策略，"创新管理"是他的首创。

[18] **创新者的窘境**，1997 年，当《创新者的窘境：领先企业如何被新兴企业颠覆》(*The Innovator's Dilemma：When New Technologies Cause Great Firm to Fail*) 一书英文版出版时，克里斯坦森只是哈佛商学院的助理教授。此书确立了他在创新技术管理领域的权威地位。此书荣获最佳商业类出版著作"全球商业图书奖"(Global Business Book Award) 及"布兹·艾伦与汉弥尔顿年度最佳商业类图书奖"(Booz Allen and Hamilton Award)。在这本书中，克里斯坦森提出了"颠覆性技术"(disruptive technology) 的概念，成为为数不多的高科技领域核心的"元问题"之一。由此，克里斯坦森跻身大师级管理学者的行列。克里斯坦森在书中展示了本田 SuperCub 摩托车技术、英特尔 8088 芯片和水力开凿机的共同之处。这些新技术都在各自的领域重新定义了竞争的前景。核心是，一家成功的公司如何保证它的产品不会被新的技术挤出市场。克里斯坦森指出，就算经营最好的公司，即便他们十分注意顾客需求和不断投资开发新技术，也都可能被任何新产业所影响而失败。

[19] **战略转折点（或战略拐点）**，安迪·格鲁夫在《只有偏执狂才能生存》一书中阐述了"战略转折点理论"。他认为，现在新的规则正在盛行，非同寻常的事、出乎意料的事随时可能发生，企业迟早会发生根本性的变化，导致这种变化的因素包括：目前的竞争对手、潜在的竞争对手、供应商和上游企业、客户和消费者、和本企业有关的互补性企业、关键技术等。这些因素的影响力和动态变化均不受本企业的控制，却能制约企业经营的根本格局。其中任何一个发生剧变，竞赛的规则就会大变，竞争状况也就不可同日而语。这类剧变给成熟企业带来的风险最大。不少企业经营多年，内部管理井井有条，利润稳定，客户也稳固，貌似万事大吉，但这类力量要是朝不利的方向骤然膨胀，而企业面临突发事件不知或不善应对，顷刻之间就会分崩离析。

格鲁夫在《只有偏执狂才能生存》中提出"死亡之谷"(valley of death) 的比喻：在两个烟雾弥漫的山头间，企业就像必须同时攀登两座山峰的登山客，已经成功的企业熟悉了一个山头，却必须向另一个山头奔去，途中指标未明、新山峰若隐若现，多久能到，如何能到皆无人能知。此时，登山队伍往往就在双峰间的山谷中出现激烈争执，有人要留守安逸与熟悉的旧地，有人偏要冒险向前，结果队伍分崩离析，最终命丧"死亡之谷"。他指出，走出"死亡之谷"的关键是领导者。领导者必须坚定信念，不流露出一丝犹豫和怀疑（虽然他的恐惧通常是最多的），这样才能凝聚团队士气。此外，领导者必须勤于分析数据，以事实作为决策依据，这样才不会误用资源，做出超出自己能力的投资或行动。

正因为此，格鲁夫说："穿越战略转折点为我们设下的死亡之谷，是一个企业组织必须历经的最大磨难。"

[20] **十倍速变化理论**，安迪·格鲁夫在《只有偏执狂才能生存》一书中提出了"十倍速变化理论"。格鲁夫认为，所有企业都根据一套不成文的规则来经营，这些规则有时却会变化，常常是翻天覆地的变化，然而并没有事前的明显迹象为这种变化敲响警钟。因此，能够识别风向的转变并及时采取正确的行动以避免沉船，对于一个企业的未来是至关重要的。这样的变化被格鲁夫称为十倍速因素，意思是这种因素在短期内势头和力量会增至原来的10倍。面临十倍速变化的时候要想管理企业简直难于上青天：从前的管理手段无一奏效，管理者失去了对企业的控制，而且不知如何重新控制它。最终，在产业发展上将达到一个新的平衡。一些企业强盛起来，另外一些衰败下去。不是所有人都能安全地到达彼岸，那些无法幸存的人将面临与从前截然不同的生活。

[21] **"熊熊燃烧的平台"**，出自2011年2月8日，诺基亚前首席执行官斯蒂芬·埃洛普（Stephen Elop）给诺基亚全体员工发的题为"逃离熊熊燃烧的钻井平台"的内部备忘录，该备忘录在整个诺基亚及业界都产生了深远的影响。当时的诺基亚业已错失战略拐点，不得不被迫出售手机业务。诺基亚董事长李思拓在他带领诺基亚成功转型后出版的《偏执乐观：诺基亚转型的创业式领导力》（*Transforming NOKIA: The Power of Paranoid*

Optimism to Lead Through Colossal Change)一书的第八章中，全文摘录了斯蒂芬·埃洛普的"逃离熊熊燃烧的钻井平台"备忘录，同时描述了该备忘录的详细背景。本书作者使用"熊熊燃烧的平台"指代那些像当年诺基亚一样错失在战略拐点之前变革的企业，认为错失战略拐点的企业正处在"熊熊燃烧的平台"之上。

第 2 章

寻找隐藏的信号

我们的内心深处并不愿意接受改变，这就不得不让我们更加关注赛季转换的种种迹象。

在每赛季最后一场 F1 比赛结束之前，车手和参赛车队就都已经意识到了，他们必须为下个赛季改变后的规则做充分的准备。其他体育项目的规则大多不会随着赛季的转换而改变。然而，赛季转换本身就提供了一个很好的机会，让我们去思考如何才能变得更强大，我们为此需要做出哪些相应的改变。

在体育领域，有时甚至需要在赛季中期做出一些重大的改变，这通常会体现在团队队员结构的变化上。我们可以把每一个新赛事、每一轮或每一场比赛都看作一次小规模的赛季转换。赛季转换的概念是各种体育项目不可分割的一部分。

在艺术世界里也是如出一辙。在每一部新的戏剧作品、每一季电视节目、每一本新书或每一场新的音乐会里，艺术家们意识到，在忠实于原著，以及演绎深受观众喜爱的那些素材的基础上，他们必须创造一些全新的内容或表现形式。在理想的情况下，尽管那对年轻恋人在《罗密欧与朱丽叶》中的结局注定还是会让观众感伤，但剧作家应该在观众熟知的故事情节中增添一些新的、微妙的细节，又不应与原著有太大差异，不至于让观众感到困惑。就像摇滚乐队推出了一张新专辑，其中有新的音乐，但他们始终还是要忠于乐队自身的风格。

艺术家和其他人一样也清楚地意识到，在不丢弃原有作品精髓的前提下，艺术也有不断创新的需求。商界领袖可以从体育界和艺术界学习和借鉴。因为，赛季转换早已融入这两个领域的文化之中。在商业世界里，我们不太可能把企业的赛季转换标记在企业的日程表上。我们必须创造一种企业文化，在这种企业文化下，我们可以及时发现赛季正在迅速转换的种种迹象，同时果断地采取行动，抓住赛季转换带来的全新机遇。

预测过去还是展望未来

有许多因素抵消了我们进行赛季转换的能力。首先，我们对改变抱有偏见。其次，我们受到企业文化和企业历史包袱等问题的困扰。这不仅仅是因为我们不愿意接受改变，还受限于企业对自己"是谁"和自己要"做什么"的理解。例如，从销售古董、装饰贝壳和牡蛎壳的小企业，到成为全球领先的石油企业——壳牌；从生产、出售橡胶靴的小企业，到成为世界领先的手机制造商——诺基亚；从最初卖减肥药的小商贸公司，到成为全球 5G 技术的领导者——华为。企业只有拥有好奇心和做出改变的勇气，才能具备转换赛季的能力。

大多数企业在其现有业务的基础上取得发展的可能性更大。所以，企业不应该盲目地破坏其现有的业务基础。这些企业应该基于其核心竞争力来发展自身业务，毕竟很少有企业能在其不具备核心竞争力的领域取得成功。

但是，企业常常又把自身的核心竞争力定义得过于狭窄。例如，壳牌的核心竞争力不是出售贝壳，而是拥有通过船舶运输产品的物流能力。壳牌注意到石油需求的日益增长与重要性，看到了转换赛季的机会，并利用自身的核心竞争力转换到了新的赛季。

——

尽管企业的管理层已经意识到了做出改变的必要性，但一些市场因素会使企业难以进行彻底的自我重塑。正如上一章所提到的，克莱顿·克里斯坦森在《创新者的窘境》一书中描述了一些大型企业在自我重塑的过程中所面临的困境，虽然个别企业在变革的过程中，在管理上做得很出色。在很多案例中，我们也看到很多企业已经逐渐意识到了即将发生的赛季转换。

为了满足现有客户的需求，大型企业不得不投入巨量资源。因此，大型企业通常没有资源和精力打入新兴市场。新兴业务的规模通常太小，而且业务难以开展。对于大型企业来说，新兴业务与现有业务相比往往显得微不足道，甚至可能会对企业现有的业务模式造成某种程度的威胁。

新兴的技术和商业模式几乎得不到足够的重视，因为它们的规模通常都太小或还不成熟，不足以对本赛季里的赢家构成威胁。当第一代智能手机推出时，与经久耐用、备受好评的诺基亚手机相比，它被人们看作一款高级玩具，完全没有被当作真正的竞争对手。但事实上，一个崭新的智能手机市场应运而生。2013年，微软试图通过收购诺基亚进入这一新兴市场，但为时已晚。微软曾试图通过收购诺基亚的移动业务进入该市场，但微软的收购对象诺基亚是上一个赛季功能机市场的赢家，而不是智能手机新赛季的赢家，更不是下一个赛季的赢家。当萨蒂亚·纳德拉（Satya Nadella）出任微软首席执行官后，他选择对诺基亚的收购进行减记，这是一笔高达76亿美元的资产减记，7800多名员工因此被解雇。微软的减记金额甚至比不到两年前收购诺基亚时的金额还要高。然而，放弃手机业务的决定是微软将要进行赛季转换的一个明确的信号。同时，萨蒂亚·纳德拉的这一决定也清晰地展示了他发现新赛季并果断采取行动的能力。

———

作为领导者，在企业的业绩达不到我们的预期时，我们惯常的反应是向各个组织施加压力，让各部门制定更精确的绩效目标并改进考核指标，以便我们能够更好地掌控各种情况。但这种做法的结果，往往适得其反。这种方法让企业在旧赛季里停滞不前，更没有积极推动企业走向下一个赛季。

如果未来是可以预测的，那么绩效目标和以预算为导向的管理方法仍将发挥作用。但如今，这种管理方法已经很难奏效了，因为未来的发展变得越来越难以预测。即便是像可口可乐这样拥有经久不衰产品的企业，也必须不断思考什么时候开始进行赛季转换。

我们怎样才能及时发现新赛季？我们应该寻找哪些信号和隐藏的迹象，来识别正在发生的赛季转换？

让我们通过几个简单的问题入手。首先，哪些技术可能会改变行业的基本面，这些技术又是怎样改变该行业的？其次，当你看到新的竞争对手正在快速成长，并且采用了不同以往的运作方式时，你就应该反思：它们为什么发展得如此之快？新晋竞争对手与我们有何不同之处？它们正在解决什么样的问题？它们的解决方案有何不同之处？如果高速增长的原因是它们正在以一种被客户认可的新方式解决了相关的问题，那么这很可能就代表着赛季转换的开始。最后，竞争对手是否为客户提供了我们无法提供的产品或服务？如果这个问题的答案是肯定的，那么你就应该思考：如果你的企业要生产类似的产品或提供同类的服务，怎样才能使其更具规模？

发现赛季转换的艺术

当你作为企业的领导者寻找战略转折点时，你可能会面临来自企业内部、企业文化、整个市场甚至你自己的阻力。然而，只要你坚持不懈，就有很多机会发现战略转折点。我们可以把企业寻找赛季转换的迹象划分为三个层次。

- 被动接受：在危机中显现的变化。
- 主动寻找：表面下隐藏的危险信号。
- 积极探索：主动寻找新赛季。

被动接受：在危机中显现的变化

对企业来说，有些变化是显而易见的，当企业面对增长匮乏，设立重组项目，从外部聘请新的首席执行官，来自新晋竞争对手意料之外的竞争等时，企业明显需要进行赛季转换。通常情况下，企业处于危机的各种明显迹象会引发人们对巨大变革的期待，有时也会造成员工的恐慌，即使这些变革尚未公布。

当一家企业聘请了新的首席执行官时，人们往往会期待出现彻底的变革，并预计新的首席执行官在上任后的 100 天内就能够确定企业新的发展方向。在大多数情况下，新任首席执行官都会建议企业进行大刀阔斧的变革，否则为什么要更换首席执行官呢？但是，我们为什么需要一位新的首席执行官才能实现彻底的变革呢？通常，这种被动赛季转换的出现是由于企业没有及时对赛季转换的种种迹象做出反应，或者是没有对这些迹象做出足够的反应。被动的赛季转换发生在企业处于危机时"熊熊燃烧的平台"之上，在这种情况下企业很容易就能意识到需要进行彻底的改变。这时要想成功地进行赛季转换却是困难重重。有一些成功实现赛季转换的案例，譬如 IBM、诺基亚和苹果。对这三家企业来说，当时它们面对的形势都非常严峻，如果不进行彻底的改变，就很可能导致公司解体或破产。

通常情况下，被动的赛季转换都不会很成功。在瞬息万变的未来，被动的赛季转换将越来越难以成功。企业不应该迫不得已、被动地去进行赛季转换。即使无法预见所有可能改变商业环境的情况，但在大多数情况下，赛季的转换是可以预见的。积极主动不断寻找新的机会来进行赛季转换，是企业需要达到的最理想的层次。

被动的赛季转换不仅出现在商界，也出现在体育、文化和科研领域。随着时间的推移，队员的竞技水平将出现停滞甚至下滑，这是被动进行赛季转换的特征之一。这种情况通常会导致内部斗争加剧，员工只专注于个人目标，缺乏动力和参与感。企业被动地进行赛季转换也会让人们变得越来越冷漠和沮丧。企业最优秀的那些员工开始寻求更有意义的、新的工作机会。被动地进行赛季转换唯一的好处是，在这种情况下人们更容易理解进行彻底变革的必要性和紧迫性。

主动寻找：表面下隐藏的危险信号

各种表面下隐藏的赛季转换的迹象更难被发现，但这些迹象确实存在。通常情况下，一些企业的业绩表现看上去很健康，盈利能力也很强，甚至可能是某一行业的市场领导者。然而，如果我们去挖掘潜在的事实，就会发现企业的发展已经达到指数曲线的顶峰，并且出现了下滑的迹象，这时进行赛季转换已是迫在眉睫。由于数字化颠覆不断出现，许多企业都可能正面对这种情况。赛季转换的迹象包括多年来收入增长放缓，或者企业仅以优化现有业务而不是驱动新的增长来实现财务目标。企业必须通过降低成本来实现盈利，很可能就是赛季转换的迹象之一。只是一味降低成本不可能让企业变得卓尔不凡。

在一个不再增长、变得越来越无关紧要的市场中，企业成为这个市场的领导者的意义何在呢？当福特开始大规模生产汽车时，你可以成为镇上最成功的马车制造商，但你的业务终将变得无关紧要，这只是时间问题。如果以实体分行的数量来衡量一家银行，那么实体分行数最多的银行可能拥有最高的市场份额。但是，如果银行实体分行的数量多是由于该银行的网上银行业务的拓展速度慢于其他银行，那么该银行的业务就不是面向未来的。

你必须从更宽广的角度来看待市场。市场发生了哪些变化？客户期待新的产品吗？你的钱包份额有多大？你的产品或服务可以占到客户在同类产品和服务类别中总支出的份额是多少？这与市场份额不同，市场份额是指你将自己的规模与竞争对手的规模进行比较。钱包份额说明你对你的客户有多重要。在 SAP，我们的分析显示，即使是最忠实的客户，他们在 SAP 上投入的资金也还不到其 IT 总支出的 10%。换言之，我们的很多客户把他们 IT 预算的 90%～95% 花费在了 SAP 以外的供应商身上。如果出现这种情况，就必须重新考量如何才能让企业变得对客户更为重要。

同时，我们必须去挑战常规的假设，即增长乏力仅仅是一种周期性浮动的正常现象。很多企业把 2008～2009 年的业绩低迷归咎于金融危机，认为业绩恢复正常只是时间问题。这些企业忽视了一个事实，即金融危机掩盖了本应受到认真对待的、本质性的危险迹象。正因如此，有些企业再也没有从那场危机中恢复过来。

在 SAP，人们也普遍认为 2009 年的业绩下滑是由金融危机造成的。金融危机暴露了企业商业模式上存在的弱点，如果只是被动地等待市场复苏，我们可能就没有机会及时重塑 SAP 了。

2020 年新冠肺炎疫情席卷了全球，无论是影响的范围还是造成的冲击都远远超过 2008 年的金融危机。很多企业的业绩受到了极大的影响，一些企业怨声载道，把问题全部归咎于疫情的影响。但是，我们仍然可以看到，同样在受疫情影响的情况下，一些企业却迅速恢复元气，取得了良好的经营和财务业绩。这些企业从2008年的金融危机中吸取了教训，它们更加关注疫情表面下隐藏的、本质上更危险的信号，并利用机会重塑自我，从危机中走出来，变得更加强大。

另一个危险信号可能是员工敬业度下降，或者说是缺乏敬业度。在赛季转换期间，那些与客户关系最密切的员工常常能发现赛季转变的一些初步迹象。这些员工感受到客户的期望和企业的交付能力之间的不平衡日益加剧。其结果往往是员工的敬业度下降，以及他们对企业现状的不满程度上升。

如果缺乏员工认为有意义的激励措施，那么外部激励因素（例如奖金）就会变得更加重要。每名员工都按照计划做了该做的事，但不会做得更多。这种缺乏献身精神的情况也应该被视为一种危险的信号，这表明企业必须去寻找潜在的、更大的风险。

员工以消极的方式对改变做出回应，可能是因为他们感受到了企业重组带来的压力。这往往是员工越来越难以看清企业未来的发展方向和企业的相关性造成的。

企业需要认真对待这种危险的信号。这是因为，每天直接与客户打交道的员工，通常比高管更接近也更了解客户。

企业通常更专注于内部流程和产品的优化而不是客户。基于详细计划的绩效目标往往会加强这一趋势。换句话说，如果管理层在当前赛季专注于对企业进行优化，那么企业在没有意识到市场正在不断萎缩的情况下，很可能出现业绩表现出色的假象。

积极探索：主动寻找新赛季

有些企业积极关注其所在市场及其周边相关联的市场，这类企业的企业文化不仅为赛季转换做好了准备，而且让员工对进入新赛季充满期待。企业派出"侦察兵"和"探索者"去探查潜在的危险，探索开启新赛季的机会。

这类企业的员工及时汇报业内和市场上正在发生的变化，并提出改进措施及建议、进行新的尝试。企业员工的雄心壮志被激发出来，新的机会也随之被挖掘出来。

这类企业准备好向其他行业学习，研究企业在其他方面是否有大幅度的提升和改进的可能。如果你的企业是市场领导者，那么你从传统竞争对手那里学到东西的机会不大。但是，在其他行业里却有宝贵的、值得学习和借鉴的经验，你甚至可以从中学到如何重新塑造你所在的行业。

能够做到积极探索，主动寻找新赛季的那些企业，它们的思维模式是开放的，既可以对现有的业务进行优化，又对能重新改造现有业务的机会充满好奇。这些企业也意识到让那些思想开放的员工去观察未来可能出现的变化，让员工不断地尝试和学习，将会给企业创造更大的价值。

企业也应该对那些与自身业务相关的市场保持同样的开放心态。例如，IBM在生产电路板和半导体的过程中需要使用大量超净水。因此，IBM非常擅长跟踪水源，IBM甚至可以将超净水出售给有同样需求的其他公司。同时，进行赛季转换的速度也很重要，但你不必成为新的解决方案或新技术的发明者。许多并非新技术发明者的企业却能够在市场上更快地扩展基于新技术的商业模式，例如SAP就不是第一家利用云计算的公司，苹果也不是第一家生产mp3播放器的公司，但它们都很快就看到了新兴技术背后蕴藏的巨大机遇，这些新兴技术极大地改善了用户体验，加快了产品和服务的市场采用率。

各种数据和员工反馈向我们揭示了客户对产品及服务做出了怎样

的反应，我们的表现如何等重要信息。同时，各类数据也给我们提供了潜在的改进机会和那些具有增长空间的潜在市场。我们可以根据数据分析出可能出现的各种情景，能够预测未来三年甚至更长时间内的市场需求。苹果的乔布斯就擅长于此。SAP 的创始人之一、现任董事长哈索·普拉特纳（Hasso Plattner）也是如此。除此之外，基于事实和情景规划的直觉也发挥了重要作用。

一些企业有自己专属的赛季"侦察兵"去寻找改变的可能性。其他一些企业则与外部的创新、创业公司合作。例如，包括《财富》500 强企业在内的 60 多家企业已经与创业网络 Rainmaking 建立了合作关系。Rainmaking 拥有提供快速、流畅地创建新平台和服务的经验，能帮助企业提高创新思维能力，以及在企业内部培养创业精神。

让我们来看一下可口可乐公司是如何寻找改变的可能性的。可口可乐与埃塞俄比亚创业者合作。埃塞俄比亚创业者灵活的适应能力是可口可乐这种全球性大型企业内部所不具备的。埃塞俄比亚创业者通过建立小型分销中心，挑战了"可口可乐的分销中心必须具有一定规模"的假设。

过去，在埃塞俄比亚的人想要喝上一瓶冰镇可口可乐几乎是不可能的。狭窄的道路意味着大型运输卡车无法到达当地的小商店，而缺乏仓储设施意味着这些商店无法长时间储存大量可口可乐。

非洲当地的创业者建立了小型分销中心，这些小型分销中心通常位于缺乏固定道路和基础设施的地区。在这些地区，可口可乐公司的运输卡车很难到达小商店。小型分销中心的创立者雇用当地人，然后由当地人用自行车或手推车向零售商分销可口可乐。这些小型分销中心由可口可乐公司扶持建立，但可口可乐并不直接参与运营或管理，小型分销中心拥有自己的专营权，与可口可乐的灌装厂直接合作。截至 2012 年，可口可乐在非洲有超过3200家小型分销中心，这些小型分销中心共计雇用了约19 000名当地员工，每年创造超过9.5亿美元的营收。

那些积极探索、主动寻找新赛季的企业，无论是在提高团队绩效表现方面，还是在提高个人绩效表现方面，通常都会把体育界作为发展和创新的源泉加以借鉴。教练总是在不断追求细微的改进或是彻底的改变，以提高团队获胜的概率。他们总是努力提高每名队员和团队整体在关键细节上的表现。同时，教练总是会在赛前清晰地阐明什么是团队共同的梦想。我们相信，这种对梦想的专注和执着，为个体创造了意义，也极大地鼓舞了人们的热情，激发了人们的创业精神，增强了人们的参与感。

从主动到积极主动

我们发现，许多企业目前正处在主动寻找新赛季的活跃阶段。从表面上看，进展还算不错。但是，如果你不带偏见、深入地研究那些"领先指标"，危险的信号就是显而易见的。为了利用赛季转换带来的机遇，企业必须从"主动"上升到"积极主动"的层面。这需要一种不同的思维模式、不同的考察方式和一种更具探索性的领导力风格。事实上，这不仅仅是探索新赛季的问题，也是不断重新塑造企业和领导力的问题。

在后续的章节里，我们将更详细地解释领导者应该怎样解决上述问题。

参考及译者注释

[01] **钱包份额**（share of wallet，SOW）是一种在绩效管理中常用的调查方法，帮助管理者理解一家公司从某些特定的顾客处获得的交易额。另一个通俗定义是：钱包份额是顾客在某一个产品上花费的钱占其总开销的比率。公司竞争的目的之一就是争夺它们占据顾客总开销的份额。通常，不同公司不会销售完全相同的商品，而是销售配套产品或互补产品。

[02] **市场采用率**（market adoption rate）或**新产品采用率**（innovation adoption rate）是指一项新技术被公众获取和使用的速度。这可以用在特定时期内开始使用新技术或创新的社会成员的数量来表示。新产品采用率指目标市场中，接受并采用了创新产品的人数比例。有些产品一夜之间就风靡全球，有些产品则要很长时间才会被消费者接受。

[03] **哈索·普拉特纳**，SAP 公司的联合创始人之一，哈索·普拉特纳及其家族在《福布斯》2019 年全球亿万富豪榜"中名列第 94 位，资产约为 135 亿美元。

[04] **Rainmaking** 是一个致力于辅导全球创新创业企业和加速《财富》500 强

企业发展的国际平台，它与世界领先企业、各个行业的专家（包含企业家、策略顾问、产品专家、知名设计师和国际投资者）及当地政府及学术机构等合作，在世界各地开展创新创业变革。Start-up Boot Camp（SBC）为 Rainmaking 策略发展的一个环节，是全球领先、欧洲排名第一，专注于保险科技、数字医疗、新能源、金融科技、新零售、食品安全科技、物联网及智慧城市八大垂直领域创新的国际育成平台，同时也是《财富》500 强企业策略转型合作伙伴，具有完整的创新培育体系及丰富多元的国际企业资源。目前，SBC 已在全球 21 个国家和地区开展超过 31 个创新项目，成功育成企业超过 750 家，累计融资额超过 10 亿欧元。

[05] **领先指标**（leading indicator/leading economic indicator），即能够对经济趋势进行前瞻性预测的指标。领先指标用于预测企业周期中的转折点和估计经济活动升降的幅度。这些指标的变化反过来又影响经济形势的发展。最常见的指标有：失业保险申请率、货币供应量、周平均工作小时、新房开工率、股票指数走势等。中国一般采用的领先指标有：轻工业总产值、一次能源生产总量、钢产量、铁矿石产量、10 种有色金属产量、国内工业品纯购进量、国内钢材库存、国内水泥库存、新开工项目数、基建贷款、海关出口额、经贸部出口成交额、广义货币 M2、工业贷款、工资和对个人其他支出、农产品采购支出、现金支出、商品销售收入共 18 项。为与国际接轨，如今中国主要采用 PMI 指数（采购经理指数）。

第 3 章

梦想与细节：
全新的领导力模型

1961年5月25日，新当选的年轻美国总统约翰·肯尼迪（John F. Kennedy）在国会前宣布：在10年内，美国要把一个人送到月球并让他安全返回地球。1962年9月12日，在得克萨斯州休斯敦莱斯大学座无虚席的体育场内，肯尼迪重申了这一观点："我们要去月球！我们将在10年内登月，我们还要做其他一些事情，不是因为它们很容易，而是因为它们很难实现。因为这一目标的确立，将有助于我们把最好的资源和技术组织起来并评估它们，因为这一挑战是我们愿意接受的，是我们不想推迟，也是我们想要赢得的。"会场响起了雷鸣般的掌声。

肯尼迪本可以通过许多其他方式来表达上述目标。他可以说，美国将要超越苏联，成为世界上领先的技术创新大国，并为实现这一目标设定一系列具体的指标，比如申请专利的数量等。但这会令人们深受鼓舞吗？恐怕不会。

肯尼迪在演讲中承认，美国当时还不具备实现登月所需的大量必备条件。例如，登月所需的金属合金以及其他一些在当时尚未被发明出来的技术。但美国随后逐步拥有了这些材料和技术。

太空竞赛不仅仅是国与国之间的剑拔弩张，它开启了一个发展科技，新认知、新材料、新发明不断涌现的时代。在今天这些创新早已被广泛应用于航天飞机之外的诸多领域。记忆泡沫、胰岛素泵、绝缘材料、入耳式温度计和集成芯片只是其中少数的应用成果。今天，NASA拥有数千项专利。基于航天事业的发展应运而生的科学知识和技术，创造了无数的私营企业、上市公司。美国最终成为世界领先的科技强国。

在肯尼迪休斯敦演讲七年后，尼尔·阿姆斯特朗（Neil Armstrong）迈出了"人类的一大步"，在月球表面留下了第一个人类的脚印。

梦想与细节：实现变革的平台

　　肯尼迪所做的，正是我们在本书中所倡导的。肯尼迪把一个合乎逻辑的战略，转换成了一个鼓舞人心的梦想。这个梦想雄心勃勃，但并非遥不可及。这一梦想鼓舞人心，又易于表达，描绘了一个充满未知、拥有无限可能的未来；现今的大多数企业都会感受到这一点。发展方向是明确的，然而前进的道路却是不可预测的。但是，肯尼迪如此信任那些参与登月计划的人，让他们自己去寻找并决定，如何最好地让宇航员成功登月并安全返航。

　　在登月的过程中有很多至关重要的细节。例如，如何解决技术难题和提高人们的工作效率。由于时间紧迫，因此每个人都必须朝着相同的方向努力。同时，在登月梦想的大框架下，人们可以发挥自主性，在这一过程中随机应变，抓住各种各样的机会。人们当时奉行安全至上的理念，第一批宇航员必须毫发无损地返回地球。

　　梦想与细节是我们推荐的一种领导力模型，旨在通过使人的绩效最优来帮助企业实现可持续的再创造。梦想与细节领导力模型以面向未来机遇、雄心勃勃的梦想为基础，激励人们去推动企业的再创造。梦想与细节领导力模型包括关注最关键的"细节"，以及开发最重要的"技能"，来帮助人们实现"梦想"。同时，梦想与细节领导力模型还包括构建正确的"思维模式"和"框架"，以释放人们的潜能并加速组织的变革。

　　在本书后续的章节里，我们将详细介绍梦想与细节领导力模型的各个组成部分。本章将着重对梦想与细节领导力模型进行整体介绍。

　　简言之，梦想就是我们想要实现的愿望。企业的梦想源自企业的总体目标和长期战略。"梦想"听起来难以捉摸，但我们还是选择使用这个词，它表明了一种超越逻辑的重要性，因为"梦想"总能激励人们去做一些有意义的、雄心勃勃的事情。对某些领导者来说，领导力就是把期望值定得极低，以便他们能完成得比预期更好。如果领导者想要彻底重塑一家企业，这种做法就是不可取的。作为领导者，我们必须解放思想，对企业的未来发展满怀雄心壮志。梦想的产生是一个完全由外向内的过程，梦想定义了企业在未来市场中期待扮演的"角色"和希望达到的"志向"。梦想激发了我们在未来市场上取得成功的雄心壮志，并将其转化为对我们有意义的、鼓舞人心的"激励"。梦想只是为企业确立了一个大"方向"，并不是如何完成目标的计划。梦想必须雄心勃勃，这样才能激发人们做出必需的改变。梦想必须鼓舞人心，它激励人们并让每个人都希望参与其中。方向、志向和激励一起构筑了梦想。

梦想与细节领导力模型的另一个重要组成部分是"细节"。细节决定了我们需要改变和完善哪些方面才能实现我们的梦想。换而言之，细节决定了在哪些领域我们需要进行最大的改变。需要强调的是，我们并不建议关注所有的细节，只需关注少数关键细节。只有最彻底地改变关键细节，才能达到梦想成真必需的组织能力和绩效表现水平。

为了将梦想与细节连接起来，我们需要一个"变革平台"。建立这个平台首先需要在企业内部建立一种共同的"思维模式"。这种思维模式源于梦想，定义了人们在做决定时应该考虑什么。因此，共同的"思维模式"使组织中的每个人都能够根据战略优先级做出正确的决策。"变革平台"还包括组织的公共"框架"。"框架"定义了各个组织在"变革平台"中工作的界限、结构和各种规则。该框架允许人们按照游戏规则来协作。换句话说，通过基于定义共同决策优先级的思维模式实现分散决策，通过基于定义"我们如何合作"的机制实现分散行动，所以"变革平台"能够让企业员工充分地释放他们的潜能。

图 3-1 展示了梦想与细节领导力模型。

第3章
梦想与细节：全新的领导力模型

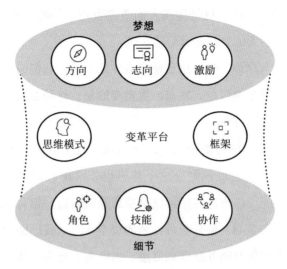

图 3-1　梦想与细节领导力模型

梦想：方向、志向和激励

当我们第一次向 IT 界的同行提及要把 SAP 的营收提高一倍的雄心壮志时，他警告我们"作为首席执行官，生存之道就是实现的比承诺的多。所以你不应该承诺太多"。这种"留有余地，然后出色地完成"的观念，可能会确保首席执行官在其位置上坐得久一点，但这种做法不可能让企业实现再创造。想要重塑一家企业，你必须有雄心壮志。你需要一个鼓舞人心的梦想，这个梦想需要有一个战略方向。就像肯尼迪把人类送上月球的梦想一样。我们要去哪里？我们在哪里能看到未来的增长机会？我们如何确保我们的企业在未来的市场中仍能占有一席之地？

我们为梦想定义了三个要素：方向、志向和激励。"方向"和"志向"与大脑对话，为企业设定了战略优先级。"激励"与情感对话，激

63

励人们积极参与其中，这是提高人的绩效表现必不可少的。具备方向、志向并能够激励人的梦想才有可能实现。

按照"留有余地，然后出色地完成"的原则，我们的人生将毫无雄心壮志可言，甚至难以令人振奋。更重要的是，这种做法也没有为企业的再创造设定任何方向。

肯尼迪提出美国将要把人类送上月球。这个梦想不但有明确的方向，还鼓舞人心。与此同时，这个梦想也非常雄心勃勃——"在这个10年结束之前"。你也许会怀疑这个梦想是否可行，但肯尼迪对梦想的描述非常清晰和全面。参与登月计划的每个人，从餐厅助理到高级工程师，都能与之产生共鸣并感受到激励。当所有人成为整体梦想的一部分并为之献身时，梦想为人们的世界指明了方向和意义。意义就是能够参与其中，并受到鼓舞。谁不想成为人类穿越太空，登上月球并安全返回地球这一任务的一分子呢？

梦想不是计划

请不要把梦想与商业计划混为一谈。企业的梦想必须指向一个明确的方向，以确保企业在未来的相关性。但如果你想彻底改造你的企业，你就必须避免精确地计划如何实现这一目标。规划通往远大梦想的道路，很有可能受限于企业过去的经验。在变革的时代，未来是未知的。所以，企业制订的商业计划很可能并不正确。相反，企业要确定开发哪些技能来找到实现梦想的最佳途径。

当肯尼迪宣布美国将把人类送上月球并返回地球时，并没有什么具体的计划。但这个梦想激励着所有参与者去开发所需的技能，发明新材料、应用程序和技术，并最终使梦想成为现实。

企业对新的、更好的解决方案和方法持开放的态度，会给企业带来意想不到的想法和收获。世界上很多重大的、突破性的成就，并不是事先就计划好的，而是人们发现了潜在的机会，并勇于背离原有的计划所创造的。

例如，青霉素，又称盘尼西林，是亚历山大·弗莱明（Alexander Fleming）医生在寻找治疗细菌感染的方法时发现的。1928年，他放完暑假回到实验室，发现一个被遗忘的装有细菌培养物的容器，某种真菌侵入了它，杀死了一部分细菌培养物。在随后的研究中，他发现攻击细菌的真菌中含有青霉素。这一发现，显然是基于亚历山大·弗莱明非主观地偏离了正常研究计划而获得的。从来没有人这样刻意地计划过，却成就了这项突破性的创新。青霉素的发现挽救了许多人的生命，亚历山大·弗莱明医生在1945年因这一离奇的发现获得了诺贝尔奖。

梦想必须切合实际

只有雄心勃勃的梦想才能激励人们。然而，梦想也必须是能力可及的。就像把人类送上月球的梦想，它让你兴奋，也让你怀疑这能否真的实现。梦想不应该看起来那么遥不可及，似天方夜谭。如果肯尼迪当年宣布美国将在10年内登上火星，那么这个难以企及的梦想就超出了当时人类的能力，就是一种不切实际的幻想。你也可以怀揣"丹麦男子排球队将赢得世界杯"这样的雄心壮志，但如果这完全不实事求是、不切实际，那么这就只是一种消极的幻想。梦想必须够得着才有意义。

同时，梦想应该是相关的。制定一个缺乏能力去实现、好高骛远的梦想，对企业来说毫无意义。惠普就是一个例子。惠普在2010年表示，希望转型成为一家软件企业，因为软件行业的增长和盈利情况通常比硬件行业要好得多。惠普的这个梦想看似是正确的，但如果惠普不具备从硬件企业转型为软件企业的能力，这个梦想就很难实现。这样的梦想很可能被人们看作一个和企业毫不相关的梦想，也不可能得到员工的大力支持。

梦想必须雄心勃勃

如前所述，梦想必须是雄心勃勃的。梦想激励人们并让人们乐于参与其中。如果你期待你的企业进行卓越且彻底的变革，那么你的企业就一定要有"凌云之志"。在一个特定的市场中，立志成为第一名或第二名的企业，往往会吸引最优秀的人才。

如果你是小镇上的一名木匠，你对市场的定义应该与宜家不同。但是，你的梦想仍然应该是雄心勃勃的。也许你想成为你所在地区最受欢迎的打造内置书架的木匠，或者是当地最受欢迎的洛可可式椅子的修理专家。这取决于你拥有的技能，但你必须明确你的市场，并挑战你在其中的地位。如果你是小镇上唯一的木匠，梦想是成为小镇上最好的木匠，那么这一梦想既不雄心勃勃，又不鼓舞人心。

梦想要能激励人们成长

如果你是一家石油企业的领导者，在今天这个时代，你会怎么做？你可以像什么都没发生过一样，继续从事现有的业务，但这可能是目光短浅的表现。

石油行业目前虽然仍在盈利，但在未来某个时间点，可再生能源将主导整个能源市场。石油企业不得不面对这样的问题：在可持续能源非常充裕的未来，什么时候才是对一家石油企业进行重塑，以确保其在未来市场中仍能占有一席之地的合适时机。这并不意味着在未来几年你不能继续在石油行业中获利，但从现在开始，你的梦想可能就需要包括其他的因素。也许你想通过转型成为一家能源企业，而不再只是传统意义上的石油企业，以此来引领从传统能源市场向可再生能源市场的转型。

虽然有很多方法可以解决这个问题，但我们认为，关键是要挑战你自己的假设。即未来的增长来自何处，以及如何让你的企业在下一个变革之际发挥作用。未来的增长和利润来自哪里？你如何利用自身的优势，让自己变得与众不同？为此，你最需要做出那些改变？

食品零售行业一直以来都不是一个利基市场，竞争也很激烈。尽管如此，有100多年历史的美国韦格曼斯（Wegmans）食品超市，已经成功地获得了越来越大的市场份额。韦格曼斯在美国东北部有近100家大型超市。韦格曼斯制定了一个为顾客和其周边环境带来积极改变的梦想，用一个雄心勃勃的梦想让自己变得与众不同。这一梦想就是把高水平的服务和低廉的价格结合起来。韦格曼斯的不同之处在于，他们提供的食品都是绿色有机的或当地种植的。韦格曼斯成功地证明了提供高质量且价格低廉产品的可行性，韦格曼斯挑战了传统的假设，即高质量不能与低价格相结合。韦格曼斯还因致力于减少食品浪费以促进可持续发展，以及为当地社区做贡献而闻名于业界。

韦格曼斯的企业价值观表明，当连锁超市必须在利润和顾客的健康之间做出选择时，它会毫不犹豫地选择顾客的健康。这一企业价值观促使韦格曼斯终止了所有烟草产品的销售。

韦格曼斯的顾客都很高兴地在这家家族企业的连锁店中购物，该公司被评为全球最符合道德规范的企业之一。在一个竞争如此激烈的世界里，行事乖戾、贪婪和剥削员工经常受到指责。韦格曼斯却作为一种符合道德规范的、价格实惠的"另类"脱颖而出。同时，韦格曼斯也十分善待员工。韦格曼斯的差异化能力，使其在全球竞争最激烈的食品零售行业中占据了显要的地位。

梦想必须有吸引力

韦格曼斯的员工留用率非常高。韦格曼斯在员工身上的投入比沃尔玛高（每小时工资要高得多），而且韦格曼斯为员工提供了各种福利，比如医疗保险和持续再教育。韦格曼斯受益于员工驱动的创新，以及员工对改善每一家超市所做出的努力。韦格曼斯甚至不会因员工离职而遭受经济损失，也不会因此而造成知识上的流失。因为，韦格曼斯的员工平均在职7年，而行业平均水平仅为14个月。

这正是正确梦想的主要特征：正确的企业梦想具有吸引力。如果企业的梦想具有前瞻性、雄心勃勃、有意义并且鼓舞人心，如果员工有创新的自由去寻找新的、更好的解决方案，那么毫无疑问，这种梦想将吸引人们参与其中。就像韦格曼斯一样，梦想造就了敬业的员工，让他们愿意为实现企业的梦想贡献自己的力量。

1995年，乔布斯在重回苹果后曾说过："让我们在苹果公司团结在一起的是我们有能力做出改变世界的产品。"

研究结果显示，企业员工的敬业度和存在感对企业业绩有明显的影响。增强员工的参与感和使命感也是提高企业业绩及盈利能力最有效的途径之一。这一点在体育运动中也有所体现，当涉及个人和团队运动的表现时，综合的、个人的具有使命感的动机远远强过外在的动机。我们将在第4章中详细阐述这一观点。

很多企业在拥有很多员工却发现很难找到人们聚集在一起的意义时，就会粉饰太平。这种企业会推出更多的福利计划，但这解决不了根本性的问题。大部分员工都不敬业，就说明存在根本性的问题，企业需要评估企业的发展方向是否与员工相关联，是否会让员工充满期待。

第3章
梦想与细节：全新的领导力模型

细节：角色、技能与协作

古希腊诗人阿尔齐洛科斯（Archilochus）有一句名言："在压力下，我们没有达到我们期望的水平，我们下降到训练时的水平。"美国海豹突击队（Navy Seal）以此作为座右铭。

本书讲述的另一部分就是"细节"。拥有梦想是企业决胜未来的先决条件，但梦想并不能单独存在。如果企业的管理层制定了一个与梦想相对应的、雄心勃勃且鼓舞人心的战略方向后，就撒手不管，寄希望于梦想自然而然实现，因为他们已经提出了梦想，那么这样的企业梦想永远不太可能实现。

在制定一个方向明确、雄心勃勃、鼓舞人心的梦想时，领导者必须考虑哪些细节是实现梦想的关键。企业的当前业务一般都基于最佳实践，各种细节通常是已知的。然而，为了重塑企业，企业梦想要求企业能够在新的领域中表现出更高的业绩水平。企业的新技能不应该包含20~30个重点。我们讨论的是2~4个不可或缺的细节。在SAP，我们决定专注于两个关键的细节：创新的速度和为客户创造的价值。在体育领域，细节就是训练。事实上，在体育运动中，大部分的时间都花在训练关键的细节上，以此让团队做好赢得比赛的准备。在商业领域，我们也需要投入更多的时间来训练关键的细节。

为了提高企业未来的业绩，企业必须不断地回顾、评估和训练那些关键的细节。领导者必须考虑企业需要什么样的角色和技能，以及员工与团队间应该如何协作，来让员工达到实现梦想所需的绩效水平。

知道自己的角色是什么并拥有所需的技能，而且知道如何单独或与他人及团队协作使用这些技能，这样的员工就会具备实现梦想必需的、卓越的绩效表现。

梦想
与
细节

　　第一批探险家选择了同样的方法。无论探险家的目标是建立一条通往印度的海上航线，还是探索撒哈拉以南的非洲地区，他们都清楚地知道要往哪个方向走。然而，他们并不清楚这一路上会遇到什么。通常他们手中的地图是有限的，有些甚至是完全错误的。在几乎不为人知的海面上，风暴、疾病和其他不可预知的状况让他们不得不在航行的过程中不断地即兴发挥。因此，为航行制订一个详细的计划实际上是毫无意义的。

　　探险队的帆船采用当时最好的技术建造。船员也经过精心挑选，并接受了航海、放帆等方面的各项训练。船员的各种技能都在不断地接受着考验。船员各司其职，他们彼此了解，知道如何为实现梦想创造出最好的条件。换句话说，他们扮演正确的角色，拥有必备的技能，开展团队协作，来寻找新大陆，并解决这一路上将要出现的大大小小的挑战。

　　很多问题的解决办法无法事先预测。但是，探险家很清楚一艘船和船员会遇到哪些障碍，以及他们需要怎么做才能达到目标。这些关键的细节被确认和反复排练过。船长和其他指挥官也都知道什么时候需要进行干预。

　　与此同理，企业的管理团队应该勇于描绘梦想，确保员工理解梦想，并允许他们追求梦想。管理层必须确保将必要的角色组合在一起，确保每个员工都具备必要的技能，并接受了以某种方式进行协作的培训。同时，管理层必须随时做好准备，在必要时进行指导和干预。

　　有些企业让员工自己想怎么做就怎么做，我们不建议采取这种"放任自流"的领导风格。领导者有必要阐明清晰明确的梦想，营造充满激情的氛围，明确哪些细节对实现企业梦想来说是至关重要的。此外，管理层要确保员工具备必备的技能，确保员工得到相关的培训，与此同时，还要让员工熟练掌握细节并找到实现企业梦想的正确方式。

第3章
梦想与细节：全新的领导力模型

在接下来的章节中，我们将解释如何开发梦想，以及如何选择和处理细节。企业的领导者就像一名探险家，企业的航向明确，知道哪些船员应该加入团队，以及他们需要具备哪些必不可少的技能。在企业前行的道路上，隐藏着哪些障碍与挑战尚不清楚，但当我们专注于那些关键细节并加以训练后，这些挑战终将迎刃而解。

这种对细节的关注和训练将释放人的潜能，并可以建立具有自我改造能力的高绩效组织。

思维模式和框架构建变革平台

1993 年，当郭士纳（Louis "Lou" Gerstner）成为 IBM 新任首席执行官兼董事长时，外界预测他会将 IBM 的业务分拆出售。郭士纳的前任已经制订了分拆出售的相关计划。当时人们普遍认为，IBM 这个科技巨头作为一个整体的时代已经终结了。

当时，IBM 正身处一场严重的危机之中，处于严重的亏损状态，10 多万名员工被解雇。事实上，IBM 在 1992 年的亏损程度比美国历史上任何一家企业都要高。因为，计算机体系结构在那时出现了一个战略转折点，计算机市场从集成式大型机转向了小型服务器和通过网络连接的个人计算机。这种根本性的变化挑战了 IBM 的核心业务。即使 IBM 陆续进入了所有的新兴市场，也很难从旧赛季转换到新赛季。通常的假设认为，最好的解决办法就是将 IBM 拆分，这样每个单独的业务部门都能够得到相应的优化和充分的关注。

郭士纳挑战了上述假设。郭士纳是 IBM 历史上首位从外部聘请且没有计算机背景的高管。他相信 IBM 作为一个整体仍然在市场中占有举足轻重的地位。同时，郭士纳也很清楚，IBM 需要彻底改变自身的形象。郭士纳指出当时的 IBM "冷漠且自私"。同时他认为，首先 IBM 必须解决对客户需求的冷漠，强化以客户为导向的企业文化；其次，必须消除官僚习气和组织惰性，建立以市场为导向的企业变革文化。

郭士纳发起了著名的"熊抱"行动。IBM 的客户象征性地得到了一个大大的拥抱。IBM 派出了 50 多名高管，每天至少与 5 位客户面对面会谈。他们的任务不是推销任何 IBM 的产品，而是去倾听。客户如何看待 IBM？客户面临哪些困难？IBM 应该怎样帮助客户？

这种做法迅速带来了转变。高管会议和后续的分析报告显示 IBM 更加关注客户的需求，以及如何去满足客户的这些需求。同时，这也让 IBM 的员工意识到其中蕴藏的、新的商业机会。例如，当时 IBM 的客户对许多新兴的计算机技术不能实现协同工作而感到十分沮丧。客户使用来自不同供应商的多种产品，却没有人去负责对这些不同的产品进行整合。

IBM 的管理层意识到，作为一家在连接技术和为客户构建解决方案方面具有专长的企业，IBM 拥有其独特的竞争优势。如果郭士纳接受了那种通常的假设，他的结论很可能也会是将 IBM 拆分成多个更小的业务部门，每个业务部门都有自己的产品类别。这将允许每个业务部门在新赛季竞争，但这样做却不能满足客户最迫切的整合需求，也不会让 IBM 成为与众不同的企业。

郭士纳采用了一种新的思维模式，将组织的注意力集中在解决客户面临的问题上。同时，他在 IBM 内部构建了一个全新的框架。郭士纳对 IBM 进行了重组，把独立的产品部门转变为集成的工业解决方案部门。沉重而封闭的硬件业务因此变成了开放且富有同理心的服务业务。同时，这种方式也有效地保留了 IBM 专业知识的核心。这开启了 IBM

第3章
梦想与细节：全新的领导力模型

此后长期拥有两位数利润率和高速增长的时代。IBM 的思维模式和组织框架将重心从以产品为导向转向以客户需求为中心，通过一个包括全新的思维模式、框架在内的变革平台，IBM 最终实现了成为服务型企业的梦想。

思维模式将梦想转换为决策

企业做出了哪些假设可以反映出它的思维模式，以及驱动它做出这些决策的原因。例如，宜家的愿景是为人们创造更好的日常生活，其思维模式是产品的价格必须尽可能低。具备这种思维模式对员工在日常工作中的行为至关重要，因为这种思维模式指导着员工的日常决策和具体行动。什么才是重要的？作为一名员工，我需要优先考虑什么？价格、客户、安全、质量、简单还是复杂？思维模式指导着每名员工，当他有疑问的时候，他的思维模式决定了他应该优先考虑什么。有了正确的思维模式，员工就可以自己做出正确的决策，在大多数情况下不需要管理人员的参与。拥有共同的思维模式对于做出及时的、高质量的决策和行动尤为重要。

这种思维模式通常没有得到正式的确认，甚至没有被记录下来。但企业的思维模式却是员工在做出决策时使用的一种思维过滤器。虽然企业的老员工可能已经将它变为一种潜意识，但新员工在试图弄清楚如何在公司内部找到正确的工作方法时，会对企业的思维模式有非常强烈的感受。

思维模式通常代表一些不成文的假设，而这些假设确立了一个组织工作的基础。在体育运动中，思维模式决定了我们如何比赛。但思维模式并不是一项计划，而是一种人们相互理解的基础，即我们将如何在企业的框架内发挥作用，关注和实施相关的细节，从而实现企业的志向和梦想。

为了引领企业的重塑，我们认为，企业必须挑战一些最大的假设。因为，这些假设在下一个赛季将不再适用。要做到这一点，你需要了解企业现有的思维模式。企业现有的思维模式很可能是做出改变的障碍，而新的思维模式可能会成为改变的催化剂。如果企业的思维模式与企业的梦想不一致，那么基于梦想的良好愿望很可能就会与旧的思维模式发生冲突。

基于我们的经验，改变一家企业的思维模式需要强有力的象征性行动。例如，北欧的丹麦银行（Danske Bank）2013年的业绩急剧下滑。这家银行被认为是为精英阶层服务的银行。除有这样的负面形象外，丹麦银行还发起了一场以惨败告终的营销活动。丹麦银行的"新常态—新标准"运动，以"占领华尔街"的草根运动作为银行业需要改革的象征。与此同时，丹麦银行解雇了部分员工，关闭了一些银行分支机构，还提高了客户费用。"新常态—新标准"这场与抗议金融业贪婪相关的营销活动，与丹麦银行高管做出的决策和行动形成了鲜明的对比。

2013年年底，当托马斯·博根（Thomas Borgen）成为丹麦银行新任首席执行官后，他的目标是将这家银行转变为一家面向所有丹麦人的银行，而不仅仅只是面向精英阶层。当时，丹麦银行在哥本哈根的总部有两家餐厅，一家向普通员工开放，另一家专门为高管提供服务。同时，高管都配有自己的司机。托马斯·博根上任后的第一个决定就是废除丹麦银行高管的这两项特权。

这一改变极具象征意义，符合丹麦银行成为一家为所有人提供服务的银行的梦想，这显示出管理层的言行一致。同时，这也发出一个明确的信号，表明管理层的意图，他们在严肃地挑战"这家银行只为精英服务"这一假设。

行动框架

企业拥有了正确的思维模式，员工就能做出正确的决策，找到通往梦想的最佳途径。然而，为了让员工不断成长、发挥高绩效水平，我们必须对组织的工作方式，以及"什么是被允许的"进行明确的定义。"框架"不是狭义的组织结构，尽管组织框架对企业业务在进行组织职能上的划分上具有举足轻重的作用。在体育界，框架就是我们的比赛场地，或者说是我们成长、训练和竞赛的空间。

如果我们以商业语言对体育运动中的框架的定义进行描述，那么企业的框架包括组织结构、治理模式、薪酬体系、各类合同、工作时间、产品组合、各种期限、经济状况等，这些元素是一家企业开展商业活动的基础。

思维模式与框架必须相互支持和加强，它们不是两块独立于变革平台的基石，而是一条纽带。思维模式源于梦想，让人们能够做出正确的决策，而框架则更多地涉及如何确保以正确的方式发挥细节的作用。

在变革平台上，如果思维模式是帮助我们做出正确决策的那一部分，那么框架就是让我们能够以最佳方式执行决策的构架。这听起来可能有些矛盾，但一个清晰的框架可以创造更大的自由。如果你知道通往梦想的道路在哪里，这种清晰的框架就会产生一种安全感，因为每个人都知道什么是被允许的，员工可以毫不畏惧地果断采取行动。框架为企业将如何采取行动设定了明确的界限。

企业必须精确地定义框架，或者说比赛场地，让每个员工都能看到界限在哪里，就像准确画出比赛场地边缘的粉笔线。框架的线条可以很宽，但不能过于宽泛。领导者必须准备好与那些衬衫上从不沾一点儿粉笔末的员工打交道，同时也要面对那些经常满身粉笔末的员工。

正确的框架给予员工适当的自由，允许他们创造性地找到通向梦想的最佳途径。员工可以集中精力练习，运用他们的技能，协同工作。当一切都被校准时，企业就会拥有最佳的发展势态。有了正确的变革平台来支持梦想和细节，员工就能够充分发挥自身的潜力。

行之有效的平台加速变革

企业对平台进行正确的定义是有回报的，创建正确的思维模式和框架将为企业节省大量的时间和精力，并且能够确保企业以最有效的方式，在最有意义的地方使用其宝贵的资源。

企业即便拥有正确的梦想，专注于正确的细节，也还是有可能与成功失之交臂。因为，一旦平台与梦想、细节不一致，它们间的连接就会缺失，一切就都毫无意义了。例如，企业有一项任务，员工有能力也希望竭力去完成任务，但企业的框架却不允许员工有建设性地去完成这项任务。有些情况下，员工会辞职或跳槽到其他企业去发挥他们的潜力。

在商业领域，我们可能都经历过企业的框架是妨碍人们工作的。在SAP，我的经历完美地印证了这一点。

有一次，设计部的一名员工给我发了一封邮件，说他对一款新产品有一些想法，想和我讨论一下。我们安排了一次会议，他介绍了产品模型。我们进行了讨论，这名员工提出了一些关于改进产品的好想法。

这之后不久，技术部的一名员工也提出了一个类似产品的想法。我问他是否和设计部的员工讨论过他的想法。答案是："没有，他和我不是一个部门的。"很明显，当时SAP的框架不允许跨部门交互，正因如此，在同一个产品上使用不同技能的价值就流失了。

我改变了他们两人所处的环境："你们俩一起工作，给你们三个星

第3章
梦想与细节：全新的领导力模型

期的时间，可以投入一定额度的资金。即使你们得出的结论是办不到，也没关系。"剩下的就看他们俩了。新的比赛场地是明确的，他们面临的挑战超出了他们各自正式的职责。然而，他们有更清晰的思路和更自由的发挥空间，赢得比赛的机会也更大。

框架必须支持梦想与细节上的工作。作为领导者，你必须不断地确保比赛场地是正确的，并为改进细节和释放组织的潜力提供最佳条件。

别了，商业计划

很多企业领导者都试图通过制订商业计划来确保企业的战略顺利执行。我们建议，最好是去确立梦想，实践细节，定义企业的变革平台。

商业计划可以让管理者对员工做出指示——"你要做这个，做那个，这些是你必须在一定时间内取得的成果"。如果我们想要解放和发展一个组织，我们应该这样激励员工："这是我们所有人都渴望实现的梦想，这是你们将在其中发挥作用的比赛场地，他们是你团队中的成员。这些是你成为世界级必不可少的细节。请发展你的技能，这样你就能在最重要的细节上表现出更高的水平。"我们不会告诉员工必须做什么，但会给他们创造最佳条件，让他们自己寻找最好的方法。

作为一名管理者，你可以给员工布置一项任务——"从 A 地开车到 B 地。这项任务可能会有一个完美的计划，从 42 号高速公路出口出发，以 50 英里⊖的时速一路开到第二个加油站加油。"如果一路上的交通状况是完全可以预测的，那么这样的计划就是可行的。在这种情况下，这个计划很可能是最优计划。然而，如果交通状况是不可预测的，那么该

⊖ 1 英里 = 1.609 344 千米。

计划可能就不是一个最优计划。因此，我们最好这样布置任务："以最快的速度从 A 地开车到 B 地，不触犯交通法规。其他事情由你自己决定。"这里有一个明确的"方向"，即到达 B 地，和一个"志向"，即以最快的速度，同时也指出在"不触犯交通法规"这一明确的框架内，员工可以自由地运用自己的能力，做出决策去完成这一任务。在采用第二种方式的情况下，员工有更多的自由，他运用自己的能力，更有可能比按照"完美计划"行事的员工更早到达 B 地，尤其是在交通状况不可预测的情况下。

在这个日新月异、充满未知的世界，我们需要发挥人的创造力，找到实现梦想的最佳方案和途径。

作为领导者，我们制订的计划越详细，企业就会越保守。这是因为，我们无法预见一切，只能根据当前已知的边界来制订计划。

相反，我们需要通过在最关键的细节之处提高每个人的能力来发掘组织中每个人的全部潜力，并激励有才能的人尽其所能来实现我们共同的梦想。

你好，再创造

2003 年，克劳斯·迈耶（Claus Meyer）、勒内·雷哲皮（René Redzepi）和麦斯·雷夫斯隆（Mads Refslund）三位厨师在丹麦创立了一家名为 NOMA 的餐厅。他们的理想是创建一家与众不同的美食餐厅。他们的灵感集中在食材上，梦想着制作出世界上最好的食物，而且只用北欧地区的食材。这家餐厅的名字就是受到了这个梦想的启发，NOMA 由两个丹麦语单词"Nordisk"（北欧）、"Mad"（食品）的前两个字母所

第3章
梦想与细节：全新的领导力模型

组成，这个名字每天都在提醒着他们的梦想。

两年后，2005年这家餐厅获得了第一颗米其林星，2007年又获得了第二颗米其林星。2010～2012年以及2014年，NOMA多次被评为"全球最佳餐厅"。在短时间内，NOMA创纪录地蜚声全球。来自世界各地的人都想在NOMA体验一下这里的美食。但餐厅只有45个座位，NOMA总是座无虚席，等候预订座位的人络绎不绝。

事实上，NOMA已经实现了成为世界上最优秀的餐厅的梦想。其中一个原因是他们有能力在赛季中不断超越自我，并在赛季之间重塑自我。NOMA总是在尝试，寻找新的食材，寻找新的方式来生产和提供北欧食品，并以不同寻常的方式，不断地给他们的客人带来惊喜。

NOMA不断提高他们的表现，并在客人极高的期望中达到了更高的水平。在拥有"美食界乔布斯"之称的厨师勒内·雷哲皮的卓越领导下，他们专注于关键的细节，不断开发高绩效驱动的因素，坚持品质、不断创新，以求尽善尽美。在NOMA工作的每位员工的思维模式都十分清晰，同时NOMA的成功也建立在不容置疑的纪律所构建的框架之上。

但2015年发生了一件有趣的事情。在一个不断寻找新方法和机会的团队文化下，NOMA开始挑战以往的成功，他们决定从头开始重塑自我。令大多数人感到惊讶的是，NOMA决定在其发展处于鼎盛之时关闭餐厅。他们决定，现在是挑战假设、重新学习的时候了，而不应该按照那些所谓成功餐厅的模式继续经营下去。

NOMA挑战了餐饮界的一个假设，即餐厅必须有固定的位置，客人才会去餐厅就餐。为什么不把餐厅开到客人那里去呢？如果他们将自己独特的、使用当地食材的能力应用到北欧以外的地区，他们能从中收获些什么呢？NOMA在世界各地建立了快闪餐厅，以获得其他饮食文化给他们的灵感。2015 年，NOMA 在东京营业 5 周。2016 年，NOMA 在悉尼营业 10 周。2017 年，NOMA 在墨西哥图伦营业 7 周。就这样，NOMA 在世界各地进行了一次非凡的发现和学习之旅。

与此同时，NOMA 还致力于对哥本哈根原有的餐厅进行改造。他们决定在哥本哈根旧防御工事上的一个旧海运仓库里开设一家全新的 NOMA 餐厅。这座旧建筑经过翻修，与新建筑和温室结合在一起。新餐厅由丹麦著名建筑设计师、BIG 公司的比亚克·英厄尔斯（Bjarke Ingels）负责设计。

"NOMA 2.0 版"于 2018 年 2 月正式营业。在餐厅重新开张之前，人们的预期就已经高涨了。NOMA 团队最终超越了所有人的预期。《洛杉矶时报》的乔纳森·戈尔德（Jonathan Gold）评论道："这家全球最具影响力的餐厅成功重塑了自我。"NOMA 绝不仅仅是一家独特的、世界级的美食餐厅，他们新的梦想是创建一个食品实验室，或者是食品创新长廊，在制作食品和体验美食的艺术方面，为餐饮业制定全新的标杆。

15 年来，NOMA 精通美食烹饪的各个方面。他们通过一个赛季又一个赛季，不断地自我重塑，在市场中立于不败之地。持续的自我重塑使 NOMA 不断获奖，它被认为是世界上最优秀的餐厅。NOMA 取得了成功，或许正是因为取得了巨大的成功，NOMA 的领导者才决定挑战这一切，实现更远大的梦想。NOMA 在细节上的努力，让实现新的梦想成为可能。

NOMA 自我重塑的过程令人印象深刻——处于鼎盛之时成功地再创造。关闭世界上最成功的餐厅，这需要勇气。通过快闪餐厅把 NOMA 带到客人面前，这需要谦逊。带着团队踏上环游世界的旅程，这需要好奇心。三年后重新开业，这需要远大的梦想和对关键细节的关注，并以最大的努力实现自我超越，重塑世界上最好的餐厅，使其达到全新的水平。

  我们有机会去重新改造后的NOMA用餐，以庆祝本书的完成。我们无法想象有比这更好的地方来庆祝我们重塑领导力的想法。那是一个特别的夜晚，晚饭后参观食品实验室的过程让人深受鼓舞。这一经历再次印证了我们的假设，即当企业处于鼎盛之时进行重塑，会出现让人难以置信的机会，只有超越自我才能让企业始终占据市场上的有利地位。

参考及
译者注释

[01] **尼尔·阿姆斯特朗**，美国宇航员。1969年7月21日，阿姆斯特朗在执行他的第二次也是最后一次太空任务"阿波罗11号"时，迈出了"人类的一大步"，成为第一个踏上月球的宇航员，也是在其他星球上留下脚印的第一人。他和其搭档巴兹·奥尔德林在月球表面停留了两个半小时。

[02] **韦格曼斯食品超市**是一家美国私营连锁超市，总部设在纽约。该公司在纽约州、宾夕法尼亚州、新泽西州、马里兰州、马萨诸塞州、弗吉尼亚州和北卡罗来纳州都有门店。韦格曼斯于1916年在美国罗切斯特市创立，自1998年首次入选《财富》杂志年度"最适宜工作的100家公司"榜单以来，一直榜上有名。2018年，该公司在"最佳雇主"榜单上排名第二，仅次于Salesforce。

[03] **阿尔齐洛科斯**（前680年—前645年），古希腊最早的抒情诗人，与荷马齐名。他曾参与殖民萨索斯的相关活动，后于此阵亡。他因为女儿内奥布勒出嫁一事与吕坎拜斯发生争执。他的短诗在描写自然方面常有创新，在挽歌体、抑扬格等作品中均采用音步，他将自己的私事作为题材。他的作品多见于后世作家的引述以及一些草纸残篇中。

第3章
梦想与细节：全新的领导力模型

[04] **郭士纳**，于 1993 年 4 月 ~ 2002 年 3 月担任 IBM 的董事会主席和首席执行官。人们普遍认为是他扭转了 IBM 的命运。郭士纳曾是 RJR Nabisco 的首席执行官，也曾在美国运通和麦肯锡担任高级管理职务。郭士纳拥有哈佛商学院 MBA 学位。他的代表作《谁说大象不能跳舞》(*Who Says Elephants Can't Dance?*) 于 2003 年出版。

[05] **丹麦银行**，又译"丹斯克银行"。它成立于 1871 年，总部位于丹麦首都哥本哈根，是丹麦最大的银行，也是北欧地区较大的零售银行，拥有 500 万名零售业客户。2011 年，丹麦银行位列《财富》世界 500 强榜单第 454 位。

[06] **BIG 公司**（Bjarke Ingels Group），通常被称为 BIG，是一家总部位于哥本哈根与纽约的建筑师、设计师和建筑商集团，在建筑、城市规划、研究和开发领域开展工作。比亚克·英厄尔斯是一位丹麦建筑师。他于 2005 年创立了 BIG。他在设计中纳入可持续发展的想法和社会学概念，他设计的建筑往往与环境融为一体。

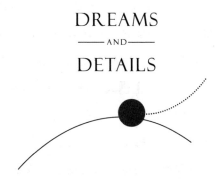

第 4 章

为什么人的因素能发挥作用

丹麦电视剧《谋杀》(*The Killing*)的剧组成员在开机前的一个周五聚集在一起,他们召开了一个重要的会议。这部电视连续剧后来在国际上大获成功,但在周五的会议上,气氛却异常紧张。第一集的上映时间已经确定,一切都必须准备妥当。故事围绕着发生在森林里的一幕展开,一位名叫南娜·拉森(Nanna Larsen)的高中生遭到强奸后被谋杀。

所有制片方的主创人员都出席了这次会议。该剧的制片人、主编、导演、制作设计师和摄影师在业内都是首屈一指的。在开拍前,他们与管理层达成一致,每个人都给出了自己对该剧最终结局的看法,并明确地阐述了这部连续剧每一集的场景。该剧的视觉呈现、光线、色彩、配乐都必须根据每一集的场景和故事情节进行相应的调整。

丹麦电视台、丹麦广播公司电视剧频道把这种会议称为"最高会议",用"最高"这个词来形容该会议的重要性,就像"山顶"这个词也具有这种含义。

制作人员在拍摄《谋杀》之前召开这一重要的会议,就像在"山顶"上俯视大地,摄制组可以看到电视剧每一集拍摄的中心景观。视野里出现了哪些障碍?在山间阴影下的山谷里隐藏着什么?他们在拍摄的过程中还需要些什么?

这部电视剧并没有详细的拍摄计划。更确切地说,他们仅有一幅宏大的蓝图。所以,整个制作要由剧组成员集体完成,并在拍摄的过程中不断调整。

这是一种要求极高的影视制作方法。演员们甚至不知道谁是真正的"凶手",剧本拍一集,写一集,一边拍摄,一边写。这与国际上电视剧的正常制作程序完全不同,对参与制作的各方来说都是一个前所未有的、巨大的挑战。这种制作方法也将电视剧制作带到了一个全新的高度,同时也让那些参与其中的人获得即兴发挥的自由,他们能针对故事和场景提出各种改善建议。

　　同时，这种方法要求制作方对所有剧组成员抱有极大的信心。当观众收看我们的电视剧时，我们想要带给观众带来一种全新的体验，每个剧组成员都要对这个梦想有全面的了解。

　　"最高会议"的目的是确保每个人都知道自己的角色是什么，同时，了解剧组其他成员的角色和作用，以及他们所面临的最大的挑战是什么。每个人也都要提出他们认为这个项目将要面临的最大的挑战是什么。

　　当大家在会上踊跃发言时，团队精神和方向感就会变得越发强烈，对制作整体的理解也随之不断深入。会议上明确了每个人的角色和各自的技能、工作的框架。把将要实现的目标作为共同的梦想，对团队充满信心，加强彼此间的协作，就是他们需要的工作方式。

　　当每个人都知道其他人需要什么，关注什么时，他们就可以开始拍摄了。

　　毫无疑问，丹麦广播公司电视剧频道能够获得成功的部分原因，是他们意识到要以共同的视角来工作。它从一个梦想开始，这个梦想很快就被分享给了制片人、导演和摄影师，他们的工作对最终的结果有很大的影响。丹麦广播公司电视剧制作频道一直在研究如何处理过去混乱的状况。比如，制作一部电视剧，一开始只有几个人参与其中，然后滚雪球般变成1000多人，最后由几个人负责最重要的后期剪辑工作。

　　虽然有很多事情是可以预先计划的，但总是会出现不可预测的事情。这就是必须对电视剧制作进行严格管理的原因。制作框架是固定的，试播后如果收视结果让人无法接受，丹麦广播公司的高管就会放弃该剧。因此，定期跟进和对制作进行调整是十分必要的。另外，管理层必须放松管控，让参与其中的每个人和各个团队能够自由地去寻找最佳解决方案。据说，该剧的剧本要进行三次创作：由编剧编写，在拍摄时调整，在剪辑的时候完成。该剧所有的制作过程都采用了这一方法。

同时，每个人对自己所饰演的角色都有很大的影响，在拍摄的过程中，每个人都有即兴发挥的自由，以提高台词的契合度或加强演员对故事情节要点的掌控。这需要信任、透明和开放的心态来应对那些意想不到的事件，以及采用全新的创作方式。

丹麦广播公司电视剧频道以对制作放权而著称，各项工作都建立在信任的基础上：相信自己有能力聚集最优秀的人才来完成各项工作，同时相信剧组成员有创造独特、杰出艺术作品的雄心壮志。

人的因素至关重要。这是因为，剧组成员互相不理解或不尊重彼此的角色、需求或关注，将造成很多内部冲突，并让大家对大方向产生怀疑。这可能意味着最终的结果不会是一部高质量的艺术作品，而且制作成本也将严重超支。

我们用梦想与细节领导力模型的语言来解释《谋杀》的制作过程，梦想就是创作出一部效果极佳的戏剧作品，让观众每周追剧，目标不仅是吸引丹麦的观众，而且是吸引全世界的观众。对观众来说，这部电视剧和他们以往看过的千篇一律的电视剧完全不同。制作者展开了故事的许多其他层面，不仅仅是犯罪，还讲述了犯罪背后关于人性和社会的故事。细节就是各种角色，包括演员的角色、摄制组的角色，以及他们所拥有的技能和合作的能力。

平台在一定程度上就是一种思维模式，允许演员以即兴表演来强化故事情节，即使表演偏离了原著。框架是平台的另外一部分，是严格的预算管理、"最高会议"、最后期限，以及摄影、制作所需的各种设备等。

商业领袖也可以从高绩效的艺术创作的环境中学习领导力。艺术家不断努力开发人的潜力，同时创造出一种充满创造力和合作的环境，奇迹会产生于这样的环境中。这正是寻求自我重塑的企业所需的一种全新的领导力模型。

全新的需求

在工业时代,人类的工作环境在许多方面都违背了人性。日复一日地从事单调的工作违反了人类的天性。

数字化正在改变这一切。如果一台机器能完成某项任务,那么在这项工作上机器迟早会取代人类。如果我们承认数字化发展的指数级增长特性,那么自动化很可能更快地实现,特别是在我们的日常工作中。同时,人工智能的发展也将加速这一趋势。

在需要谈判技巧、情感关怀、同理心和创造力的领域,人工智能仍难以取代人类。这些人类独有的特征在未来的就业市场上将变得越来越重要。在工作中,人类不仅仅是一种资源,人类的思想和灵魂使他们与机器有所不同。这对管理者来说是一个难得的机会,也要求管理者扮演不同的角色。我们必须建立一种能够释放人的潜能的领导力模型,它可以作为区分可替代和不可替代这两类工作的一个差异化因素。

数字世界中透明度的提高,导致企业员工决定他们的工作是否有意义的出发点发生了根本性的变化,或者说他们需要达到的职业要求已经变得不再重要了。

因此,企业员工会不断地去挑战旧的制度,要么辞职,要么变得缺乏动力。许多员工认为,他们在压力下的消极怠工源于不合理的工作要求或繁重的工作安排,但实际上,这个问题往往来自员工自身的感受,即企业制度阻碍了他们去做出更大努力的尝试,没有鼓励他们去努力尝试。让我们回到前面提到的从 A 地到 B 地的例子，管理人员可以提前规划路线：所有的出口、精确的速度、时间（包括何时进入加油站加油）等。管理人员还会定义员工在特定时间应该达到的绩效目标，为了确保计划的执行，管理人员还会每隔 15 分钟给员工打一次电话，询问员工的具体位置。

这种方法很快就会让员工感到沮丧，特别是在路况错综复杂的时候。出现交通事故时，根据实际情况，选择另一个出口进入高速公路可能比按计划行驶更明智。或者，员工完全可以在一些路段提速，在其他没有汽车排队的加油站加油。在行驶的过程中，员工会发现关于如何到达 B 地的详细计划毫无意义。因为，详细的计划是在公司的办公桌上创建的，完全没有考虑到实际的路况。如果员工偏离了原计划，就可能导致管理人员试图通过更频繁地打电话来左右员工，但管理人员的这种做法只会分散员工的注意力。

或者，领导者可以清晰地向员工描述要去哪里的梦想，并在实现这个梦想所必需的三个关键细节上训练员工：读取路况信息的能力、理解地图或使用 GPS 的能力，以及驾驶汽车的能力。最后，你可以让员工在不规划路线的情况下，运用其娴熟的技能以最优的方式到达目的地。

这种思维模式可以帮助员工在行进的过程中做出正确的决定。如果企业的思维模式是"安全第一"，那么员工总是会优先选择最安全的路线；如果企业的思维模式是"速度至上"，那么员工就会优先选择最省时的路线。交通规则就是这次旅程的框架。

在上述这个简化的示例中，你可以预先规划十分详细的路线，或者提高员工在行驶过程中应对突发事件的执行力。如果路况未知，那么采用后一种方法更有可能获得成功。采用这种方法的前提是必须要有一个大方向和框架。作为领导者，你最重要的工作是确保员工在最关键的领域具备必需的专业技能，并且能够在定义好的框架中灵活地运用这些技能。

另一个在领导力培训中经常使用的经典模拟训练，也为我们寻找可行的方法提供了可参考的案例。模拟训练的参与者被分成四组：两个管理者小组和两个员工小组。员工站在一个大棋盘上扮演棋子，管理者站在远离员工的地方。基于游戏的目标和设置，管理者必须决定将员工移动到棋盘上的某个位置。中层管理者在管理层和员工之间传递信息，向员工下达指令，并向管理层汇报游戏的进展。

在大多数情况下，管理者小组都会试图定义员工必须采取的每一步具体行动。游戏的挑战在于对手的行动是不可预测的。因此，计划在不断发生变化。经过一段时间后，员工就对游戏失去兴趣。因为，他们不理解整体战略，只是在棋盘上以一种对他们来说毫无意义的方式来回走动。

通常一段时间过后，管理者小组才会意识到最好的获胜方式是分享他们已知的信息，向员工解释游戏的目标和规则。在采用这种方式后，员工就会有动力继续游戏，并根据实际情况做出他们自己的判断，从而提高他们获胜的可能性。对于管理者小组来说，他们会感到失去了控制，但最终会取得胜利。管理层必须放弃管控，并对员工赢得比赛的能力抱有极大的信心。

人类协作的魅力

通过引入新的领导力模型来重塑企业并非没有先例。我们以丹麦广播公司的电视剧制作为例，其理念和方法也被应用于许多其他创造性的工作场所中。通常，这种方法适用于那些基于人类创造力的组织，在这类组织中结果或最终产品是不可能预先计划好的。因此，领导力在发展的过程中必须允许人们发挥创造力。我们建议，进行赛季转换的企业也必须具有创造力，因为未来是未知的、不可计划的。

肯尼迪的登月计划是另一个例证，前所未有的登月计划几乎不可能完成。只有让科学技术领域那些最优秀的人才投入到寻找全新的解决方案的工作中，才能取得成功。许多来自私营企业、大学和研究机构的人才参与了登月计划。登月计划雇用的人数从 1960 年的 36 500 人增加到 1965 年的 376 700 人，人员数量增加了近 10 倍。NASA 必须找到新的方法来组织所有参与者的工作，以及他们之间的合作。同时，它还要给予人们灵活性，让他们充分发挥创造力。

1968 年 11 月，美国科学促进会在其《科学》杂志上对登月计划做出了评价："最有价值的副产品可能是人类的成就，而不是技术上的成就。"这指的是在实施登月计划的过程中，人类在领导力和组织管理方面积累的各种知识。

NASA 在实施阿波罗计划期间所面临的各种挑战，是许多企业要面对的情况。尽管一些企业拥有明确的发展方向和雄心勃勃的志向，但它们并不确定道路在哪里，也尚未找到进行变革的解决方案。除此之外，对快速发展的需求，对多样化的员工群体和众多企业外部项目人员的需求，促使我们运用不同的领导力方法来进行管理。

我们想象一下，NASA 为登月计划创建了一个包含所有详细计划和测量数据的大型表格，这样的话，人类到今天可能仍未登上月球。这是因为，当你根本不知道如何达到目标的时候，详细的计划毫无用处。如果企业团队和各个部门被绑定在特定的或者不相关的目标上，并且仅根据这些目标进行考核，那么团队和各部门间将如何相互支持，满足彼此的需求呢？

确保每个人都能清晰地理解企业的梦想是什么，是人们合作的前提条件。

领导力的挑战是确保实现梦想所需的各种能力在企业里能够得到开发，员工可以通过合作找到解决方案，以应对各种挑战，适应新情况，解决各类问题，这些归根结底都是对领导力的挑战。

我们在体育领域也曾感受过这种类型的领导力。有时，一场比赛可以从平淡无奇变得犹如身临其境。你会体验到场上队员般的直观感受，真切地体验到团队合作的魅力。队员在比赛中完美地移动，预测对手的动作，准确地传球，将比赛提升到更高的水平。观看这样的比赛令人兴奋，参与其中更让人深受鼓舞。当然，你很少能在整场比赛中都保持这样高水平的状态。但是，当这种状态一直持续下去的时候，你就会感受到一种近乎神奇的团队合作。

这种高水平的绩效表现，只能通过在赛前的训练中提高队员在特定领域的竞技水平，增强队员观察赛场上变化的能力，以及加强团队合作来实现。这些关键的细节在赛前被反复训练，这样团队就能够在赛场上根据统一的策略比赛。

平淡无奇的比赛与让人犹如身临其境的比赛间的区别在于队员理解和观察赛场上变化的能力，也就是运动员比赛的思维模式。这不仅仅是简单地去比赛，因为一旦比赛开始，教练就不能再按计划指挥比赛，比赛结果将取决于场上团队的表现。

当然企业不是电视剧制作部门或体育团队，但商界领袖可以从这种思维模式中获得很多启发，来帮助企业在难以规划的未来提高员工的绩效水平。

梦想
与
细节

领导者的角色

如前所述，我们不提倡领导者只是去梦想未来，而让员工去负责实现梦想。稍后我们将介绍领导力风格将如何影响一个组织的发展。重中之重是领导者必须避免微观管理和掌控，而是应该专注于开发员工的潜能，让员工朝着实现梦想的方向发展。就像美国畅销书作者、商业作家赛斯·高汀（Seth Godin）所写的那样："领导力是一种本领，提供了一个平台让人们来分享成功的想法。"

领导力是一门严谨的学科，它要求管理者理解员工如何做出反应，怎样才能激励员工，同时还要理解什么才是促进员工发展和提高员工绩效表现的最有利条件。

让我们再次回到体育术语上。在体育世界里，领导者的工作是制定一个鼓舞人心的志向，并通过对比赛的完美领悟和训练，确保细节到位，以此获得最好的表现。作为一名优秀的教练，你不必成为球场上最好的球员，但你必须充分理解比赛，找到获胜的机会，并明确知道想要实现梦想，还需要做哪些工作。作为 SAP 的领导者，我们不需要直接参与软件代码的编写工作，但是我们需要了解每个团队在做什么，以及 SAP 还需要做哪些工作来保持高绩效水平，从而开发出能够实现 SAP 梦想的软件产品。

与其说是要领导者给出正确的答案，不如说领导者应该向正确的人提出正确的问题，并在正确的时间进行干预。梦想与细节领导力模型建议领导者不要事无巨细、过多插手，要给予员工充分的信任和自由，让他们去寻找解决方案。同时，当涉及哪些技能、哪些方面需要改变时，员工也可以更多地参与到这些关键的细节中。领导者的主要工作是关注这些关键的细节，并确保员工在最优化的框架以及正确的思维模式下工作。

如此一来，员工的潜能很容易就能得到释放，同时随着团队整体潜能的增长，领导者将更好地掌控企业的发展方向。我们不是根据预先设定的计划进行管控，而是以控制团队绩效表现的方式进行管理。这就要求你把员工的积极性从毫无意义的、由外部因素控制的动力，转变为对员工个人具有整合驱动意义的动力。

大多数管理类图书都会建议领导者避免对团队进行微观管理。我们也不推荐微观管理。关注细节并不是进行微观管理，尽管有时很难区分二者。我们认为，领导者需要参与那些关键的细节，以确保关键的细节得到最好的发展。不是事无巨细，而是要去关注那些对追求企业梦想以及能够确保企业以必要的速度转型至关重要的关键细节。我们称之为"微观领导力"。微观领导力关注那些为了实现企业重塑必须做出最大改变的关键细节。只有当企业的高管有意愿并且有能力领导这些关键细节的转变时，根本性的变革才会发生。

奖励与员工发展

在工业时代，各种奖励帮助企业为员工在工作中创造了一种意义感。没有这些外部的奖励，这种意义感似乎显得微不足道。工作本身并没有起到激励的作用，奖励制度在一定程度上对意义感的缺失进行了补偿。人们仍然普遍认为，奖励制度能够激励员工并提高企业业绩。尽管许多研究都表明，奖金等奖励制度可以暂时改变员工的工作模式，但是这些奖励制度并不能确保员工对工作分配的态度发生转变，或者员工对企业的归属感得到了加强，也并没有起到改善员工的忠诚度和敬业精神的作用。

这似乎违背了人类的天性。谁不想要更高的工资或奖金呢？

一些研究结果显示，上述这种类型的奖励对生产力没有显著的影响。这是因为，在一定程度上，由外部调节的激励因素（例如奖励或惩罚）的作用没有整合的、由意义驱动的动机强大。在整合动机的推动下，人们有时感觉更像是受到一种使命的召唤，而不仅仅是为了一份薪水去工作。这种整合的动机是一种非常强大的动机，因为它基于人类的基本心理需求，比如人们对能力、自主性和归属感的认知。

同时，研究结果还表明，虽然金钱是必不可少的奖励措施，人们工作是为了赚钱，但一旦我们达到一定的财富水平，金钱实际上就已经不再是最重要的激励因素了。对大多数员工来说，能够激励他们的是对其能力的认可、获得的赞誉，而不是薪水本身。

此外，惩罚和奖励如同一枚硬币的两面。大多数管理者都承认，惩罚是一种糟糕的管理工具。一名管理者可以通过惩罚制度来改变员工的行为，但是员工的积极性显然不会因为受到惩罚而提高，而且这种做法很快就会导致很难留住最优秀的员工，因为他们无法忍受消极的行为规范。奖励在短期内有积极的效果，因为员工的行为是可控的，但如果员工获得的奖励低于往年或低于其他同事，那么员工反而可能会有一种被惩罚的感觉。

同时，奖励制度会破坏同事之间的关系，因为奖励制度往往不会考虑到员工获得奖励的条件间的不同之处。例如，广告销售代表的业绩（即广告的投放效果）在一个不断增长的市场中自然会比在一个竞争激烈的市场中更好，因为在不断增长的市场中，广告的价格或数量可能会下降。当奖励系统只反映结果，与实际的绩效不相符时，员工会认为这并不公平，并因此而感到沮丧。

企业的奖励机制通常建立在基于特定关键绩效指标的年度计划的基

础之上。同时，奖励系统往往与鼓励保守行为的绩效目标相关联。员工的创新思维得不到奖励，反而因为完成了那些已经"过时"的绩效目标而得到了奖励。

这些只是企业现有奖励制度中存在的部分问题。关键的问题在于，当你不能用奖金来提高员工的绩效表现时，什么才能真正地激励企业员工？

员工在工作中需要有明确的动机、目标，并扮演有意义的角色。员工要理解在这一角色下，如何通过提高自己的专业技能、职业素养来帮助企业实现所有人共同的企业梦想。最重要的是，员工需要一种被认可和拥有发展空间的感觉。员工的动机、目标、角色，以及是否拥有发展空间和是否被认可之间存在着必然的联系。

生而为人，人类的动机是成为一个更远大、更有意义的目标中的一分子。把人类送上月球是一个伟大的目标，它鼓舞了世界各地的人。更实际一点，毫不夸张地说，这种区别就像"我是卖诺基亚手机的"与"我的工作是'联通你我'"之间的区别。

如果你能看到前进的方向，理解自己的雄心壮志，并为之感到振奋，那么工作本身对你来说就是一种鼓舞和激励。这就是为什么将战略转化为员工和企业利益相关者认为有意义的、鼓舞人心的梦想如此重要。

在韦格曼斯食品超市的例子中，员工的动力来自成为企业的一部分，其目标是提高客户的健康水平。员工的动力来自可以有机会决定如何最好地发挥自身的能力来实现企业梦想。

来自同事和管理层的认可是另一种强大的激励因素，只要这种认可是真诚的。空洞的表扬会让人失去动力，真诚的认可是比金钱更能激励人的动力。在正确的道路上，与他人一起取得成就的感觉会让人在工作中感受到快乐，即使人们在工作过程中难免遇到各种各样的困难。

最重要的是发掘自己的潜力和与他人共同发展的快乐，现有的领导力方法在这方面受到了考验。因为，这要求领导者持续不断地观察每个员工的需求，并根据不同的需求来发掘他们不同的潜力。通过与员工一年一次的绩效考核谈话不可能达到激发员工潜力的效果，领导者必须持续地关注员工的绩效表现，还要确保员工所在的团队已经为下个赛季做了充分的准备。

1950年12月1日，乔治·默克（George W. Merck）在里士满的弗吉尼亚医学院发表演讲。乔治·默克在这次演讲中并没有详细阐述默克公司如何从一家备受尊崇的小型制药公司发展成为美国最大的、如今在全球拥有7万多名员工的制药企业。相反，乔治·默克描绘了默克公司的"梦想"。

我们要牢记，药品是为患者准备的。我们要铭记，医学是为人类服务的。药品和医学都不是为了利润，利润会随之而来。如果我们记住这两点，利润就从不会少。我们记得越清楚，利润就越多。

对于乔治·默克来说，利润不是目标，而是提高人类健康水平，拯救人类生命这一伟大梦想的"副产品"。

提高员工参与感的回报

默克公司有强大的产品，有人可能会说乔治·默克完全可以先赚取利润而不应该首先考虑患者的健康，但乔治·默克的观点后来得到了强有力的支持。研究结果表明，具有高度社会责任感、员工满意度和敬业精神的企业的盈利能力也更强。

伦敦商学院金融学教授亚历克斯·埃德曼斯（Alex Edmans）对美国100家最佳雇主进行了研究，研究结果每年都会发表在《财富》杂志上。亚历克斯·埃德曼斯在对数十年的数据进行分析后发现，考虑到行业和外因的差异等因素，排名靠前的企业的年度业绩水平比竞争对手平均高出2%~5%。这些上榜的企业也更加频繁地发布令市场振奋的业绩报告。

2014年，英国华威大学和德国波恩大学的一项研究也得出类似的结论，员工敬业度高的企业的生产效率比员工敬业度低的企业高出7%~14%。

作为企业的领导者，我们可能会觉得员工满意度只是一个如何让员工开心的问题。不言而喻，对企业来说，拥有快乐的员工比拥有不快乐的员工要更好。因此，许多企业非常关注如何提高员工的满意度。然而，这种关注是错误的，尽管员工满意度和企业业绩之间存在着必然的联系，但员工的敬业度才是更好的衡量企业业绩的一项指标。我们可以以盖洛普Q12测评法（Gallup Q12 Meta-Analysis）的结果来印证这一点。

关于综合业务部门绩效的研究显示，在所有被调查的企业中，员工敬业度排在前50%的部门在企业内部的成功率要比员工敬业度低的部门高出113%，比跨业务部门的成功率高出170%。换句话说，员工敬业度高的业务部门，其内部综合绩效水平高于平均水平的概率是一般业务部门的两倍以上，在所有企业中高于平均水平的成功概率几乎是一般业务部门的三倍。

除了这些预测成功率的指标外，还有许多其他原因可以解释为什么拥有高度敬业的员工对企业来说十分有利。这意味着更低的员工流动率、更少的缺勤和事故、更高的客户满意度，以及更高的利润和生产效率。更高的员工满意度也会自然而然地随之而来。

盖洛普对此进行了解释，敬业的员工更了解同事和企业的需求，而不是自己的需求。因为敬业让他们有一种共同拥有的感觉。具有敬业精神的企业员工在做决定和解决问题时会更加基于企业的共同利益，而不是有利于他们自身的短期利益。

有充分的证据表明，员工的满意度不一定会带来敬业度。盖洛普"全球职场现状"的调查结果显示，尽管西欧的工作满意度极高，90%以上的人对自己的工作感到满意，但只有少数员工积极投入到工作中。只有约15%的员工被认为是主动承担责任的积极敬业型员工，而20%的员工则玩忽职守、消极怠工、牢骚满腹，甚至达到直接对抗同事和管理层的程度。

这似乎与极高的员工满意度相矛盾，尽管这两项调查的关注点不同，但总的结论是，大多数西欧人在工作时很快乐，但相当不投入。

员工满意度高的企业比员工满意度低的企业表现更加出色。事实上，动机和敬业精神对企业业绩的影响更大，因为员工对工作目标和工作意义的感受更强烈。如果我们看不到工作的意义，那么工作环境有多好就无关紧要了。医疗保险、带薪休假和各种企业福利并不能直接增强员工的敬业精神，优厚的企业福利只会让有些员工在工作岗位上耗的时间更长，因为他们不想放弃福利，但他们的敬业精神和员工满意度都不会有所提高。

中国的知名餐饮品牌海底捞通过定义企业的思维模式，极大地提高了员工的自主性和敬业精神。海底捞在竞争极为激烈的餐饮行业以细致入微的服务著称，迅速在行业内脱颖而出。海底捞的员工激励计划基于服务至上的理念。顾客满意度和员工满意度是决定管理团队薪酬的两个主要指标。海底捞清楚地意识到各个分店服务员最了解顾客的需求和可能出现的问题。因此，店里的员工被授权去做任何能让顾客高兴的事情，包括在没有经理参与的情况下代表餐馆为顾客免单。海底捞深知，忠诚的、具有敬业精神的员工才会让顾客开心。中国餐饮业的人员流动率非常高，海底捞的员工流动率比竞争对手低得多。如果没有忠诚的、敬业的员工作为基础，海底捞以服务为中心的商业模式就无法持续下去。

荷兰咨询公司"企业叛逆者"（Corporate Rebels）专门研究企业富有高创造力和生产力的原因，以及怎样才能让员工快乐地投入到工作中去。"企业叛逆者"走访了世界各地的企业，现在它帮助人们在工作中通过积极参与去创造快乐。"企业叛逆者"得出结论，企业需要将重心从获取利润转变为专注于目标，从等级森严转变为团队网络，从管理层告诉员工该做什么转变为领导者怎样才能更好地为员工服务，从严格的规则转变为员工自发的管理，从讳莫如深的沟通方式转变为公开透明的企业文化。

我们需要意义

为什么意义如此重要呢？人们总是要工作，但我们经常从事一些自己并不真正喜欢或热爱的事情。这并不奇怪，亨利·福特的工人并不喜欢在汽车装配线上工作，他们在流水线上工作是为了挣钱养家。驱动他们前进的动力是他们的薪水，而不是工作本身，也不是福特汽车公司的使命、目的和目标。

在那个几乎没有什么工作机会，人们只求养家糊口的年代，有一份这样的工作已经很幸运了。但在今天，仅仅为了薪水而工作对我们大多数人来说是难以接受的，我们希望在工作中获得发展和成长，希望看到我们所做的不仅仅只是为了生存。我们期待实现自我价值。

与以往不同，在今天我们生活的数字世界里，我们很容易就能发现自己的工作何时失去了意义。60年前，冒着生命危险在黑暗潮湿的煤矿里挖煤仍然有意义，因为煤炭对人类的集体繁荣至关重要。然而今天，你在谷歌上快速搜索一下就会知道，你下到矿井就是在拿自己的生命冒险，因为一台挖矿机器可以比人类做得更好、更快。同时，你会发现你正在开采的煤炭正在被逐步淘汰，因为使用煤炭作为能源正在破坏着地球的环境和人类的健康。

《同步性：领导力的内在路径》一书的作者、美国领导力专家约瑟夫·贾沃斯基（Joseph Jaworski）认为，当完成一项工作的意志力被意愿所取代时，最理想的激励形式就是"伟大的意志"。你去工作，因为你期待着你将要完成的事情，并在你所从事的工作中看到了某种意义。这种意义不再仅仅关乎你个人，而且是关于实现梦想的更大的使命，是你所认同的，是吸引你的。

大多数人想做出积极的改变，在数字化时代人们可以更便捷地获取信息。在网络社交媒体上，你很快就能发现你所在的企业是否受到了负面消息的影响，或者是否与客户和股东存在纷争。如果你意识到你并不是在做积极有益的事情，而是在做一些被社会认为有害的事情，你将很快丧失意义感与参与感。

伦敦商学院教授亚历克斯·埃德曼斯的研究同样证明，员工参与度高的企业的业绩表现往往也会超出市场预期，令市场感到意外。然而，如果你赞同约瑟夫·贾沃斯基提出的同步性，这就并不会让你感到奇怪。同步性描述的强有力的合作和团结精神，似乎是偶然发生的，而事实上，这并非偶然。因为其背后是共同的"伟大的意志"，即一种更深层次的意义和更大的意愿，这吸引了人们，并驱使人们同步他们的行动，创建强大而有意义的合作关系，这成就了人类的一些伟大壮举。一个有意识地为"伟大的意志"创造最佳框架的组织，具备达到更出色绩效表现所需的最佳条件。

"伟大的意志"通过几种不同的心理机制运作，包括对意义的渴望和为实现梦想而合作的意愿。一种根植于有意义的、与人们息息相关的梦想，并创造条件使梦想得以实现的领导力风格，将激励员工，提高员工的敬业精神。然而，传统的绩效管理方法很难实现这一点。

当梦想、细节和平台被校准并协调运转时，所有参与其中的员工就能有出色的绩效表现并不断成长。企业希望做出积极改变的愿望，变为企业的梦想、使命和意义的一部分，这绝不是一项由某个特定部门制定和管理的企业社会责任（CSR）政策。提高员工的敬业度不是一种盈利的手段而是一个目标，因为企业转换赛季的能力取决于员工的敬业精神。

满足人的基本需求

许多学者对企业员工的动机和敬业度进行了研究，其中包括美国罗切斯特大学教授理查德·瑞安（Richard Ryan）和爱德华·德西（Edward Deci）。多年来，这两位教授一直致力于研究不同类型的动机如何对现代人类产生影响，以及必须满足哪些需求，人们才能在工作中更加投入并发现其意义。

根据理查德·瑞安和爱德华·德西的观点，三个心理因素对于一个身心健康的人来说至关重要：我们的能力、自主性和归属感。理查德·瑞安和爱德华·德西的"自我决定论"（self-determination theory, SDT）描述了我们的能力在特定的环境下发挥作用的重要性，即我们有管理和规范自己的自主权，并期待成为有意义的团队的一员。

我们大多数人都能体会被分配到的任务不是太容易就是太难的那种感觉，这两种情况都可能造成沮丧并导致意义感的缺失。如果被分配到的任务经常无法挑战你的技能，那么你很容易就会感到不被理解和欣赏。这种感觉会侵蚀你，最终会影响到你的自我认知，让你怀疑自己的技能和价值。一项远远超出你能力范围的任务也会让你很快绝望并感到毫无价值。这两种情况都是"自我决定论"发挥作用的表现。

然而，当你被赋予一项不仅能挑战你，而且你也有能力胜任的任务时，你就会经历个人的成长。除此之外，你可以自己决定什么是最好的解决方案或途径，从而拥有一种可以掌控日常生活的感觉，这表明你的自主性在增强。

与此同时，如果你觉得自己在与同事的关系中处于正确的位置，你的归属感就会增强，你将为团队带来价值，为共同的目标做出贡献。归属感是人类最重要的属性之一，是人类的一种基本需求，根植于我们的集体心理深处。作为个体和物种，我们的生存依赖于共同的努力和成为集体的一部分。最近，对可靠性（鲁棒性）概念的研究指出，健壮、有活力的系统很少依赖于强健的个体，而是依赖于共同合作的坚实网络。

当能力、自主性与归属感和谐相处时，我们就会感受到一种生活的意义，感到被需要和被爱，这是我们自我价值的基础，也是我们在更高的绩效水平上去施展才华的基础。

谷歌使用"心理安全"一词，这一术语是在一项为期五年的研究中创造出来的。该研究分析了为什么谷歌的一些团队表现得异常出色，而其他团队却落后于它们。从理论上来说,所有的团队都拥有相同的企业资源。谷歌一直被公认为世界上最优秀、最具创新能力的企业之一。谷歌非常努力地寻找最有才华的人才,并将他们安排在那些极有可能成功的团队中。然而,各个团队的表现却有着显著的差异,就像一支由摇滚明星组成的乐队也不能保证演出有震撼的效果。

在这项名为"亚里士多德"(Project Aristotle)的研究项目中,谷歌对大量的数据进行了分析,试图解释这种绩效表现上的差异,却未能发现其中的规律。谷歌对团队成员的性别、种族、年龄、心理特征和其他属性的多样性进行了研究,但最终没有得出明确的结论。直到谷歌开始与一个由行为心理学家组成的团队合作,研究那些更难衡量的心理因素后,最终结果才逐渐显现出来。

"亚里士多德"项目发现绩效表现的关键在于团队文化。有五种特别的动力造就了高绩效表现的团队。

- **高可靠性**。团队成员间可以相互信任,并且相信工作会按照大家约定好的进行下去。
- **角色明确,目标清晰**。绩效表现最好的团队设定了明确的方向,并定义了明确的角色。
- **有个人意义**。每个团队成员都能从他们的角色、任务、计划和目标中看到自己在其中的意义。
- **有影响力**。团队成员感到他们的工作对实现更大的目标做出了积极的贡献。
- **心理安全**。在表现最好的团队中,每个人都可以在工作中畅所欲言,而不用担心被嘲笑。他们可以提出问题和建议,而不必担心团队领导会认为畅所欲言是一种缺点。团队成员可以提出新的想法，并拥有挑战假设的空间。在这样的团队里对成员的赞誉是慷慨的，人们很容易就能融入这个群体。换句话说，团队中具有高度的信任。

动机键盘

在心理学研究中，积极性高并不一定等同于投入。动机是驱动我们的动力，它可以有几个不同的变体，而基于我们的经验，敬业精神与意义感以及被认可所产生的动机，或者是被爱的需求产生的动机联系得更为紧密。

广义上来说，如果动机是整合的并且有意义，那么这种动机比被外部因素控制的动机更为强大。一份优厚的薪资可以让我们为之去努力工作，但让我们走得更远的却是工作的意义。当我们认同自己在企业里、团队中的角色，并被企业的梦想所鼓舞时，我们就能做出惊人的成绩。

正如哲学家、神学家马丁·布伯（Martin Buber）所言，动机的终极状态是"意义如此深刻，以至于我们觉得自己正在做命中注定的事"。

在这种情况下，我们会有"这就是对的"这种自然而然的感觉，我们工作的动力和人的自尊，不是单纯地用一份薪水就能够解释的。

理解激励的作用是领导者的责任之一，这也解释了为什么传统的绩效管理不再奏效。只有当梦想（共同的目标）和细节之间存在互动时，才能创造出完全整合的动力，让你与他人通过合作，以一种对实现梦想有意义、目的明确的方式去完成各项工作。

无论是作为个人还是团队，与我们一起工作的人必须被安排在一个合适的位置上，让他们能够最优化地利用和发展自身的能力。变革平台

第4章
为什么人的因素能发挥作用

也起着重要的作用,它必须最大限度减少限制,这样关键的细节才能被优先考虑,梦想才能转化为有意义的行动。

人们受到许多激励因素的驱动。各种各样的状况和错综复杂的关系不断挑战着我们,也让我们获得发展。激励因素的变化可以通过动机连续体(motivation continuum)来解释,我们把它定义为动机键盘(keyboard of motivation)。我们每个人都使用键盘,即使我们不经常使用所有按键。虽然我们大多数人的动机是为整体贡献力量,但与此同时,我们也受到一种利己愿望的驱使,这是一种获得认可、成功、财富、名望或被爱的渴望。

动机键盘上的按键由消极怠工、缺乏动机和个人原因开始,经过"外部动机",随后的按键从"外部动机"开始,包括获得奖励或避免惩罚等,进入由有意识地避免外部反对的因素所驱动的"内摄动机",然后达到"认同动机",这是指个人的价值观或认知也可以成为驱动的因素。我们最终达到的动机因素是"整合意义驱动动机",这时我们的行为已经完全出于满足心理需求的目的。图 4-1 为动机键盘示意图。

动机键盘上的最后一个按键是"内在动机",享受、愉悦和乐趣源自工作,不需要额外的激励或奖励。与许多人的想法相反,当涉及敬业度时,"内在动机"按键并不是最有效的,它更多地源自人们的兴趣。一般来说,动机键盘从控制动机转向自主动机,或者从低内在化通往高内在化,最后达到完全整合的状态。

那些通过调节外部因素来激励自己的人,比如因为违反工作规定而受到惩罚的人,就会失去动力。从长期来看,灰心丧气的感觉可能会导致人们对工作漠不关心甚至造成抑郁。处于消极状态的人,他们的欲望和表现会受到极大的限制。他们一开始会试图应对这种局面,试图忍受这种无意义的感觉,然后慢慢地陷入长期的漠不关心,并有患上抑郁症的风险。

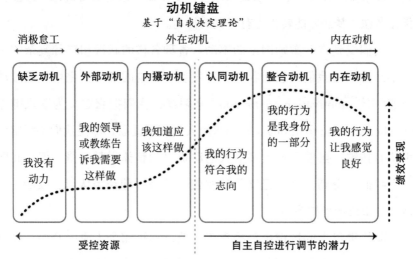

资料来源：由特欧乐和思纳博在 Ryan and Deci（2000）的"自我决定理论"以及 Segar and Hall（2011）的"可持续的行为改变理论"的基础上改编而成。

图4-1 动机键盘

理查德·瑞安和爱德华·德西认为"整合动机"以及"认同动机"是增强敬业精神最强大的驱动力，因为这些形式的动机更多地与人类的基本心理需求相关。这可以被看作一种动力，在这种动力下，你不再把工作看成一份工作，而是把它看作你身份的一部分。把"对我们的意义"与"对我的意义"连接在一起，这为解决问题和完成任务创造了非凡的内在驱动力。

在传统的绩效管理中，战略过程被详细地计划，并被锁定在预先安排好的发展方向上，这使实现最优化的"整合动机"变得更加困难。

在当今巨变的时代，企业的奖励机制往往与业绩目标挂钩，而这些目标可能会被现实中的变化所改变。如果动机因素与现实发生冲突，动机就会减弱，人们的绩效表现也会随之下降。

在很多情况下，员工完全有能力去解决各种问题，但如果去解决问题不符合他们的绩效目标，他们就会被禁止按照其方式去解决问题，这将导致员工进一步丧失动机。

增强敬业精神是领导者的责任

如今，一些领导者对员工缺乏敬业精神感到不满，尽管企业提供了各种福利，但几乎仍无法调动员工的积极性。在很多情况下，根本原因与企业缺乏有意义的方向有关，当市场预期发生变化时，这种趋势甚至变得更为明显。

无论是过去还是未来，领导者都有责任确保员工积极地投入到工作中去，并利用员工的动力使员工个人和企业更具竞争力及市场相关性。我们的实践经验以及其他企业的研究结果都证实，梦想与细节领导力模型指出了影响员工敬业精神的关键因素。梦想可以创造一种具有"伟大的意志"的基本意识，这将转化为极高的参与感——"我想成为其中的一部分，尽管将会面临很多困难"。对细节的关注可以帮助确保"自我决定理论"中能力、自主性和归属感方面的条件得到充分满足。人的能力、自主性和归属感与员工的角色、技能和协作，以及发展实现梦想所需的关键能力必须相互匹配。

理解人的心理因素，就可以理解梦想与细节领导力模型的强大之处。在大多数行业里，梦想与细节领导力模型都为实现最佳绩效表现提供了重要的心理依据。在当今时代，数字化和各种技术的高速发展，需要人们拥有极大的动力和更强的敬业精神，企业尤其需要重视这一点。当企业借助赛季转换来重塑优势地位时，理解人的动机以及如何增强员工的敬业精神变得尤为重要。

参考及
译者注释

[01] 《谋杀》这部电视剧由丹麦广播公司推出，2007 年在丹麦播出，引起轰动，收视率最高曾达 200 万人次（丹麦人口 600 万人）。英国 BBC 后购入播映权，此剧在 BBC Four 播出后即吸引大批观众，每集的平均收视率达到 500 万人次，超过了曾在 BBC Four 上最红的美剧《广告狂人》（*Mad Men*）。《谋杀》是一部精彩的犯罪悬疑剧，情节曲折、线索复杂、涉及人物众多。女主角 Sarah Lund（由 Sofie Gråbøl 饰演）在哥本哈根 11 月阴沉的天空下，在犯罪与政治的迷宫中寻找答案。虽然没有火爆的动作场面，但是其惊心动魄之处，可以让人喘不过气来。美国 Netflix 也购买了该剧版权并进行了翻拍。

[02] 丹麦广播公司（Danmarks Radio，DR）是丹麦的公共广播电台及电视台，成立于 1925 年，1951 年开始播出电视节目。其总部位于哥本哈根，它是欧洲广播联盟的创始会员之一。目前，丹麦广播公司拥有四个广播频率和六个电视频道，并且拥有自己的交响乐团。

[03] 伦敦商学院（London Business School，LBS）是全世界最著名的商学院之一，同时也是英国伦敦大学的成员学院。学院坐落于伦敦市中心，紧靠皇

家公园之一的摄政公园。2019年,《金融时报》的英国商学院排名前五位分别是伦敦商学院、牛津大学赛德商学院、剑桥大学贾吉商学院、卡斯商学院和华威商学院。伦敦商学院不提供本科教学,只提供金融和管理学方向的研究生项目。除了其久负盛名的工商管理硕士(MBA 或 EMBA)项目,学院也为拥有长期工作经验的商业人士提供斯隆学术项目(Sloan Fellowship Programme)、金融硕士项目(Masters in Finance(MiF),专为有长期金融工作经验的专业人士设立)、管理硕士项目(Masters in Management(MiM),为有较短工作经验的优秀本科毕业生设立)、金融分析硕士项目(Masters in Financial Analysis(MFA),为有较短工作经验的优秀本科毕业生设立)、博士项目(PhD),以及为企业高管开设的其他教学项目。

[04] **乔治·盖洛普**(George Gallup),美国民意调查创始人。盖洛普民意调查以其准确性和权威性在世界各地享有极高声誉。它涉及社会生活的各个方面,其中有关政治领域的调查以其敏感性和新闻性更加受到人们的注意。如今美国的大选之年,美国各大新闻机构每天都要对民主党和共和党两党候选人进行报道,而谁在选举中领先了几个百分点则是其中很重要的一部分。判断领先的根据是什么呢?根据就是几大民意调查,其中盖洛普民意调查是非常重要的一个。

[05] **盖洛普 Q12 测评法**,Q12 就是针对前导指标中员工敬业度和工作环境的测量。盖洛普对 12 个不同行业、24 家公司的 2500 多个经营部门进行了数据收集。然后,对它们的 105 000 名来自不同公司、文化背景不同的员工的态度进行分析,发现这 12 个关键问题最能反映员工的保留、利润、效率和顾客满意度这四个硬指标。这就是著名的 Q12。盖洛普认为,对内没有测量就没有管理,因为你不知道员工怎么敬业,客户怎么忠诚。盖洛普拥有员工自我评测忠诚度和敬业度的指标体系,Q12 就是员工忠诚度和敬业度的测量标准。盖洛普还认为,要想把人管好,首先要把人看好,把人用对。给他创造环境,发挥他的优势,这是管人的根本,也就是说让每

个员工产生"主人翁责任感"（盖洛普称之为"敬业度"），作为自己所在单位的一分子，产生一种归属感。盖洛普公司发明的Q12方法在国际大企业中引起了很大反响，其主旨是通过询问企业员工12个问题来测试员工的满意度，并帮助企业寻找最能干的部门经理和最差的部门经理。盖洛普在用Q12方法为其他公司提供咨询时，这套方法早已在盖洛普公司得到检验。所有盖洛普员工，每年要接受两次Q12检验，经理还会与员工进行很多交流，来确保公司团队的优秀并找到优秀的部门经理。

[06] **自我决定理论**是一个有关于人类个性与动机的理论，考量了个人与生俱来的天赋资质与心理需求。其主旨是探讨人发自内心的动机，排除外在诱因与影响，其中又把重点聚焦在个人激励与自我决定。20世纪70年代，SDT的研究主要在于探讨内在动机与外在动机，并尝试了解内在动机影响人类行为的途径。至今，SDT研究的关键在于内在动机与外在动机的相对关系，内在动机意指促使一个人行为的理由是这样的行为本身能带来娱乐与满足感，相对来说外在动机代表有外在的诱因促使个人做出该行为，内化则是指使外在动机转变成内在动机的一个动机转换历程。自我决定理论提出了三个人类与生俱来的需求，如果能满足这些需求，就将会为个人带来最好的发展与进步。借由个体经验去尝试达成三大指标，如果达成了则满足个体心理上的成就感（满足感），使之表现良好；若未达成则会出现反作用。与社会认知论不同，SDT并不把动机看作一个整体，而是分成三个部分：胜任（competence）、归属（relatedness）、自主（autonomy）。这些需求被视为是人类与生俱来的，并不需要经过后天学习，而且在跨文化、跨时间、跨种族与性别的研究中都得到了验证。

[07] **美国科学促进会**（American Association for the Advancement of Science，AAAS），创建于1848年9月20日，是世界上最大的非营利科学组织，下设21个专业分会，涉及数学、物理学、化学、天文学、地理学、生物学等自然科学学科。现有265个分支机构和1000万名成员。它还是《科学》杂志的主办者、出版者。

第4章
为什么人的因素能发挥作用

[08] **鲁棒性**（robustness），亦称健壮性、稳健性、强健性，是系统的健壮性。它是在异常和危险情况下系统生存的关键，是指系统在一定（结构、大小）的参数扰动下，维持某些性能的特性。例如，计算机软件在输入错误、磁盘故障、网络过载或有意攻击的情况下，能否不死机、不崩溃，就是该软件的鲁棒性。在生物学中，鲁棒性（进化），指系统在扰动或不确定的情况下仍能保持它们的特征行为。根据所涉及的扰动，可分为突变鲁棒性、环境鲁棒性等。

[09] **谷歌"亚里士多德"项目**，"亚里士多德"项目进行了超过两年时间，设法研究了180多个谷歌团队，进行了200多次访谈，分析了250多个不同团队的属性。不幸的是，即便如此，该项目仍未找出生成梦幻团队的最佳算法。谷歌的人事总监、项目负责人阿贝尔·杜贝（Abeer Dubey）聘请了统计学家、组织心理学家、社会学家、工程师和研究人员，试图揭开谜底并期望找到具有不同背景、技能和特质的团队的最佳组合。"亚里士多德"项目的研究人员通过一组来自卡内基梅隆大学、麻省理工学院和联合学院的心理学家的集体智慧在一些新的方向上开展研究，最终分享了谷歌在员工合作方面的研究、想法和实践资源，概述了增强团队的五大关键特征。

[10] **动机连续体**，自我决定理论认为动机类型并非截然分开的，而是处在一个自我决定程度或自主性程度的连续体上的，由低到高分别为无动机、外部动机的各个子类，内部动机的各个子类，自我决定理论强调人类行为的自我决定程度，将动机按自我决定程度的高低视作一个连续体。外部动机对立于内部动机，二者是连续体的两个极端点，互不相容。

第 5 章

提出正确问题的艺术

> 从长远来看,对任何一家企业来说,最重要的问题不是你是什么,而是你将成为什么。
>
> 加里·哈默博士
> Strategos Consulting 创始人、首席执行官

俗话说，"如果东西没坏，就不要去修理它"。但如果这种逻辑是错误的呢？也许更明智的说法应该是"在东西还没完全坏的时候，就应该考虑去及时修理"。大多数成功的企业都有充分的理由努力尝试扩大自己的成功。但是，如果你的企业正在被市场抛弃或者产品正在变得无关紧要，那么你就必须"在还来得及时"去考虑其他的选择。

"在还来得及时"是最大的挑战。解决这个问题的时机非常关键，它要求你在企业发展顺利时，去挑战自己的成功和假设。特别是那些拥有悠久历史和强大企业文化的企业，它们通常对自己是谁、做什么以及如何做，都有固定的定义。但是，如果那些曾经让企业获得成功的因素已经变得无足轻重，那么企业该何去何从呢？

"如果……将会……"这种假设性的问题非常重要。如果制药公司未来的核心业务不再是简单地生产药品，而是致力于提高人类的健康水平呢？这将对企业的梦想产生怎样的改变呢？企业需要掌握哪些新的细节，实现转型的思维模式和框架是什么样子的？这不是一个虚构的例子，因为制药公司正面临着来自各方面的挑战。医疗保健和私营保险公司不愿再为最新、最昂贵的药物买单，哪怕制药公司对现有药物的改进只是微乎其微的，其成本也高得离谱。制药公司同时还面临药品专利到期，还要面对竞争对手开发的几乎同等药效但售价较低的竞争产品。用安迪·格鲁夫对战略转折点的定义来分析，这将是一个十倍速的变化。所以，制药行业正在努力重新定义自己的角色。制药公司迫切需要找到保持市场相关性的新方法，其中一种方法可能是从向患者销售药品转型为维护消费者的健康。令人欣慰的是医疗大健康市场正在随着人口规模的增长而增长。因此，这个机会可能会变得比传统医药市场中的机会更大。

几年前，全球汽车行业的领导者就应该慎重地考虑这样的问题，如果电动汽车毫无前景的假设是错误的，那么汽车企业该怎么办？当电池技术允许汽车一次充电后行驶超过500英里，或者可以在30分钟内完成充电时，会发生什么？如果电动汽车比传统汽车更有优势，其加速更快、空间更大、维护成本更低、零部件更少，那么传统车企该怎么办？或者，如果汽车能够实现自动驾驶，能够方便地实现点对点运输，情况又会如何呢？这对汽车行业现有的商业模式来说意味着什么？公共交通会受到怎样的冲击？或者，由自动驾驶汽车组成的车队会成为满足个人需求的终极公共交通系统吗？消费者还会购买私家车吗？

特斯拉（Tesla）汽车成功地在传统汽车行业开创了一个新赛季，原因之一是特斯拉有能力挑战许多传统汽车行业的假设。生产世界上最好的电动汽车，并不是特斯拉的志向。生产世界上最好的汽车，才是特斯拉的志向，加之致力于让人类的交通运输变得更加可持续的愿景，特斯拉的梦想挑战了我们对汽车的一切认知，以及我们对电动汽车的所有假设。

假设是电动汽车体积小、速度慢、设计乏味，存在很多有待改进之处。然而，特斯拉并不想在电动汽车这一领域展开竞争。特斯拉的目标不是超越小型三轮电动车CityEl，而是超越奔驰、奥迪和保时捷。这无疑提高了电动汽车在速度、空间、安全性和设计等方面的标准。

一路走来，挑战传统电动汽车行业的假设也意味着人们在设计电动汽车时需要一种全新的思路。如果在现有的汽车设计中添加电池是一种看似"顺其自然"的做法，那么电池很可能会占用大量的空间，这将让汽车的使用空间降到最小。然而，如果一款全新的电动汽车的设计能够利用沉重的电池来改善驾驶体验，同时还能增加汽车的空间，那么电动汽车就会突然拥有竞争优势。当你以这种方式思考设计时，你不会试图最小化电池的尺寸，而是让电池变得更大，这样电动汽车就可以行驶得更远、更快。

这种思维模式要求管理层勇于挑战企业是谁、做什么、应该做什么的现有假设。这种思维模式同时也适用于产品开发以及建立和维护客户关系等方面。

同理，你应该挑战你的市场是什么以及企业未来在哪里的假设。"如果……将会……"，这个问题是与企业未来发展息息相关的问题。明天的市场在哪里？我们想在哪个联赛里比赛？我们如何成为未来持续增长市场中的领导者，或成为最高级别联赛的冠军团队？当你思考企业的未来相关性和竞争力时，商业和体育并没有太大的区别。关键的问题在于在企业里我们对未来的设想和我们未来的角色是什么，以及我们做出的最大的错误假设是什么。

我们每天习以为常的许多事情，在未来可能会被证明是错误的。我们的现有假设降低了我们发现新赛季的能力。很多人抵触自动驾驶汽车，部分原因是人们认为让汽车在无人干预的情况下行驶太过危险。但是，如果这个假设是错的呢？大多数交通事故都是人为失误造成的。一两代人后，我们的孩子可能会质疑我们为什么要冒险自己去开车，他们会质疑"自己驾车难道不危险吗"。

10年前，我们大多数人可能很难想象，世界上成千上万的人会在他们不在家时让陌生人在自己家中过夜。然而时至2017年，爱彼迎已经拥有了超过1.5亿名用户、64万个房源，以及每年超过1亿人次的客流量。爱彼迎全球每晚的平均住宿量为50万人次，而且这个数字还在不断增长。

我们认为私人住宅"不可侵犯"的假设是错误的。相反，入住私人住宅作为共享经济的一种形式，形成了一个全新的市场。

特斯拉汽车公司的创始人埃隆·马斯克（Elon Musk）曾说过，最

第5章
提出正确问题的艺术

难做的事情往往是如何提出正确的问题。作为企业的领导者，我们需要做的是，通过提出正确的问题，挑战各种假设来重塑我们的企业。

知之为知之，不知之不知

美国前国防部长唐纳德·拉姆斯菲尔德（Donald Rumsfeld）在 2002 年谈到"不知之不知"（unknown unknown）时提出了一个观点。有些事情我们是知道的。有些事情我们不知道，但我们知道我们不知道这些事。最后，还有一些我们并不知道我们还不知道的事情。这就是"不知之不知"。正如拉姆斯菲尔德所说，了解"不知之不知"往往是最困难的。在商业领域也是如此。

那么什么是我们不知道的呢？我们怎样才能找出未知呢？我们如何才能实事求是、坦诚地去看待一家被我们自以为了解一切所扭曲的企业呢？

作为领导者，你有很大的权力。员工和商业伙伴都会对你的权力做出反应。当你周围的人只说你想听的话时，你可能会被"现世安稳，岁月静好"的好消息所迷惑，这会让你很被动。此外，我们下意识地去聆听和记录那些符合我们对现实的感知的东西，然后或多或少地抛弃其他东西，包括那些令人不悦的事实。在潜意识下，我们会试图给出一些看似合理的解释，这些解释与我们以一种认知不协调的方式来看待世界完全吻合。例如，我们会解释说，营收下降通常是市场环境改变所带来的暂时的挑战造成的，而不是受到来自其他方面的颠覆导致了我们的产品在市场中变得无足轻重。

我们没有任何合理的理由来支持我们所做出的重要决定。除非我们能够打破这些假设，找到获取新认识的方法，甚至包括"不知之不知"，否则，我们就无法提高我们对未来的理解能力，也就无法在今天为未来做出正确的战略选择。

为了挑战现有的假设，我们必须先了解哪些技术有可能改变市场中的价值链和盈利方式，进而去挑战整个业务模式或重新定义客户需求。假设所有新技术都充分发挥了其潜力，你仍然可以通过展望未来去开启挑战假设的过程。设想未来的发展将如何影响这一行业？设想未来的发展将如何影响这家企业？这并不是科幻小说的情节，而是基于事实和技术发展趋势的一种逻辑分析。这通常是重新审视市场、重新评估企业及其固有假设的一种行之有效的方法。应用情景规划可以挑战各种假设和观点。

例如，移动技术为消费者提供了随处可以访问的便捷途径。移动技术将如何改变企业与消费者互动的方式，并给企业创造了解消费者偏好的机会？一辆可以通过手机预订的自动驾驶汽车将对许多行业的假设产生巨大影响。它将如何改变人们对交通出行的假设，以及消费者想拥有私家车的愿望？它将对与汽车行业相关的行业产生怎样的影响，例如保险、公共交通以及停车服务？这种方式将会创造出怎样全新的可能性呢？你的企业又将如何利用这些契机呢？

通过设想未来可能出现的场景，你可以精确地确定那些将受到挑战的现有假设。

另一种挑战假设的方法是预想成为一个拥有无限资源的新竞争对手。新竞争对手将如何看待市场？他们将怎样超越你？他们会使用哪些新技术以及如何使用它们？

通过寻找不同的模式和观察发展趋势，从各个角度去观察你的企业，你就会发现以前可能忽略的弱点和未来的可能性。基于相关的未来场景，从外部去观察你的企业，这有助于企业开启战略对话，让你能够挑战现有的假设并发现新的机会。

分析行业中的新晋参与者也十分重要，那些高增长的初创企业更值得关注和研究。这些高速增长的小公司挑战了哪些假设？它们为什么增长得如此之快？它们正在做什么？你的企业为什么没有去尝试这样做？

在科研领域，你经常会发现系统化的挑战现有思想和原则的大胆尝试。科学的研究方法生来就被用来挑战各种理论，检验古老的真理，并推翻这些"真理"。人们总是试图推翻各种理论，不管这些理论的提出者多么著名和受人尊敬，甚至包括爱因斯坦的理论。

这种系统化的方法，对于企业找出哪些旧的假设是错误的，或者发现企业在市场中的相关性有着重要的作用。同时，通过建立新的假设也可以创造出新的机会。

一些最伟大的科学成就都是通过对现有的假设抱有一种开放、好奇和怀疑的态度而取得的。企业的管理者倾向于对批评和怀疑他们的员工做出消极的回应，但是我们必须小心谨慎，千万不能因此解雇他们。这是因为，他们的质疑对挑战假设可能是非常有效的。

我们首先要了解我们的企业里存在哪些固有的假设。对消费者以及消费者需求，我们的假设是什么？我们对市场的假设是什么？我们如何看待我们的竞争对手以及投资者？我们对未来五年的技术和政治环境的发展有哪些假设？

事实证明，企业往往有许多不言而喻的默认假设，这些假设已经成为公认的"真理"。它们往往是企业内部强大的文化和根深蒂固的观念的组成部分。这使挑战这些假设变得更加困难，进而难以进行深入彻底的企业变革。

在体育运动中，教练会根据自己对比赛的假设来制定比赛策略。通常情况下，他们不允许球员挑战其假设。然而这限制了体育比赛的发展，直到有运动员勇敢地打破这种假设。例如，在排球运动中，"跳发球"在以前是不可想象的，因为教练认为这种方式很容易失败，也过于冒险。世界上第一位使用"跳发球"的排球运动员是20世纪70年代、80年代初中国国家男排的主攻手徐真。他是男排历史上首位在正式比赛中使用"跳发球"的运动员。作为"世界跳发球第一人"，他的名字被载入了排球运动的史册。在1981年世界杯亚洲区预选赛决赛中，中国对韩国的第二局中的第一个发球，徐真使用了"跳发球"。而今天，"跳发球"已经成为排球运动的一种发球标准。这是因为，很多排球运动员随后进行了大量的"跳发球"训练，从而降低了失误的风险。同时，使用"跳发球"的方式也改变了排球比赛的理念，重塑了排球运动。

让运动员去梦想他们在未来应该如何比赛，允许他们在框架内去挑战游戏规则，并激励他们以一种全新的思维模式去比赛，他们往往会为比赛带来意想不到的新维度，并将比赛带到全新的水平。

教练在第一轮比赛时限制了运动员的例子有很多，随着比赛的深入运动员逐渐在比赛理念中引入了新的维度。当教练看到运动员打破假设的时候，很可能会反思"我们以前为什么没有想到要这样比赛呢"。

这就是科学方法的价值之所在。当那些类似科学理论的假设被大家认可时，人们也就会开始挑战这些假设。如果一个假设能够持续抵抗住人们的质疑，那么它可能仍然有效，但重要的是我们要意识到，挑战假设的工作并未就此结束。这是因为，现在有效的假设在未来很可能不再奏效。

转换赛季需要勇气与谦逊

《创新者的基因》(*The Innovator's DNA*)一书的合著者、麻省理工学院(MIT)领导力中心主任赫尔·葛瑞格森(Hal Gregersen)指出,成功地对企业进行了重塑的领导者都具有一些共同的特点。

- **成功的领导者总是试图了解别人对自己和企业的看法**。他们会询问客户、员工、合作伙伴、股东和分析师的意见:"如果你是我,你会怎么做?"据赫尔·葛瑞格森介绍,嘉信理财集团(Charles Schwab)的首席执行官沃尔特·贝廷格(Walt Bettinger)经常会问多个问题,以获得不同凡响的方法和见解。

- **成功的领导者总是认为他们做错了**。对我们大多数人来说,承认自己做错了让自己很不舒服。我们总是习惯于证明自己是对的,而且以业绩为目标的传统管理方法强化了这一趋势。这是因为,我们做预算就是为了避免出错。但要转换赛季,看到新的市场和机会,我们就必须假设我们做错了。

我们强迫自己批判性地思考,并不是要毁掉我们的自尊,而是因为赛季转换会改变规则。所以,我们不能想当然地认为我们拥有正确的假设。敢于公开地问自己哪里做错了,会让员工更加开放地表达他们的批评和意见。不犯错误是不可能学到任何东西的。由于技术不断发展,因此今天正确的解决方案在未来可能就是错误的。对与错不是一成不变的。

- **成功的领导者敢于从角落里安全而熟悉的办公环境里走出来**。他们走出来,去倾听员工和客户的意见。他们强迫自己去更好地理解企业所面临的核心挑战。即便他们这么做冒着暴露自己无知的风险，但当他们朝着梦想、细节和平台努力的时候，他们会获得前所未有的、崭新的认知。

- **成功的领导者勇于保持沉默。** 沉默并不只是为了更好地倾听，同时也是在思考，不包括在自动驾驶仪上快速按键来做出决定。保持沉默给了他人空间，并倾听他们的想法和意见。根据赫尔·葛瑞格森的分析，对于许多管理者来说，如果他们不梳理所获悉的内容，不甄别符合他们想要表达的内容，就很难以开放的心态去聆听。如果我们能真正地去倾听和用心地去提问，我们就会学到很多东西。"提出问题，但不提供答案"，是那些成功的领导者的至理名言。

安迪·格鲁夫曾描述过，成功的领导者总是对他们企业的实力以及其未来所扮演的角色表现得很偏执，他们总是忧心忡忡。

提出正确问题的方法不仅有助于我们发现赛季的转换，还有助于发现新的机会。当我们挑战企业是什么，市场是什么的假设时，我们就有机会发现新的增长型市场，并就我们在其中的相关性展开想象。我们需要培养向正确的人提出正确问题的能力，以便更好地理解世界的发展方向以及企业在未来扮演的角色。

在这个过程中，我们需要外部顾问的参与吗？毫无疑问，挑战假设的过程需要外界的介入。然而，我们只建议采用外部顾问由外到内的视角，让他们在流程和方法方面提供帮助。认识你的企业是什么，新兴市场是什么，以及企业应该朝什么方向发展，这种需要切身体会的工作必须在企业内部进行。提出正确问题的工作涉及员工，所以不能假手于人，必须由企业的管理层来管理。

挑战假设的工作不能外包出去。整个企业都必须感受到挑战假设带来的新发现，并且以坚定不移的信念予以传达。对于企业来说，这必须通过一个长期持续的项目来推进，因为赛季的转换不是一次性的。在企业处于强势地位时重塑企业的能力，是那些可持续发展并长期存活的企业必须拥有的一种全新的核心技能。因此，这种技能必须在企业内部开发。

关于挑战假设的一些建议

- 即使"企业还没有出现问题"，也要经常自问"是否已经出现了新赛季的迹象"，最好在企业仍处于成功之时，从一个强势有利的位置开始对企业进行重塑。
- 明确企业内部当前的假设，包括明确的和不言而喻的默认假设。用"如果……将会……"和"为什么"这样的问题来挑战企业的主要假设。
- 考虑新技术对企业的假设、价值链、客户和业务模式的潜在影响。为企业制订一个呈指数级发展的规划，并评估它对当前假设和业务模式的影响。
- 在市场上寻找那些挑战行业假设、高增长的小型初创企业。这些初创企业有什么不同之处？这个行业的新晋参与者的假设是什么？它们挑战了哪些原有的行业假设？
- 倾听客户、员工、合作伙伴和投资者的意见——他们如何看待企业，对企业的未来又有什么样的假设？

参考及
译者注释

[01] 加里·哈默与普拉哈拉德（C.K. Prahalad）是核心竞争力理论的鼻祖，他们在《哈佛商业评论》上合写了多篇论文，数次夺得"麦肯锡奖"。加里·哈默出生于1954年，他是 Strategos Consulting 的创始人、首席执行官，也曾是伦敦商学院战略及国际管理教授。他是战略研究最前沿的大师，被《经济学人》誉为"世界一流的战略大师"；《财富》杂志称他为"当今商界战略管理的领路人"；在 2001 年美国《商业周刊》"全球管理大师"的评选中，他位列第四，可谓声名显赫。战略意图、核心竞争力、战略构筑、行业前瞻，这一系列影响深远的革命性概念，都是由他提出的，从而改变了许多知名企业的战略重心和战略内容。

　　1990年，《公司的核心竞争力》（The Core Competence of the Corporation）一文发表，文中首次提出了"核心竞争力"的概念，标志着企业核心竞争力理论的正式提出，该理论较之前其他企业理论更好地解释了成功企业竞争优势长期存在的原因。"核心竞争力"的概念被引入中国后，中国人按照自己的理解对它做出了各种各样的解释，成为近年来企业理论研究的热点，并且为企业多元化经营提供可行的方案。《公司的核心竞争力》是《哈佛商业评论》历史上被要求重印次数最多的论文之一。哈默的其他著作有《竞争大未来》[⊖]（Competing for the Future（1995），与普拉哈拉德合著）和《领导革命》（Leading the Revolution，2002）。在《竞争大未来》中，哈默提出创新不仅是指开发新产品和采用新技术，而主要是指产生"新观念"。他认为观念创新在经营管理中更重要、更有效，它要优先于开发新产品和采用新技术。他的竞争性创新理论引起了广泛关注。

[02] **特斯拉**，美国最大的电动汽车及太阳能板公司，产销电动汽车、太阳能板及储能设备。公司最初由马丁·艾伯哈德（Martin Eberhard）和马克·塔彭宁（Marc Tarpenning）于2003年7月1日创办。创始人将公司命名为"特斯拉汽车"（Tesla Motors），以纪念物理学家尼古拉·特斯拉（Nikola Tesla）。

[03] **情景规划**（scenario planning）是厘清扑朔迷离的未来的一种重要方法。情景规划要求公司先设计几种未来可能发生的情形，接着再去想象会有哪些出人意料的事发生。这种分析方法使你可以开展充分客观的讨论，使战略更具弹性。高明的棋手总是能清晰地想象下一步和下几步棋的多种可能的"情景"。而"情景规划"能提供预防机制，让管理者"处变不惊"，对突变既非阵脚大乱也非无动于衷。它更接近于一种虚拟性身临其境的博弈游戏，在问题没有发生之前，想象性地进入到可能的情景中预演，当想象过的情景真正出现时，我们能从容和周密地加以应对。情景规划最早出现在第二次世界大战之后不久，当时是一种军事规划方法。美国空军试图想象出它的竞争对手可能会采取哪些措施，然后准备相应的战略加以应对。情景规划作为管理工具，由于荷兰皇家壳牌石油运用它成功地预测到发生于1973年的石油危机，才第一次为世人所重视。参阅莱尔斯顿，威尔逊，情景规划的18步方法，2009年1月由机械工业出版社出版。

[04] **CityEl** 是一款三轮轻型电动汽车，最初在丹麦设计和制造，目前由

⊖ 此书中文版机械工业出版社已出版。

Citycom GmbH 在德国生产制造。在一些国家，CityEl 这种车被归类为电动摩托车。

[05] **爱彼迎**是一个让大众出租、住宿民宿的网站，提供短期出租房屋或房间的服务。它让旅行者通过网站或手机发掘和预订世界各地的各种独特房源，为近年来共享经济发展的代表之一。该网站成立于 2008 年 8 月，公司总部位于美国加利福尼亚州旧金山，为一家私有公司，由 "Airbnb, Inc." 负责管理营运。当前，爱彼迎在 191 个国家、65 000 个城市中共有超过 3 000 000 个房源。

[06] **唐纳德·拉姆斯菲尔德**，出生于美国伊利诺伊州，曾两度出任美国国防部长。他一直被外界认为是小布什内阁中的著名鹰派代表人物之一。

[07] **"不知之不知"**是前美国国防部长拉姆斯菲尔德在 2002 年 2 月回应记者提问时的名言。2002 年，美国以伊拉克政府拥有大规模杀伤性武器，并以支援恐怖分子为由打算与其开战。同年 2 月 12 日，时任国防部部长拉姆斯菲尔德被问及有关的证据时，他解释道："据我们所知，有'已知的已知'，有些事，我们知道我们知道；我们也知道，有'已知的未知'，也就是说，有些事，我们现在知道我们不知道。但是，同样存在'未知的未知'——有些事，我们不知道我们不知道。"

[08] **赫尔·葛瑞格森**，麻省理工学院领导力中心主任，专注于领导力研究。他被多家全球知名公司聘为创新、全球化战略等方面的专业顾问，并在全球顶尖学术及商业期刊上发表了大量文章。

[09] **《创新者的基因》**一书的两位作者赫尔·葛瑞格森和"创新大师"克莱顿·克里斯坦森合作完成了一项历时八年的研究，试图追踪创新型而且往往具有破坏性的商业思想的来源。他们采访和调查了研发出革命性新产品和服务的首创者，以及利用创新型商机建立起来的公司的创办者和首席执行官，例如 eBay 的创始人皮埃尔·奥米迪亚、亚马逊的创始人杰夫·贝佐斯等。他们的目标并不在于调查每一家公司的策略，而是深入了解创新

者的思想，探索他们的思考方式。他们研究了这些创新者在什么时候、什么情况下想出这些研发新产品和创建新产业的点子；他们职业生涯中最有价值和最具创新性的商业构想以及这些想法的产生过程。在此基础上，他们总结出了这些创新型企业家共同的思维特点和行为方式，从而提出通过"质疑—观察—交流—实践—联想"这一模式可以造就创新者的基因。他们阐释了如何利用以上技能激发思维，如何在实践中与同事合作实施这些想法，并在策划和组织的过程中建立自己的创新技巧，提高自己的竞争力。他们也提供了一种自我鉴定的方法，供读者测试自己的创新基因。这本书具有很强的实用性和启发性，对于提高团队的创新能力非常有帮助。

[10] **嘉信理财集团**位于美国加州旧金山，为一家经营经纪业务与银行业务的理财公司。它由查尔斯·舒瓦布（Charles R." Chuck" Schwab）于1971年创办，当时名为First Commander Corporation，主要从事传统证券经纪服务和向投资者提供标准化的交易简报。1973年，它改名为现行名称（"嘉信"为该公司正式中文名）。该公司于1975年5月1日开展折扣经纪商业务，后来成为世界上大型折扣经纪商之一。嘉信理财目前是美国最大的在线券商，管理资产达3.72万亿美元，公司市值达547亿美元，拥有大约1200万个活跃经纪账户。

DREAMS
—AND—
DETAILS

第 6 章

创造梦想

让人们做出改变是困难的，进行彻底的改变更是难上加难。除非有令人信服的理由让人们做出改变，否则我们中的大多数人都会试图避免改变，而且还会找出充分的理由去拒绝改变。对大多数人来说，做出改变意味着增加了不确定性、未知的任务、新的角色和权力的转移。因此，人们普遍认为，只有当企业处在"熊熊燃烧的平台"之上时，才有必要进行彻底的变革。如果不改变情况会变得更糟糕，那么这种被迫做出的改变很可能只会使某些方面得到改进。在这种迫不得已的情况下，我们会更加开放地去面对改变。即便如此，做出改变仍很困难。

对一家处于强势地位的企业进行重塑是最艰难的领导力挑战之一。在企业仍具有实力的情况下，通常很难让人们信服，企业正处在一个"熊熊燃烧的平台"之上，而不进行改变可能会变得更糟糕。在这种情况下，需要从其他方面探寻企业变革的意愿。如果做出改变不会变得更糟糕，而是会变得更好呢？如果我们可以激发出渴望改变的强烈意愿呢？

为了让处于强势地位的企业得以重塑，我们认为必须让人们拥有一个能鼓舞人心的梦想。一个能鼓舞人心的梦想能让人们产生彻底变革所需的强烈意愿。梦想应该建立在相关战略的基础之上，但是企业的梦想绝不仅仅只是一项战略计划或财务目标。

真正能够鼓舞人心的梦想并不会凭空产生。企业梦想的形成基于企业对自身、未来市场的战略设想。梦想可以设定一个明确的方向和雄心勃勃的志向，使所有参与其中的人围绕企业的未来定位团结努力。

重塑企业不是简单地对企业进行重组，尽管对企业进行重组可能是企业重塑过程中必要的一个步骤。仅仅只对企业的组织结构进行调整，通常不会让人们产生强烈的变革意愿。相反，企业重组通常会引起人们的恐惧和不确定感，并不能对人们起到激励的作用，尤其在企业重组原因不清晰，或者企业重组是企业内部的权力更迭所致的情况下。如果重

第6章
创造梦想

组是企业战略转移的一种逻辑结果，或者是为了提高实现企业梦想所需的能力而进行的改变，那么企业重组就是有意义的，就能够对企业重塑的过程起到良好的支持作用。企业梦想必须是清晰的，并且可以激励每个人。同时，重组后新的组织结构定义了一个更好的框架，来帮助企业开发实现梦想必不可少的关键细节。我们必须注意，确立企业梦想、设立框架与确定关键细节的先后顺序。

在对企业进行重塑之前，需要做好充分的准备，因为企业的思维模式和行为方式往往要进行根本上的转变。作为企业领导者，你需要提出正确的问题，挑战我们在上一章中讨论过的企业各种固有的假设。你必须对企业、价值链以及技术和市场的发展方向进行系统性的分析。

首先，企业必须挑战的第一个假设是，企业的目标市场是什么以及企业在该市场中扮演的角色是什么。如果我们继续优化企业在该市场中的角色，以达到短期的财务目标，我们很容易就会忽视企业进行赛季转换的必要性。

其次，企业还需要挑战"什么才能让企业与众不同"的假设，或者说企业怎样才能在未来的市场中脱颖而出。我们必须勇于挑战，我们认为我们的市场是什么以及我们的客户想要什么的假设。当企业梦想的第一个也是最重要的元素"方向"确定后，其他相关的假设就会突显出来，例如企业的业务是什么，市场发展趋势是什么，以及企业如何才能在市场中胜出。

方向

企业必须首先确定一个具有吸引力、增长空间和发展潜力的未来市场，这对于实现梦想至关重要。同时，该市场必须与企业的发展方向息息相关。在大多数情况下，企业的立足之本与核心业务仍需要保持在未来发展中的核心地位。然而，对未来市场进行准确的分析也将为企业打开新的机遇之门。在新的机遇中，企业的立足之本与核心业务可能与新的市场环境仍然相互关联。

企业发展与市场相匹配

企业的发展必须与时俱进，我们认为为了做到这一点企业需要不断地寻找新的增长点。然而，企业不能盲目地选择进入某个新兴市场。企业必须寻找相关联的市场机会，这不但需要对企业的潜在市场进行研究，而且还需要对企业的核心能力进行深入分析。企业在发展的过程中很容易找到很多新兴市场，但进入选定的新兴市场的理由要令人信服，并在合理的时间内能够在该市场上发挥作用。否则，这个方向对企业来说就没有任何意义。

在评估未来成长型市场时，你需要摒弃在过去制订计划、公式化地遵循业绩目标的过程中的那种控制感。正如我们之前提到的，控制感是一种错觉，会阻碍我们识别新赛季的能力。

你不可能在不犯任何错误的情况下预测未来，尤其是在新赛季游戏规则已经发生改变的情况下。在考虑未来成长型市场时，你不得不接受一定程度的不确定性，并进行一些高风险的押注。然而，基于事实和正确假设的预测，而不是纯粹依靠猜测或者仅仅是一厢情愿的想法，将更有可能让你得出正确的结论。增长将出现在哪里？不仅在当下，在五年之内成为市场重要参与者的机会在哪里？哪些情况将会改变市场环境，从而催生出战略转折点？

作为企业领导者，你不应该只关注企业当前的业务，还应该查看相关联的其他业务。例如，保险公司面临的最大挑战之一可能不是来自新的数字竞争对手，而是来自自动驾驶汽车，因为自动驾驶汽车发生事故的概率更小。自动驾驶汽车势必颠覆目前的汽车保险市场，也可能为新兴市场创造机会。

与此同理，物联网、3D打印技术、纳米技术、人工智能、循环经济、可再生能源和新型服务业务等的发展，对现有的商业模式提出了新的挑战，同时也带来了新的机遇。

如果你的竞争对手规模小但发展迅猛，那么你应该关注他们在做些什么。如果他们增长得很快，就说明他们可能已经发现了一些你也应该认真对待的重要问题。这些规模小却高速增长的竞争对手指向了一个正在发展的新兴市场，尽管就目前的规模而言，这个市场对你来说可能微不足道。正如我们在前一章中阐述的，这也能帮助你去想象竞争对手将如何通过新技术和新的商业模式来挑战你当前的业务。

你也可以问自己这样的问题：如果你的公司是一家不被传统或旧文化束缚的初创企业，你会怎么做？你自己会押注在哪里？如果答案不是你的公司正在从事的业务，那么这可能就预示着一个新赛季的开始。

企业的优势是什么

麦肯锡的一项研究结果显示，最有可能长期存活下来的企业是那些在增长型市场中运营的企业。利润当然对企业的存亡至关重要，但如果你必须在增长和利润之间做出选择，那么寻求增长对于企业的长期存活来说更为重要。

在SAP，我们坚信，重塑企业的基础是通过创新来创造增长的机会。我们要求战略团队研究当下各种技术的发展，并试图推断哪些技术在未来能够为SAP创造增长的机遇。研究和分析各种新技术的目的是理解未来的科技将如何影响企业客户的运营方式，进而了解企业软件未来市场的发展趋势。

对未来技术的分析，帮助我们确定了一系列与SAP已经进入的市场相邻的潜在高增长市场。我们当时的任务是找到与SAP核心竞争力相关的未来市场，找到SAP获胜的机会。

我们当时的分析结果显示，2010年，三种技术很有可能影响SAP的未来市场。

- **移动技术**。移动技术将成为一种无可估量的工具。移动技术将使企业能够整合各地的员工，并为企业与客户和资产的直接连接创造出新的可能性。
- **数据库技术**。大量的数据需要全新的数据库技术来进行分析。大数据将为大量企业提供前所未有的、独特的视角，但这需要对大量的数据进行快速的分类和处理。
- **云技术**。基于云的解决方案因其高速和便捷的特性，将成为未来企业使用软件的首选方式。而且，这种趋势已经越来越明显。

我们的分析表明，与传统的ERP（企业资源计划）市场不同，上述每一个新兴市场都将在未来几年内迅速发展，这些技术对SAP重塑各项业务都十分重要。此外，这些技术也为提高SAP的核心竞争力和扩大SAP的客户基础带来了机遇，同时还会给SAP带来可持续的竞争优势。

当然，还有其他一些高增长的市场机会，包括社交媒体等数字化互动平台。但这些高增长市场与SAP的立足之本及核心业务并不相关联。企业总是可以发现新的增长型市场，但如果这些市场与企业的核心业务相去甚远，那么企业就完全没有必要去追逐它们。

基于上述分析，我们为SAP设定了明确的方向，我们希望将SAP的业务扩展到上述三个新兴市场，为客户创造更多的价值，增强我们的战略相关性，同时实现 SAP 的价值增长。分析显示，在五年内这三个新兴市场的规模将相当于 2010 年整个传统 ERP 市场的规模。

当我们开始重新定义 SAP 的市场，拓展出三个全新的市场时，我们潜在市场的规模翻了一番。但这同时也意味着 SAP 的整体市场份额随之减少了一半，因为我们在这三个新兴市场中的市场份额在 2010 年近乎零。通过对企业市场的重新定义，SAP 从一个饱和 ERP 市场中的市场领导者，变成了一个拥有大量增长机会的新兴企业。

我们的方向很明确，我们将捍卫我们在传统 ERP 市场中的地位，同时通过成为三个新兴市场中的领导者来实现增长。在这三个新兴市场中，SAP 都可以实现高速增长，并且这些新兴市场都与 SAP 的核心业务息息相关。

SAP 选择了将市场规模扩大一倍的企业方向，进入三个未来增长型市场。这三个市场对 SAP 来说是全新的，但 SAP 拥有进入这些市场所必需的能力。这一企业方向建立在充分分析的基础之上。在确定企业方向的过程中，SAP 提出了下列三个重要问题。

- 未来的市场在哪里？未来几年最大的增长将会出现在哪里？
- 价值链的哪些部分提供了最高的利润？
- 我们在哪些领域中最有机会成为市场领导者？

在分析的过程中，我们需要考虑很多因素，但从根本上来说，确定企业方向需要基于与市场相关的两个维度，即水平维度和垂直维度。

水平维度描述了企业在价值链中的潜在角色。随着时间的推移，价值链将发生怎样的变化？增长在哪里？潜在的市场在哪里？盈利能力在哪里？

垂直维度描述了企业对应每个客户的潜在角色或其钱包份额。客户把钱花在了什么地方？客户总消费中的多少支出属于你的企业？

横向价值链

对企业价值链的分析通常基于其所处的市场，但分析很少是面向未来的。例如，人们会认为，柯达作为数十年模拟照片市场的领导者并没有选择去开拓数码照片市场，是因为数码照片市场的利润较低。但这样的假设正确吗？

1995 年，柯达的价值链完全建立在模拟技术的基础之上。但是，如果柯达对未来的价值链和未来数字市场的潜力进行了分析，并对企业的核心业务是什么的假设提出了挑战，那么柯达就可以在处于其强势地位的时候转换到新赛季。

数码照片市场在 1995 年还是一个新兴的小规模市场。当时的数码相机画质低劣却很昂贵，因此数码相机只吸引了极少数的消费者。1995 年，模拟照片技术仍占据市场的主导地位，年利润接近 20 亿美元。然而，仅仅 10 年后，模拟照片市场的利润缩水了 80%，而数码成像市场的利润池却增长到近 40 亿美元，是模拟照片市场巅峰时的两倍。

在当时数码成像市场的价值链中，利润最高的部分是存储卡。因此，如果我们重新审视如何挑战企业对自己的理解，那么柯达当时把自己定义为在模拟胶片上捕捉图像、冲洗胶片并在相纸上生成物理图像这一领域中具有核心竞争力的企业，这并没有错。但是，这种理解是非常狭窄的定义。

如果柯达当时将其核心竞争力定义为在存储卡上存储光像素，以便客户在摄影后体验拍摄的瞬间，那又会有何不同呢？成像，仍然是摄影的核心，但理解上更为广泛，更加面向未来。摄影市场的战略转折点改变了存储像素的媒介——从模拟胶片变成了数字存储卡。如果当时柯达能够更广泛地定义其核心业务，它或许仍有机会在市场中保持其相关性，并有机会成为数码照片市场中的领导者。2005 年的数码照片市场的价值是 1995 年模拟照片市场的两倍。此外，基于数字世界中人们熟知的摩尔定律，数字技术大幅度降低了产品成本，而且也为提高产品质量提供了可能。事实证明，数字存储卡市场的利润甚至比模拟胶片市场还要高。

柯达的例子表明，企业的整个价值链都有可能崩溃，但是一个全新的、更大的价值链却可以从废墟中崛起。如果你能及时地发现这一点，你就有机会投资新的价值链，专注于价值链中高增长和盈利能力更强的部分，并且在新的市场环境下，努力使企业的核心竞争力仍具有相关性。

如果当时柯达看到了在新的市场环境下重新规划其核心业务的机会，并预测了价值链的发展方向，其管理层就会意识到进行赛季转换所蕴藏的巨大机遇。很遗憾，柯达紧紧抓住模拟照片市场的价值链不放，当这一价值链断裂后，柯达也随之覆灭。

在体育运动中，理解价值链也很重要。体育价值链可以看作体育运动中的各个维度，包括发球、移动、进攻和防守。通过优化和调动所有队员，你可以在短期内获胜。但是，如果队员在发球、移动、进攻和防守的价值链上不具有竞争优势，你终究会被对手打败。在这种情况下，你必须重新定义你的比赛理念，开发队员的潜力或吸引新的人才加入。这样，你就可以在比赛价值链的各个维度都具有竞争力，从而最终赢得比赛的胜利。

纵向价值链

通过对横向价值链的分析，我们可以了解企业在市场中的增长和利润来自哪里。在分析纵向价值链（即钱包份额）时，你可以了解企业的产品或服务对客户究竟有多重要，以及现有的客户群体具有多大的增长潜力。

在 SAP，分析显示我们已经在很大程度上赢得了 ERP 系统的市场。然而，纵向价值链的分析结果显示 SAP 只占所有客户信息化支出总成本中的不到10%。客户的大部分IT支出都投入到了其他地方。换句话说，SAP有机会通过挑战价值链中其他类别（例如硬件设备和其他服务）的支出来提高从每个客户那里获得的收入。

但分析也表明，SAP系统可能带来高度复杂的IT基础设施需求和高额的实施费用。这两个成本驱动因素完全可以通过转移到云业务模式得到有效的解决。

因此，彼时的SAP看到了机会，可以通过新的解决方案来确定新的企业方向，让SAP的解决方案变得对客户来说更易于使用、更廉价。与此同时，SAP也将在客户IT支出中获得更大的份额。

就像在商业领域一样，体育领域中的"钱包份额"决定了哪些因素将对提高团队竞争力和最终赢得比赛产生最大的影响。这可以是发球的力量、防守的质量或者比赛的速度。在F1比赛中，许多车队在当前赛季结束前就开始优化那些在下赛季中可以制胜的因素。在体育运动中，我们一直在寻找这些因素，以便在当前赛季进行短期竞争，并为下赛季优化比赛理念和团队。在体育运动中，你需要不断地寻找扩大竞争区域的方法——通过横向开发价值链的覆盖范围，以及纵向开发比赛中最有效的因素。凭借这种方式，你就可以带领球队走向未来的赛场，并永远向更高的竞技水平前进。

即使是在比赛的过程中，你也有可能通过改变自己的竞争区域来赢得比赛。这是教练和他的队员需要经常尝试的方法。如果你只停留在目前的竞争区域，但它低于获胜所需的水平，那么你最终还是会被对手打败。在体育运动中，"重塑比赛"可以通过几场比赛，或者在几分钟、几秒钟的短暂时间内完成。从体育比赛中我们可以学习到，对企业进行彻底的重塑，永远不会太迟。我们所面临的挑战是在企业处于强势的市场地位时去实现这一点。

核心竞争力

一旦企业确定了新的增长型市场，你就需要弄清楚你想在每个市场中扮演怎样的角色。通过分析价值链和钱包份额，企业能够对最适合自己的增长型市场做出准确的预测。对价值链和钱包份额的分析将使企业找到很多潜在的成长型市场，但并非所有市场都具有同等的相关性。

了解企业的真正潜力，清楚企业的潜力是否足以挑战企业的假设十分重要。通常企业的潜力往往比预想的大。同时，了解企业自身的局限性也很重要，因为企业的方向必须与企业的核心竞争力相匹配。否则，企业的梦想将被认为是异想天开，也不会激励人们为改变做好准备。

以 SAP 为例，我们看到硬件行业有一个巨大的市场，但 SAP 并没有进入硬件市场所需的技能，也没有能力以足够快的速度获得相关技能来建立起强大的市场地位。此外，各种分析也表明，硬件市场的盈利能力相对较低。

对某些企业高管来说，对未来市场做出选择，不但十分困难也有风险。然而，不对未来市场做出决断，很容易给企业带来更大的风险。

如果你不敢在企业处于鼎盛之时对其进行重塑，那么当别人打开了未来市场的大门时，你在这一市场取得成功的可能性将会大大降低，你可能很快就被迫进入该市场进行应对。如果你等到企业出现增长乏力或盈利能力下降时再进入该市场，那么未来市场中的资源可能已经不再充足了。同时，企业内部和外界的信心也会随之大幅下降。当然，从另一个角度来说，这时你也不需要努力说服利益相关者，向其强调进行赛季转换的必要性。这就是为什么许多企业没有及时进行赛季转换，并被迫在一个"熊熊燃烧的平台"之上进行企业重组，这是很多企业最终无法取胜的原因之一。

转换赛季，但并非所有业务

在很多情况下，赛季的转换至少在一开始不会全面地影响企业的所有业务。这种情况通常发生在企业在当前赛季仍然表现尚佳时，企业良好的营收使得投资新赛季成为可能。很少有企业会突然间实现全面、彻底的转型。

克莱顿·克里斯坦森在《创新者的窘境》一书中探讨了这样的问题：即使一家企业意识到它必须进行赛季转换，它仍然需要同时优化现有业务来获得稳定的营收。根据克莱顿·克里斯坦森的分析，这会产生很多问题，因为新赛季往往会对企业的现有业务产生冲击。因此，大多数企业更倾向于捍卫它们的现有业务，而不是去破坏它。

对此有几种解释。首先，企业的大部分收入都是在当前赛季产生的。其次，企业很难让利益相关者相信进行赛季转换的必要性。

当前赛季的员工通常只专注于对现有业务进行优化并因此受到奖励。很多员工并不认为自己是新赛季的一分子。与此同时，那些一心一意想在下个赛季的业务上大展拳脚的管理层和员工，往往会受到现有业务的打压，因为在新赛季开始时，新业务的表现往往会不尽如人意。即使企业已经意识到赛季转换的必要性，现行的奖励机制和个人动机也有可能阻碍企业的自我重塑。

柯达就是最好的案例之一。柯达发明了世界上第一台数码相机，但其管理层不敢推广数码技术，因为这将蚕食柯达的整个核心业务，即在模拟世界中以胶卷、纸质照片和以胶片冲洗为基础的业务。因此，尽管事实上是柯达开启了数码技术的新赛季，且它拥有所需的全部技能，但它却错失了成为未来市场领导者的机会。数码技术的市场规模是模拟技术市场的两倍，柯达的案例发人深省，因为这表明除识别新赛季的信号具有挑战性外，对赛季转换的执行能力以及如何消除企业内部的阻力才

第 6 章
创造梦想

是最大的挑战。

很多企业都意识到了这种困境,并试图通过不同的方法来解决。例如,丹麦银行推出了名为"移动生活"的移动业务。"移动生活"是一家利用移动技术挑战现有银行业务的独立公司。那时,新型银行、分行多样化和监管宽松政策对传统的银行业务模式构成了挑战。"移动生活"作为独立实体从丹麦银行中剥离出来,平行运营于现有业务之外,以此来避免其在传统银行业务的重压之下被压垮。

另一个例子是丹麦的 B&O(Bang & Olufsen)公司。这家公司建立在一种假设之上,即设计精美的产品会演变成为经典产品,消费者可以使用其产品数十年,并愿意为 B&O 的产品支付更高的价格。这一假设至今仍然有效,但是技术的发展已经对数字产品的生命周期发起了挑战。数字电视信号、屏幕分辨率和无线数字音频的新标准意味着今天的消费者更喜欢符合最新技术标准的最新型产品,这对 B&O 的商业模式造成了重大挑战。这种变化并不意味着消费者不再关心设计是否精美,他们对产品的技术性能和产品更新的速度提出了更高的要求。

B&O 意识到必须对企业进行彻底的重塑,为此,B&O 首先开发了适合媒体和音乐消费新方式的无线便携式产品。2012 年,B&O 创立了一个独立的子品牌——B&O Play,专注于无线移动扬声器和无线耳机,并瞄准了新的受众。高品质的设计和音质成为新产品的核心竞争力。

B&O 挑战了其最初的假设,即 B&O 的产品可以在消费者家中使用数十年。相反,他们设法加快了产品研发,缩短了产品的生命周期,这样就可以在每个季度都推出新的产品和各种不同型号。

最初,B&O Play 只是 B&O 旗下一个很小的业务部门,新品牌受到传统业务部门的挤压。如今,B&O Play 已经成为 B&O 最大的业务部门,其增长率和盈利能力远远超过传统业务部门。新旧业务结合的进程也已经拉开帷幕,传统产品现在得以数字化,可以与全新的 B&O Play 产品进行集成。现在,B&O 可以利用从 B&O Play 中获得的经验,在传统产品组合中快速地进行产品开发和更新。

尽管 B&O 利用新技术挑战了原有的商业假设,成功地转换到了新赛季,但是 B&O 的核心竞争力仍保持不变,即在对流媒体内容、数字用户体验和快速创新周期要求较高的数字世界中,设计、制造精美的产品,为用户提供独特的用户体验。

从旧赛季过渡到新赛季,最大的挑战是需要确保整个企业都能共享同一个梦想,包括与当下赛季的业务合作。否则,一家企业最终拥有新旧两个相互竞争的业务的风险很高。对此,我们在本章介绍如何根植梦想时会进行更详细的讨论。

关于企业方向的一些建议

- 了解企业当前所处价值链和企业的发展方向:价值链内的增长来自哪里?企业未来的盈利能力如何?价值链的哪些部分将受到新技术或新晋参与者的挤压?
- 基于价值链的预测,确定哪些未来的细分市场与企业业务相关联,同时又不会偏离企业核心竞争力太远。企业在未来市场中在不同时期将扮演什么角色?
- 分析企业的钱包份额:企业可以在这一钱包份额的类别中占有多少客户的支出?企业该如何增加钱包份额?
- 评估企业怎样才能为客户提供更多的价值以此增加钱包份额。
- 在分析价值链和钱包份额的基础上,明确企业的战略重点:哪些市场将为企业创造增长的机会?盈利能力将从何而来?

第6章
创造梦想

志向

为了便于比较，如果说一家企业的方向是它所参与的一项体育运动，那么企业的志向就是企业选择参加的联赛的级别，例如超级联赛或甲级联赛。确立合理的志向是企业重塑过程中的一个关键因素。这是一个需要权衡利弊的问题。一方面，企业的志向不能脱离实际。志向必须是相关的、有意义的、有可能实现的，尤其是当你想把志向建立在由内在意义驱动的动机之上时。另一方面，如果企业确立了雄心勃勃的志向，那么它就可以激发变革并转换赛季。整个企业都会强烈地感受到，为了达到雄心勃勃的志向，大家需要以一种不同以往的方式来完成各项工作。

确立正确的企业目标要求你准确地定义你的目标市场。一个小村庄的杂货店可以设定一个方向，例如销售当地农民生产的有机食品。然而，如果这家杂货店把超越其他所有领先的全国性超市设定为志向，那么这就毫无意义。因为，这样的"雄心壮志"不但不切合实际，其发展方向也会令人怀疑，即便通过分析可以确认有机食品是一个在未来具有增长潜力的市场。

如果你经营着你所在地区的唯一一家有机食品商店，那么成为这个地区最好的有机食品商店的志向就显得胸无大志。你可以设定一个更加有"野心"的志向，即立志成为该地区消费者首选的有机产品供应商，或在全国其他地区的市场中创立类似的领先的有机食品零售连锁店，或者是拥有全国最高的客户满意度。

企业如果想成为其所定义的市场中的重要参与者，就一定要树立一个志向。当你考虑如何去实现这一雄心壮志时，即使你必须为此付出汗水，你也仍然坚信这是可以实现的。

苹果在世界范围内都是一个很好的例子。早在2001年，当时的个人电脑市场由微软主导，超越微软在当时来看是不现实的，但苹果却确立了自己的企业志向，立志成为拥有卓越用户体验的电子消费品市场中的领导者。这一雄心壮志成就了苹果的与众不同，同时也创造了近乎狂热的"果粉"。这使苹果能够制定比竞争对手更高的产品价格。"方向"决定了企业所处的市场，而"志向"决定了企业在这个市场中将要扮演的角色。

再让我们回顾一下特斯拉的例子。怀抱制造世界上最好汽车的志向，特斯拉汽车的各个方面都必须做到最好——从外观设计、加速，到安全、操控和驾乘体验。如果特斯拉当初的目标仅仅是制造世界上最好的电动汽车，那么毫无疑问特斯拉的现况会有所不同。特斯拉将会专注于已经购买了电动汽车的客户群体，并试图在这个市场上击败它的竞争对手。但特斯拉的目标是成为整个汽车行业"联赛"中的冠军，而不仅仅局限于电动汽车领域的竞赛。

与此同理，美国前总统肯尼迪开创了一个全新的技术发展的"联赛"，他宣布美国将把宇航员送上月球并使之成功返航，这不仅仅是为了在与苏联的太空竞赛中取胜而发起的竞争。登月的梦想突然变得更加具体和十分迫切，它成为大量发明、科技和创新的驱动力，而这些又都是登月梦想的产物。

雄心壮志必须实事求是

雄心壮志是梦想的助推剂。要实现梦想，经济实力和人的能力两个方面就必须与之相匹配。

在SAP，我们设定的方向使SAP的潜在市场扩大了一倍。因此，我们顺理成章地将这个方向转化为财务目标上的追求，我们希望在五年

第6章
创造梦想

内将 SAP 略高于 100 亿欧元的营收翻倍，达到 200 亿欧元。进入新兴市场不仅仅预示着 SAP 将获得更多的增长机遇，如果我们成功地赢得了新兴市场，我们的商业模式也将与未来紧密相关，我们可以通过扩大业务规模来提高企业的盈利能力。

为了防止企业业绩增长导致官僚主义的滋生，进而造成企业发展的减缓，为企业制定提高盈利能力的志向也十分重要。然而，这种提高盈利能力的战略并不仅仅是为了在新兴市场中获得更高的营收或利润。企业如果想要成功地重塑自我就必须在新兴市场中取胜，而不仅仅只是参与其中。因此，我们希望 SAP 在 2015 年成为三个新兴市场中最大的或增长最快的企业。

新的企业志向挑战了人们之前对 SAP 的假设，即人们认为 SAP 不可能再实现增长。SAP 全新的志向对转变的速度提出了明确的要求。五年内让企业规模翻倍颇为雄心勃勃，但并非异想天开。这种雄心壮志极具挑战性，同时也是推动企业变革的重要动力。在这三个新兴市场中，就其中的两个市场，SAP 选择通过收购业内领先的企业以加快重塑 SAP 的进程。通过在这两个市场中进行收购，我们让企业内部和外界都更加相信 SAP 新的企业志向。

企业志向的可实现程度与其可信度密切相关。雄心壮志必须令人信服地传达给企业的员工、客户、合作伙伴和股东。这可能让有些人诧异，因为这种雄心壮志理应引起人们的关注。即使这种志向极具有挑战性，大多数利益相关者也应该相信它是可以实现的，并感到它是真实的，而不仅仅将之视为一种营销策略。雄心壮志绝不能自欺欺人。

在体育运动中，志向总是与团队的能力、队员的能力，以及他们可以达到的竞技水平相对应。如果教练试图用虚假的理想或以制订不切实际的计划和目标来欺骗队员，那么他也就失去了信誉。队员将不再相信

梦想
与
细节

他们的志向是可以实现的，队员的动机和努力也会因此受到影响。一切都必须配合在一起，需要依靠经验、根据直觉进行实事求是的分析，以正确的方式确立雄心勃勃的志向。

在商业领域中也是如此。企业志向的相关性和范围受到企业潜在能力的限制。企业的志向必须与梦想一致，并以乐观现实主义考虑能力：如果我们最大限度地开发关键的细节，我们在新的领域中能获得怎样优异的表现？

如果企业的志向看起来像一个幻想，或者领导团队不能以透明、真实和个人信念来传达，空有雄心壮志就不会改变任何事情。但是，如果企业的志向得到正确的校准，它就能成为推动企业变革以及重塑的强大动力。

关于企业志向的一些建议

- 对企业在未来价值链中的角色进行重新定义。企业应该在哪些方面采取攻势？在哪些方面进行防御？
- 明确企业将如何在未来的市场中脱颖而出。
- 分析企业缺乏的员工职业技能，以便确定他们在未来企业中的角色。
- 以一种全面的方式来描述企业的雄心壮志，这种雄心壮志足以推动变革、实现梦想，但又要现实得足以让人们信服。
- 你的企业希望在哪个层次上展开竞争？你想参加哪一级联赛的比赛？
- 不断重复你的志向。

第6章
创造梦想

激励

美国前总统艾森豪威尔（Dwight Eisenhower）曾经说过："激励他人是一门艺术，让人们做你想让他们做的事情，因为他们想要这样做。"史上最伟大的指挥家之一本杰明·赞德用一种略微不同的方式表达了相同的观点，但本质是一样的："成功与财富、名誉及权力无关。它与我周围有多少双激情闪烁的眼睛有关。"

当人们被决心和热情所驱使时，他们可以做出巨大的改变。这并不是因为兴趣或者做一些看似很简单的事情。恰恰相反，大多数人都有过在学习、工作中或在作为志愿者时遇到种种困难，并需要很大的努力来做出改变的经历，但每个人都充满热情想要战胜这些挑战，因为做出改变有积极的意义。

敬业的员工是一家企业最重要的资源，尤其是在巨大变革的时期。员工能否积极参与取决于他们能否理解企业所从事的事业背后的意义。企业的员工必须意识到他们工作的重要性，意识到他们在实现企业梦想的过程中扮演着重要的角色。你的贡献要得到认可，你的成就要获得关注。

这就是为什么激励是梦想的关键组成部分。确定企业方向和拥有合理的志向需要逻辑，但激励触动人们的心灵，让人们意志坚定。鼓舞人心的激励能激发人们的欲望，让人们充满热情并乐于奉献。确定企业的方向和志向必须基于对个人和所有人都具有启发和有意义的方式进行。"方向"表明你要去哪里。"志向"告诉你在那里做什么。"激励"就是你为什么做这件事。

对员工的激励是梦想的一部分，它将梦想根植于企业的业务之中，并创造出一个超越个人任务范畴的共同目标。

与企业的"方向""志向"同理,对员工的"激励"必须是真实的,而不仅仅只是一句口号,听上去似乎不错,但却与现实没有什么联系。如果激励被认为是被操控的、虚伪的,那么本应鼓舞人心的东西就会产生相反的效果,人们会大失所望并且无意义感也会陡然上升。

——

在许多传统企业社会责任项目与核心业务分开来运行时,可能就会发生上述情况。企业社会责任项目常常被附加到企业的主要经营活动之中,很容易被忽视或出现亡羊补牢的做法。

对员工的激励必须基于企业的目标。它需要成为企业基因中不可或缺的一部分,与企业的目标交织在一起。作为人类,我们能做的最有意义的事情之一就是积极地改变这个世界。因此,重要的是要让企业的每名员工都能够深受鼓舞,让每名员工都具有使命感和主人翁意识。

盈利并不鼓舞人心

有些人可能会说,企业经营的最终目的是赚钱盈利。当然,企业必须赚钱,否则它就不可能存活。但在大多数情况下,企业仅仅通过盈利无法长期激励员工去提高绩效并进行自我重塑。越来越多的企业已经意识到了这一点,并采取了相应的措施。

正如前面提到的,研究结果表明,越来越多的员工希望在他们的工作上有更远大的、更有意义的目标,而不仅仅是为了赚取薪水而工作。工作的概念正在发生转变,如果企业不能激励员工,不能让他们参与到共同的梦想中,企业就可能面临难以吸引具备实现企业发展方向和志向必需的技能的人才。员工不想只是去企业上班,做"打工人",他们想要通过有所作为而获得认可,他们期待成为意义非凡的事业的一部分。

这超越了企业本身存在的意义，诠释了企业在社会中的角色及其对社会进步的影响。

归根结底，不是股东的资本而是员工为企业创造业绩。一家企业说自己要把世界变得更加美好，这很容易做到，但是要做到可信，企业就必须确立切实可行的"方向"和令人信服的"志向"。

——

SAP制定了进入三个全新的未来增长型市场的方向，立志在五年内实现营收翻番，并成为市场的领导者。为什么我们不把我们的梦想建立在营收双倍增长的雄心壮志之上呢？因为这样的梦想会把SAP的重点放在追求财务目标上，而不是激励人们去改变和重塑。SAP需要重塑自我，成为一家创新的、基于云业务模式的企业。企业仅仅通过将所有人的注意力集中在扩大营收上是不可能实现重塑这一目标的。事实上，引入云业务模式，短期内会导致SAP的营收下降，对营收的过度关注甚至可能会推迟向云业务模式的转移。梦想必须激励人们在下一个赛季提高绩效表现，而不是对当前赛季进行简单的优化。

在提高盈利能力的同时实现营收翻番的雄心壮志，激发了股东极大的热情。然而，在SAP内部却没有这种激情。许多人担心SAP无法实现这样一个雄心勃勃的目标，大多数人都很清楚，要实现这一目标，SAP必须进行大刀阔斧的改革。

由此产生的不确定性和疑虑是可以理解的。企业的财务目标不足以激励员工接受并推动必要的变革。相反，我们必须将财务上的雄心壮志转化为能够吸引和激励团队的激情。我们之前提到过，让员工感觉拥有意义非凡的目标对于提高员工的参与感是至关重要的。参与感和对员工的激励必须是真实的，是企业实现梦想必不可分的一部分。如果梦想是意义非凡且与企业及员工息息相关的，那么这种激励就是真实的。

至 2010 年，SAP 已经为企业客户提供了 38 年的 ERP 解决方案。换句话说，SAP 的目标是帮助企业客户进行资源的管理。从传统意义上来说，SAP 系统中管理的资源包括财务、物料、资产以及人力资源等。但如果 SAP 也能够帮助企业管理能源（例如水资源或碳排放），那会给客户创造哪些价值呢？如果 SAP 能够在绝大多数行业（从原材料供应到市场投放），利用 SAP 庞大的客户基础优化稀缺的资源，不是针对一家企业，而是针对整个价值链上的所有企业，那又会给客户创造哪些价值呢？如果 SAP 可以帮助全世界管理日益稀缺的各种资源呢？

在一个拥有超过 70 亿人口，资源短缺导致各种问题日益增多的世界里，拥有帮助企业客户更有效地管理资源的能力以及为世界带来积极正面影响的机遇与挑战，比起 SAP 每季度的收益更能鼓舞人心。

整理了我们的思路后，SAP 重新审视并定义了我们全新的企业宗旨——"让世界运转更卓越，让人们生活更美好"。这是一个鼓舞人心的梦想，是一个不仅仅关于向企业客户销售软件的梦想。这一梦想将让我们集中精力，肩负责任行动起来，并对世界做出积极的贡献。

有了这个新的目标，我们意识到 SAP 在这个日益需要减少浪费的世界中可以发挥更重要的作用。为了强调目标的严肃性，我们决定 SAP 本身就应该成为一个榜样。这促成了一项雄心勃勃的计划，SAP 计划到 2020 年减少 50% 的二氧化碳排放量，与此同时我们还有更为雄心万丈的企业增长计划。

重新设计的企业目标是激发 SAP 内部激情的驱动力，从而让 SAP 有机会在处于强势地位的时候进行重塑。我们并非在"熊熊燃烧的平台"上被迫做出改变的选择，而是被一个共同的梦想所激发的强烈意愿所驱使的。

第6章
创造梦想

同样，商业领域也可以向体育界学习。一些体育团队会围绕着胜利和夺冠来定义他们的梦想。然而，在那些最成功的体育团队中，你会发现团队和个人的激情来自不断提高团队及队员的表现，而不仅仅是专注于怎样赢得下一场比赛。

一个简单的事实说明，企业出色的财务盈利数字或是比赛中1∶0的胜利并不能说明一切。有时候结果是令人失望的，即使表现一直很出色。有时结果是鼓舞人心的，但并不总是能够反映出团队的真实表现。

——

以下是特欧乐执教的一场排球赛后发生的故事，它清楚地说明了这一点。

"怎么了，特欧乐？我们不是以3∶0赢了这场比赛吗？"队长迷惑不解地看着刚刚在房间里大发雷霆的教练。我打开更衣室门的时候差点把门框给拽下来，我大声地吼着，喷出来的字母有"好莱坞"（HOLLYWOOD）标志那么大。是的，我们以巨大的优势获胜了，就像我们当时几乎总能获胜那样，但这场比赛的胜利是一个不可接受的胜利。

"你就是不明白，伙计。"我说道，"这跟我们是否以3∶0取胜无关，而是与我们怎么赢的有关！"

这跟我们是否以3∶0取胜无关，尽管我们一直想赢得这场比赛。在9年的时间里，我们在联赛中取得了230场连胜，赢得了17个丹麦全国冠军，并两次进入欧冠季后赛。对于一支完全由丹麦球员组成的球队来说，这是一个非常了不起的成就，因为我们没有财力引进任何外援。

我的愤怒源于我们在比赛中表现得并不理想。球队的表现与我们赛前的战略不一致。所以，这场胜利不足以实现我们的梦想。这很难令人满意，对实现我们的梦想是一种巨大的威胁。而且，这种威胁是不能被接受的，因为如果我们丧失了"霍尔特精神"，我们就将面临无法实现梦想的危险。在实现梦想的关键细节上不断努力是我们训练的重点，不管我们是否赢得了比赛。

这背后的逻辑与我们在场上表现如何有关，和比赛输赢无关。而我们在那场比赛中的表现与我们在平时训练中的表现有明显的差异。场上的临场表现是至关重要的，也是我们为了实现梦想而必须关注的焦点。

——

所以，不断超越和提高自身能力增加了赢得冠军的可能性。这是我们改进比赛的动力，这种动力比个人努力的作用更大，即使在以结果为导向的体育运动中也是如此。许多国际顶级教练的研究也都证实了这一点。

我们必须理解，在比赛结果中隐藏着更深层次的真相，在真相的背后，人们发现了其真实性，并受到激励而参与其中。我们必须领导和培养具有更深层次理解力的人，这就是树立梦想的意义之所在。梦想取决于高绩效表现和不断的自我重塑，取决于如何实现雄心勃勃的志向，而不仅仅关于某一个结果。

在商业领域我们经常关注关键绩效指标和结果。但这些都不能激励员工，企业也不允许员工去讨论我们为什么这么做，或者去质疑我们所做的工作是否有意义。通常情况下，当我们过多地关注关键绩效指标时，企业的战略意图就会被遗弃。如果你所感受到的激励是真实的，那么它需要你在各个层面上全身心地投入，并花时间去讨论为什么和如何工作。

激励需要你把企业的方向和志向转化成有意义和鼓舞人心的东西。让 SAP 备受激励的是通过帮助企业客户节约稀缺资源，为让世界的可持续发展做出贡献。"让世界运转更卓越，让人们生活更美好"，这一梦想通过在社会中发挥积极作用，使这一战略成为现实。这一角色根植于 SAP 的历史及核心能力之中。

SAP 希望让世界运转更卓越，让人们生活更美好。SAP 通过实现将自己的碳排放量减少 50% 这一企业志向实现了这一梦想。SAP 不但帮助其他企业减少资源消耗，自身也采取了各种具体的措施，作为自我激励的一部分，这样做对所有人都具有重要的象征性意义。

关于激励的一些建议

- 评估企业在社会中的角色和企业目标。如果企业目标不明确或意义不清晰，则应进行修改并强化企业目标。
- 根据企业目标和相关性，将企业的发展方向和志向转化为一个鼓舞人心的故事。
- 确保所有企业领导者都参与到激励员工的工作中。确保在企业中进行充分的讨论并让员工参与其中，让人们真实地感受到激励。所有领导者都应该能够用真诚的、令人信服的方式激励员工。
- 确保激情被分享，让每个人都参与进来，让它保持相关性。一些象征性的举措非常重要。
- 确保员工有机会成为共同梦想中重要而独特的一部分，从而让员工获得认可。

同一个梦想

当企业的战略方向、志向和对员工的激励各就各位时,企业就围绕着所有人共同的梦想为重塑做好了准备。如果梦想点燃了人们对变革和再创造的强烈渴望,梦想也就被根植于整个企业之中。只有当激励被人们所理解和接受,对每个人来说都是可信和有意义的时,这一切才有可能实现。

这意味着企业的梦想必须是易于传达的,使用尽可能少的语言。一份40页的说明文件不是企业的梦想。对梦想的描述必须清晰有力,让每个人都能够立即理解并产生成为梦想的一部分的意愿。

我们之前提到过一个例子,一家企业通过在企业外部创建新的部门来进行自我重塑,以适应新赛季的挑战;与此同时,它在赛季转换的最初阶段保持现有的大部分业务。这创造了一种氛围,在这种氛围下,仍然处于当前赛季的员工可能会觉得自己对企业来说不再具有价值,或者说被排除在企业的梦想之外。在这种情况下,这些员工可能会发现,那些与企业新的梦想相关的员工得到了几乎所有关注,而他们似乎被遗忘了,即使他们为企业创造了大部分的收入和利润。

企业的梦想必须以一种与每个人都息息相关的方式呈现出来。企业专注于优化现有业务与一些员工去尝试新赛季同样重要。在许多方面,正是对现有业务的优化,使得企业对新赛季的各种尝试和投资成为可能。每个人都要理解和尊重这一点,企业管理层要在这一点上做到言行一致。梦想必须覆盖企业的每一名员工,必须成为共同激励的基础。

积极阐述梦想

如何言简意赅地描述企业的梦想呢?这可能需要一段时间,经过多

第6章
创造梦想

次努力找到合适的措辞，准确地阐述企业的方向与志向，并产生激励整个企业的作用。只有符合上述要求，梦想才能在企业里传播开来。对梦想的描述如果没有经过反复推敲，就很难令人信服。只有对企业的梦想进行准确的、可信的描述，这一共同的梦想，才能成为强烈渴望改变的基础。

在特欧乐执教的所有国际排球队中，最终的梦想都是成为国际排球运动中受人尊敬的球队之一，成为一支能够与最优秀的球队竞争的队伍。我们想要和最优秀的排球运动员同场竞技，我们知道这个梦想令人深受鼓舞，许多有才华的球员都会被这样的梦想所吸引。

许多运动员认为他们已经全力发挥了他们最高的竞技水平，但有了正确的梦想和不懈的努力，他们完全可以达到更高的竞技水平。能够与最好的国际球队比赛的梦想激励着每个队员和整个霍尔特排球队，队员投入了大量的努力去训练和发展关键的细节。这就是激发队员潜能的秘密。如果我们在每场比赛中都有更高水平的表现，那么我们就能打开通往下一个新赛场的大门。我们在打开每扇门后都将迎来新的挑战，将自身表现提高到新的水平，这是我们从未经历过的。我们有机会打开一扇门，进入一个拥有世界上最好的球员和球队的赛场，这极大地鼓舞了参与其中的每个人。

即使定义正确的梦想具有挑战，但确保企业中的每个人都理解梦想以及梦想所涉及的各个元素是最困难的一步。

在 SAP 这样的大型企业里，需要付出大量的努力来确保企业上上下下都理解 SAP 的梦想，包括方向、志向和激励，并且让每个人都觉得自己是梦想的一部分。我们首先让 SAP 所有的高级管理人员参与进来。我们决定召集全球 200 多名高管，在德国总部举办一场领导力研讨会。这场领导力研讨会按照传统由孟鼎铭首先发言，我随后解释了为什么我们认为对SAP进行重塑的时机已经成熟。我们讨论了市场分析和赛季转换的种种迹象。随后，我们热情高涨地讨论了对SAP梦想的各种观点，以及需要在哪些方面做出最大的改变才能彻底改造SAP。领导力研讨会的第一天在探讨下个赛季的需求和未来机遇的对话中圆满结束。我们讨论了梦想的相关性和进行变革的意义。

研讨会的第二部分并没有按照传统进行。我们没有和管理团队讨论SAP的战略和财务目标，而是计划对参会的200多名高管进行能力测试，了解他们能否以令人信服的方式解释赛季转换和SAP的梦想。所有高管被分成两组，被派到不同的"咖啡角"，在那里他们要面对一群素未谋面的员工，向这些员工解释他们在领导力研讨会的第一天中所学到的知识。高管不允许使用幻灯片或任何其他视觉辅助工具。

事实证明，我们需要付出比预期更多的努力和培训，才能从员工那里得到热烈的反响。因祸得福，那时正好赶上冰岛的埃亚菲亚德拉火山爆发，火山灰造成航班推迟了好几天，这意味着所有高管都不得不留在德国度过周末。这给了他们更多的时间去练习向员工阐述梦想，并做到完全掌握。

这是一个非常有价值的学习过程中的一种练习，帮助每个领导者以一种鼓舞人心的方式提高他们解释企业战略的能力。这种与员工在"咖啡角"的对话（向员工解释，我们身处何处，我们将去向何方），对于确保每名员工都理解重塑SAP的必要性至关重要。

要求200多名高管参与其中是非常必要的。首先，我们要确保我们所有的管理人员都能够以一种令人信服的方式向我们在世界各地的员工展示我们的梦想。其次，我们没有一个完善细节的详细计划。因此，我们需要整个企业所有员工的参与来寻找实现SAP梦想的最佳途径。

在了解到"咖啡角"会议的重要性之后，SAP推出了每季度一次的

"咖啡角"会议,在会议上,所有高管都会与员工直接对话,讨论 SAP 的现状、发展方向以及如何提高业绩来实现共同的梦想。员工可以提出问题并分享他们的观点。这是一个了解梦想是否有意义,并确保梦想最终能够实现的机会。除此之外,这也可以确保每名员工始终了解 SAP 的全局愿景,并将注意力集中在需要改进的各个领域中。

如果你能说服自己和别人相信这个梦想是正确的,即使前路漫漫,人们也会追随梦想并成为它的一部分,然后找到方法让梦想变为现实。因此,让企业管理层尽早参与到企业重塑的过程中来,确保企业的梦想成为他们自己的梦想,这样他们就可以用一种真诚的方式将梦想传达给他们的团队,这是非常重要的。这些管理者看到了变革的必要性和梦想背后的逻辑,他们也因此开始承担起实现梦想的责任。

即使企业的梦想能够以令人信服地方式进行传达,大多数组织中仍然会存在一些质疑。变革会带来不安全感,尤其是在经历过多次变革的组织里,员工可能会愤世嫉俗或感到悲观,他们希望在相信变革之前就能看到一些积极的变化。

这关于激励团队提高绩效表现以达到更高的水平,来帮助企业在下一个赛季保持相关性。所有的一切都是为了提高绩效水平,而不是结果。如果你需要定义目标和结果,那么动机就会让人产生疑惑。因为,结果和以结果为导向的目标与激发个人动机及提高参与感的激励措施间相互对立。

有些人认为设定的目标越高,人们也就越容易达到目标。这是一个常见的误解,许多运动心理学家已经证明了这一点。不同情况下比赛的结果也会不同,所以对一支球队和球员的评价必须考虑到比赛的具体情况。在相同的绩效水平下,较弱的团队可以达到较高的绩效水平,较强的团队也可能发挥较差的绩效水平。因此,一场比赛的最终比分并不总是能够反映真实的绩效水平。所以，对个人和团队来说，通过训练提高绩效水平，对绩效的改善进行衡量才是有意义的，而不应该只是一味关注结果。

美式足球最著名的教练之一比尔·沃尔什曾经说过："比赛分数自己会管好自己。"这是一种很直接的表达方式。当我们把注意力集中在自己的动作和赛场上的表现上时，记分牌就会自动为我们加分。

我们的思维模式以及训练相关细节的努力发挥作用，就说明我们走对了路。我们的动力来自我们训练的方式，以及如何练习正确的细节来加深对比赛的理解，从而提高我们的技能和协作。我们需要通过训练关键的细节来释放我们的潜能让梦想最终变得触手可及。梦想几乎变成了一种召唤，我们被一种伟大的意志力驱动去实现它，梦想激励着团队的每一名成员去不断开发和释放他们的潜能。

关于梦想的一些建议

- 投入时间和精力明确企业的梦想，这样梦想就能以简洁、吸引人、可信的方式表达出来。梦想必须包含方向、志向和激励。
- 思考如何将企业的梦想和与梦想相关的元素根植于企业业务之中，这样每个人都能理解全局。
- 决定通过什么方式将梦想传达给企业里的每个人，让人们信服并激励每个人参与其中，共同实现梦想。
- 确保企业里的每个人都能以令人信服的方式解释企业的梦想。这需要时间，而且必须给人们讨论的空间。这对于分享梦想和激励人们至关重要。
- 通过与所有员工开展开放的对话，确保梦想得到持续讨论，这样每个人都能理解企业在实现梦想的过程中所处的位置，以及需要进行哪些改进以加速企业重塑的进程。

参考及
译者注释

[01] **循环经济**（circular economy）是一种再生系统，借由减缓、封闭与缩小物质与能量循环，使得资源的投入与废弃、排放达成减量化的目标。循环经济有很多不同的定义，例如它是一个未来真正可永续发展、零浪费，并可与我们所处的环境和所拥有的资源共生的想法。在循环经济所想象的未来，制造生产的每个产品都经过精心设计，并可用于多次循环使用，不同的材料与生产制造的循环皆经过仔细考量搭配，如此一来，一个制程的输出始终可成为另一个制程的输入。在循环经济中，零排放、零废弃，所生产出的副产品或受损坏的产品或不再想用的货物并不会被看作"废物"，而是可以成为新的生产周期的原材料和素材。

[02] **价值链**（value chain），又名价值链分析、价值链模型等，由迈克尔·波特在1985年出版的《竞争优势》一书中提出。波特指出企业要发展独特的竞争优势，要为其商品及服务创造更高附加价值，商业策略是解构企业的经营模式（流程），成为一系列的增值过程，而此一连串的增值流程就是"价值链"。

[03] **利润池**（profit pool），也称利润库。1998年，贝恩咨询公司的奥里特·加

迪什（Orit Gadiesh）和詹姆斯·吉尔伯特（James L. Gilbert）在《哈佛商业评论》上首次提出行业利润池的概念。利润池是指行业价值链各节点所产生的利润总和。运用利润池分析法的目的是研究行业总利润在价值链各节点的分布情况，并为企业的战略决策提供依据。企业不论处于行业价值链的某一节点，还是跨越若干节点，均应从利润池的分布情况出发，并结合自身在行业价值链中所处的位置及拥有的利润池份额，研究行业价值链中其他有利可图的价值活动，寻找发展的机会，做出放弃或开发其他链节的决策。企业可以通过分析和预测行业利润池的变迁，确定企业未来的发展战略。

利润池的特征如下。①复杂性，表现为在行业价值链的划分上、价值链的企业确定上，以及利润确定上的复杂性。②动态性，表现为：i. 技术进步、政策法规、消费趋势等外部因素的变化，造成利润池的规模变化，甚至旧的利润池消失，新的利润池出现；ii. 顾客群、产品种类、市场地理位置和分销渠道等的变化，引起行业价值链上每节点的利润度处于变动之中；iii. 行业价值链上下游之间的竞争、购并等行为导致价值链上的利润结构、利润分布的变动。

[04] Bang & Olufsen（"B&O"）是由工程师彼得·邦（Peter Bang）和斯文·欧路夫森（Svend Olufsen）于1925年在丹麦的斯特鲁尔（Struer）创立的一个品牌，专长于设计优质的音频、视频、医疗和多媒体产品。B&O的产品特征之一是执着于采用经过精挑细选的配件和材料以及刻意加工处理的成品外表，力求达到科技与设计的和谐与平衡。如今，B&O已在60多个国家和地区拥有约1400家零售店，其中约50%是专门销售B&O产品的B1概念店。

本书作者思纳博于2011年出任B&O独立董事，于2012年出任B&O副董事长。2017年9月，思纳博向B&O董事会提出不再寻求连任，此后仍兼任B&O技术和创新方面的顾问。

[05] 企业社会责任（corporate social responsibility，CSR），是一种道德或意识

形态理论，主要讨论政府、股份有限公司、机构及个人是否有责任对社会做出贡献。企业社会责任并无公认定义但一般泛指企业超越道德、法律及公众要求的标准，而进行商业活动时亦考虑到对各相关利益者造成的影响。企业社会责任的概念基于商业运作必须符合可持续发展的想法，企业除了考虑自身的财务和经营状况外，也要加入其对社会和自然环境所造成的影响的考量。企业社会责任不同于社会企业的概念，企业社会责任的观念由营利组织发起，以可持续发展的企业为概念，观念起源较早；而后有了社会企业，由非营利的公益团体发起，并以公益活动作为核心概念。利害关系人是指所有可以影响或者会被企业的决策和行动所影响的个体或群体，包括但不限于员工、顾客、供应商、所在地社区团体、母公司或附属公司、合作伙伴、投资者和股东。在这种情况下企业与相关利益者接触时，试图将社会及环境方面的考虑因素融为一体。因应企业的各利害关系人而编写的企业永续报告书，以报告书的方式，翔实地揭露了企业在永续经营及社会责任方面的目标、成果、承诺及规划。

[06] **霍尔特**（Holte），本书作者之一特欧乐于1987～1996年担任丹麦哥本哈根霍尔特排球队（Holte IF Volleyball）的主教练。霍尔特排球队先后获得1988～1990年、1993～1999年、2003年、2009年、2012年丹麦排球联赛的冠军。

DREAMS
—AND—
DETAILS

第 7 章

关键细节

在沃尔特·艾萨克森（Walter Isaacson）撰写的《乔布斯传》一书中，乔布斯被描写成一位具有远见卓识和前瞻性的领导者。同时，沃尔特·艾萨克森认为与乔布斯共事非常具有挑战性。乔布斯的领导力风格既体现出远见卓识又体现出很强的控制力，在评价员工的工作表现时，他经常会给出两种非常极端的评价，他的评价要么是"令人惊艳"，要么是"一无是处"。乔布斯对员工表现的评价总是极其坦诚但忽略对方的感受。

事实上，《乔布斯传》在很多方面介绍了领导力给人们创造了哪些机会，从而让人们可以去追求更远大的梦想，以及如何发掘人的全部潜力。根据沃尔特·艾萨克森的描述，有些人可能会认为乔布斯在处理人际关系时做得并不完美。然而，毫无疑问，乔布斯对细节的不懈坚持和在细节上的毫不妥协，使许多员工和团队都得以在很高的绩效水平上展现他们的才华，即使乔布斯的管理风格在某些方面可能会受到质疑。

乔布斯非常清楚地意识到，掌握某些细节对于实现雄心勃勃的梦想是何等重要。乔布斯很清楚，要想推动彻底的变革，就必须关注一些细节并不断追求完美。作为一名领导者，乔布斯投入了大量的时间和精力来确保这些关键细节达到完美。

乔布斯意识到，苹果能够碾压竞争对手的唯一方式是通过产品设计带来用户体验上完全超越竞争对手的产品。这是因为，苹果的优势在于硬件和软件都出自同一家公司。一个典型的例子是苹果的 iPod，这是一款 mp3 播放器。2001 年，苹果的 iPod 取得成功并非必然。苹果当时还没有进入 mp3 播放器市场。2001 年，市场上充斥着各式各样的 mp3 播放器。因此，苹果的 iPod 需要具备更好的用户体验，才能超越当时市场上的其他产品。

对于乔布斯来说，用户体验不仅关于 iPod 的设计或是其工作方式。

最关键的是产品的整体用户体验，从苹果商店购买实物，到产品开箱和安装，再到日常使用，包括 iPod 与 iTunes 的互动，用户想听下一首歌点击一下即可等。

乔布斯对关键细节的关注使苹果的 iPod 取得了巨大的成功。毋庸置疑，iPod 成了占据市场主导地位的 mp3 播放器。迄今为止，iPod 的全球销量已超过 4 亿部。同时，iPod 也是 iPhone 手机的前身，凭借其应用程序和设备的整合，iPhone 在短短十几年的时间里重塑了手机、互联网和信息内容产业。

在当今科技飞速发展的时代，苹果的移动设备已经跨行业地颠覆了许多企业，而这一切很大程度上要归功于乔布斯对追求细节完美的不懈努力。

沃尔特·艾萨克森在书中还描写到，许多人在与乔布斯这样一位对细节毫不妥协且才华横溢的领导者共事的过程中付出了高昂"代价"。

我们面临的挑战是如何培养一种对关键细节毫不妥协，同时又能帮助人们在最重要的细节上充分发挥他们潜能的领导力风格。

我们认为这种领导力风格是完全可以实现的。然而，这需要你在细节上毫不妥协，同时专注于提高员工的绩效表现和激发员工的潜力。如果不能正确理解什么才是关键细节，以及如何在关键细节上提高员工的绩效表现，只是一味关注细枝末节，就很容易造成微观管理，而微观管理很可能让你成为企业发展的瓶颈。

谨慎地选择细节

作为企业的领导者，当你对关键细节毫不妥协时，你在很多方面是

梦想
与
细节

在微观的层面上进行领导。但是，正如我们前面所提到的，关注关键细节不能变成一种微观管理。因为，一旦你进行微观管理，实际上你就已经在接管员工的角色。相反，我们提倡的是"领导细节"，对细节的领导应专注于围绕关键细节去开发员工的绩效表现和潜力。你应该把时间和精力投入到领导关键细节上，而不是试图成为某一细分领域的专家。"领导细节"能够证明实现完美的关键细节，以及培养人们去追求细节完美的重要性。

乔布斯选择独特的设计和用户体验作为苹果区别于竞争对手的关键细节。郭士纳选择客户关系作为IBM向服务业务转型的关键细节。在这两个案例中，只有一个关键细节成为苹果和IBM重塑的焦点。在这两个案例中，乔布斯和郭士纳作为企业的领导者都至少投入了1/3的时间和精力来对关键细节进行彻底改造。

通常情况下，作为企业领导者，你知道事实上需要改进的方面很多。尤其是当你开启企业重塑的进程时，你会发现企业里许多方面的表现都有提升的空间。一般情况下，企业的领导者会实施一系列所谓"必胜战役"，并为改造企业业务的那些战役列出长长的清单。但是，企业领导者不可能同时参与并关注10～20场所谓"必胜战役"的细节。因此，每个细节所能达到的水平都很低，并且单个细节的变化对总体变化的影响微不足道。相反，关键细节应该是激进的，应该在两三个领域里能够真正起到驱动企业重塑的作用。

所以，重点是要找出那几个为实现企业梦想需要彻底改善的绝对关键的细节。我们坚信，企业领导者必须对关键细节进行非常积极的管理，以确保必要的、根本性的变革取得成功。对关键细节的领导不能假手于人。在企业重塑的过程中，其他方面的一些工作可以授权他人去完成，这样你就可以完全专注于最重要的改变。

第7章
关 键 细 节

作为一项指导原则,我们认为企业领导者需要在每一个关键细节上投入至少 1/3 的时间和精力,以确保必要的根本性转变能够实现。换句话说,要实现彻底的改变,你最多只能关注两三个关键细节,一两个会更好。因此,在细节方面,领导力在一定程度上关于如何放权,授权他人对那些需要改进但对实现企业梦想不那么重要的领域进行管理。

授权的决定通常很难做出,并需要很大的勇气,但放权是必要的。因为,适当的放权可以提高你关注的领域的清晰度,让你能够聚焦于最需要进行变革的领域。如果你正确地选择了那些能够推动企业变革的关键细节,那么细节上的改变对企业整体改变的效果就更加明显。你投入在领导改变关键细节上的时间越多,所带来的变化也就越大。整个企业上上下下都知道哪些细节能够释放实现企业梦想的潜力。当你把时间投入到关键细节上时,你就能够身体力行,清楚地指出企业的重新创造将在哪里发生以及如何发生。这种对关键细节的关注以及公开透明的沟通会让企业的使命变得更加清晰。

要领导细节,不要微观管理

以乔布斯为例,我们也认为,企业的领导者在对待关键细节时要做到实事求是且毫不妥协。但这并不是要求领导者亲力亲为地管理所有具体细节,而是要领导关键细节,去开发员工和组织所必需的技能,以便他们完美地掌握关键细节。

"领导细节"与传统意义上的微观管理完全不同,在传统意义上,微观管理常常因管理者控制了具体的执行过程,不依赖于员工,而让员工产生不安全感,最终导致微观管理事实上成为企业发展的瓶颈。

梦想
与
细节

然而，"领导细节"绝不仅仅是细分企业的全局战略，并按照计划及关键绩效指标将具体的执行权授权给各个部门。要掌握变革的关键细节，企业领导者必须引领变革。我们经常在体育或艺术领域看到这样的例子：教练努力发掘运动员或演员的潜力，在其竞技水平或表演水平有可能提升时才介入进行指导。

训练细节

在体育领域，只有赛前对细节的不断训练取得了突破，才能实现获胜的梦想，这是人们的共识。如果细节、所需的角色、技能和协作没有经过训练，那么任何人都无法达到实现梦想的绩效水平。

在体育领域，我们的成功之处在于不断地去追求细节上的完美，其中包括让运动员了解细节如何影响比赛的整体表现。

通过进一步开发每个队员的现有能力，不断创造新的赛季，已经成为许多体育团队基因的一部分。作为体育教练，你可以把每个队员都看作拼图中的一块。每个队员在每个赛季都将被安排在他在团队中表现最佳的位置上（角色）。通过开发队员在他所处的位置上的能力，你可以让这块拼图变大（提高技能）或改变它的颜色（获得新技能）。最后，你还可以给拼图中的某块创建新的边框，使其更适合拼图的其他部分（协作）。这就是如何在每个赛季为团队创造出一幅崭新的拼图。创造新的拼图，即进行赛季转换的同时，你也让队员从一个赛季过渡到了下一个赛季。你可以把这一过程描述为队员和团队在许多赛季中建立一项不断创新的发展计划。

第7章
关键细节

如果你有机会去引领改革，请不要犹豫，尤其是不要被预先制订的详细计划所束缚。队员和团队必须适时地为那些关键细节做好准备。你应该坚持不懈地去寻找那些能够快速提高绩效水平的改进或变化。即使是最微小的细节也会对下一个赛季的比赛产生深远的影响。

像排球这样的团体运动，运动员的身体素质在比赛中起到重要的作用。如果你没有成为一名优秀排球运动员的身体素质，成为一名优秀的排球运动员就很难实现。在排球比赛中，处理细节最重要的部分是确保队员是为扮演球队的特定角色而被选拔出来并进行相关训练的。以同样的方式看待企业中的招聘和培训，确保为下一个赛季招聘到所需的、具有潜力的员工，并通过企业的人才开发计划让员工的潜力得以释放，企业也能做得很好。

当企业确定了对实现梦想影响最大的细节后，下一步就在这些细节上大幅度地提高各个部门的绩效表现。因此，领导细节也就是要解决在关键细节中如何去激发人的潜力的问题。

2010年，SAP举行了一场别开生面、不同寻常的领导力研讨会，我们邀请了SAP全球200多名高管参会。他们可以激励员工参与到实现SAP梦想的过程之中，并激发员工对重塑SAP的热情。关键的问题是"怎么做"：我们该如何改变才能实现梦想？我们应该关注哪些细节来推动势在必行的变革？

我们决定专注于两个领域，这两个领域需要进行彻底的变革以实现SAP的梦想：SAP需要大幅度加快创新的速度；与此同时，SAP还需要通过为客户创造更多的价值并降低客户 IT 总成本来为客户提供更优质的服务。

大幅度加快创新速度是发展 SAP 未来云业务模式的基础。2009 年，从启动软件研发项目到将产品交付给客户，SAP 在研发上平均花费 14.7 个月的时间。

然而，与新兴的云计算竞争对手相比，SAP 的研发速度显得十分缓慢。SAP 的竞争对手在源源不断地向客户交付最新版本的软件。换句话说，SAP 必须从根本上重塑研发创新的过程。

我们的目标是将平均研发创新时间减半。将产品上市时间减半的目标在公司内部遭到了一些质疑。SAP 当时使用的传统软件开发方法是一种被称为"瀑布式"的研发过程。瀑布式软件研发方法将研发创新过程分为三个阶段：需求分析、开发和测试。通常情况下，需求分析阶段需要 4～5 个月才能完成，开发阶段大约需要 6 个月，测试阶段则至少需要 4 个月。在这种研发结构下，几乎不可能将研发时间缩短到 8 个月以下。

一旦我们减少了需求分析或测试阶段的工作投入，产品的质量就会受到一定程度的影响。然而，降低产品的质量不符合 SAP 的软件服务于客户关键业务的本质。即使我们将开发阶段的时间压缩到最低限度，我们也不可能将总研发时间减半。换句话说，如果我们要将产品上市时间减半，就需要对整个研发创新的过程进行彻底的革新。

——

2010 年，一些规模相对较小的软件公司要比 SAP 的研发速度快得多。"敏捷开发"这种软件开发方法挑战了在开始编程之前必须明确产品需求的假设。相反，敏捷开发方法规定了一个迭代过程，迭代的过程给人们提供了不断学习和提高创造力的空间。

SAP当时并没有使用敏捷开发方法，因为许多敏捷开发方面的专家曾警告，不要在拥有超过100名研发人员的软件开发组织中采用该方法。2010年，SAP拥有2万多名研发人员，分布在SAP全球70多个办公地点。此外，与传统的软件开发方法相比，敏捷开发方法似乎是非结构化的，而且其开发结果似乎也是不可预测的。在许多方面，敏捷开发方法与SAP用于确保具有可预测结果、过程受控的"瀑布式"开发方法截然相反。从"瀑布式"方法到敏捷开发方法的转变是SAP核心工作方法上的一个重大转变。同时，这一转变也是激发SAP的潜力和创新能力的关键。

我们将在下一节中详细介绍SAP转而采用敏捷开发方法的故事。我们首先要强调，除了改变研发方法外，为什么努力增加客户的价值和降低客户的IT总成本对于SAP的重塑也是必不可少的。SAP的解决方案平均只占客户IT总支出的不到10%，也就是说客户超过90%的IT资金投入流向了其他提供硬件和SAP系统咨询的供应商。我们的目标是通过增加客户价值和降低客户的IT总成本，成为对客户来说更具战略意义的供应商。

要实现上述这点，SAP向云业务模式的转变至关重要。云业务模式将使SAP有机会获得客户的全部IT支出，并系统性地降低客户的IT成本和简化客户对IT基础设施的投入。与此同时，SAP可以向客户交付更多创新产品来给客户创造更多的价值。SAP客户的IT总成本将降低，如果我们能降低产品的复杂性，那么这样还可以提高客户对SAP的支出份额（钱包份额）。

对SAP的重塑主要集中在领导上述这两个领域的彻底变革，而不是几十个或更多的改变。

当企业选择了正确的细节后，这些细节将确定各个部门最需要转变的关键领域。因此，要雄心勃勃地去挑战关键细节，企业的领导者对关键细节必须要高标准、严要求、不妥协、坚持不懈。

作为企业的领导者，你必须挑战企业现有的假设和工作方式，并且始终保持向他人学习的开放态度，包括向那些已经完善了这些细节的其他行业学习。

关于细节的一些建议

- 选择三个对实现企业梦想最为关键的细节，并且要求各个部门进行最大程度的改变。
- 向其他人学习，最好是向那些已经完善了这些细节的其他行业学习。
- 就完善细节对实现企业梦想的重要性进行积极的沟通，并了解各个部门怎样做才能达到期望的绩效水平。
- 对每个关键细节所需的绩效水平给出具体说明。
- 针对每个关键细节制订培训计划，并评估改进的进展情况。
- 投入时间和精力去理解关键细节中需要做出的改变。领导变革，确保掌控变革。

不同角色

当企业确立了梦想、明确了细节之后，作为企业领导者的我们需要

第7章
关键细节

哪些角色来完善关键细节呢？这是我们必须要面对的第一个问题。在赛季转换的过程中，企业的很多业务和员工通常都会拥有新的角色，但也可能需要以新的方式对现有的各种角色进行转换或整合。

在赛季转换的过程中，企业各级组织中现有的角色常常会受到挑战。例如，当力拓集团将远程控制的开采设备引入澳大利亚珀斯的矿山时，传统矿工的角色就变得多余了。而与此同时，在力拓集团的远程控制中心里控制远程设备的新角色却变得更为重要了。

当银行关闭实体分支机构，开启了与客户的数字化交互后，银行分支机构中的银行出纳这一角色就会发生变化。在B&O这样的企业里，当软件成为产品设计的重中之重时，传统产品设计师的角色就会受到挑战。因为，软件而非硬件决定了产品与用户间主要的交互方式。

以郭士纳主导的IBM转型为例，IBM希望从一家硬件生产型企业转型成为一家服务型企业。要实现这一梦想，IBM就必须扮演为客户提供战略咨询服务的顾问角色，以获取为客户提供整体IT软硬件设施的机会。

IBM与客户间关系的转变，也意味着IBM企业内部角色需求的重大转变。在此之前，IBM的成功依赖于具备出色销售能力的硬件销售人员。但是，现在必须开发新的角色来为客户提出利用IT产品和技术对其业务进行优化的建议。

IBM试图通过建立一个独立的咨询实体IBM咨询集团来开发新赛季所需的新角色，并从市场上为新的实体招聘了有经验的顾问。然而，几年后IBM不得不承认，在内部发展战略咨询顾问这一新角色进展缓慢。因此，IBM决定以35亿美元收购当时拥有3万多名管理咨询顾问的普华永道的咨询部门。这样，IBM就可以通过收购获得所需的新角色，这一新角色也成为IBM转型的核心。

许多企业现在都已经意识到，拥有数字技能对实现企业下一个赛季的梦想尤为重要。然而，仅仅雇用一些软件工程师或者建立一个独立的软件部门是远远不够的。如果企业想要用数字技能提升实体产品的竞争力，新的数字技能就必须成为企业内部流程（从企业战略到商业模式开发、产品设计、销售、交付到售后等各个环节）的一部分。

特斯拉汽车就是一个很好的例子。虽然特斯拉实际上在很多方面是在设计传统意义上的汽车，但特斯拉的设计受到了软件的影响。这是特斯拉有别于其他传统汽车制造商的主要特点。在传统汽车上，如果用户想要拥有动态距离感知或自动停车等新功能，就必须购买一辆新车。但是，在特斯拉汽车上，用户只需安装最新版本的软件，就能通过软件升级现有汽车的功能。然而，只有通过软件升级那些已经被集成到汽车设计中由软件定义的模块才能实现新的功能。这就要求特斯拉的汽车设计师必须精通软件设计，并在设计汽车时将软件的独特功能融入其中。

在SAP，如果想要将产品开发周期减半，就必须对研发过程进行彻底的改造，敏捷开发方法的引入意味着以前定义详细产品需求的重要角色已经多余了。相反，两个新的角色对于掌握新的研发过程的细节变得至关重要——产品经理和敏捷教练。产品经理负责确定产品需求的优先级，并定义产品的必备功能。产品经理确保团队做正确的事情。敏捷教练负责让团队高效运转，并与客户需求保持一致，还要确保团队最终取得成功。换句话说，敏捷教练需要确保团队以正确的方式工作。

这两个角色对SAP的每个组织来说都是全新的，所以我们需要对员工进行培训以满足新角色的需求。另外，我们还要研究怎样将新角色集成到SAP的业务流程中。为了训练新角色，我们决定测试新的敏捷开发方法。我们选择了三个关键的研发项目作为试点。项目规模是我们选择试点项目的标准之一，这些试点项目的规模必须足够大，以此来验证大规模使用敏捷开发方法的可行性。另外，这些试点项目必须对企业具有重要意义，如果这些试点项目取得了成功，就可以打消企业内部的各种质疑和顾虑。

在这三个试点项目中，敏捷开发方法最终被证明比传统的"瀑布式"开发方法要好得多。创新过程进展得更快，产品也更符合客户的需求。此外，员工也对应用新的方法感到很兴奋，因为他们可以不必在官僚主义、形式主义上浪费时间，从而在创新和与客户的对话上投入比以前更多的时间。

基于试点项目的试验阶段所取得的积极成果，以及新角色逐渐积累起来的经验，在此后的三年里，敏捷开发方法在所有SAP的研发组织中得以全面推广。这是一个非常雄心勃勃的变革，只有在试点项目期间进行了优化和调整的基础上，转型团队掌握新方法并指导人们使用新方法，以及开发新角色方面的艰苦工作完成之后，才有可能实现。新角色的开发对公司的转型至关重要。

——

SAP的示例表明，开发新角色并将其整合到企业的各个组织的关键业务流程中将带来全新的机遇。要实现数字化转型，软件、技术和数据必须汇集对市场的深入理解以及对客户的认知。以正确的方式整合适当的角色，可以创造出全新的产品和服务，强化商业模式，瓦解竞争，甚至在非常成熟的市场中创造出全新的赛季，就像特斯拉一样。

重新分配角色

在艺术界，每一位演员、小提琴演奏家都清楚地知道自己的角色如何塑造了演出的整体效果。在团体体育运动中，每一位运动员也都清楚地知道自己在团队中的角色是什么，以及自己的角色将如何融入比赛策略来让获胜的梦想实现。

在商业领域，企业员工的角色划分并不总是清晰的。在赛季转换的时候，当企业重新对角色进行分配时，常常会让员工产生很强的不确定感和挫败感。在这种情况下，企业领导者必须对员工的现有角色重新进行定义，以便将新的技能整合到企业现有的角色中去。同时，一些现有的角色可能会在新赛季变得多余。在某些情况下，为了确保企业的各个组织可以获得新的发展机遇，必须引入全新的角色——可以在企业内部培养新角色，或者通过收购获取所需的新角色。

例如，随着苹果在语言处理能力方面发展的需求，苹果在人工智能领域将扮演崭新的角色，比如语音识别专家和数据科学家。为了确保新角色的开发进展足够快，苹果决定通过收购来加速获取这些新角色。Siri 是 SRI 国际人工智能中心所开发的一个项目的副产品。Siri 的语音识别引擎是由 Nuance Communications 提供的。另外，Siri 还需要先进的机器学习技术来完善功能。这些角色及技能都是苹果管理层所不具备的，而语音识别又是苹果必不可少的一种战略能力，所以苹果必须在企业内部把这种能力掌握到极致。

当企业为开发关键细节而必须设置新角色时，企业领导者可以通过领导细节来确保新角色得到必要的关注、开发和保护。SAP 的试点项目得到了管理层的高度关注。我们知道试点项目的结果将印证新角色在整个组织中发挥新作用的能力。通常，当新角色出现并削弱现有角色的影响力时会产生一些阻力。领导团队必须确保每个人都明白企业为什么要做出这些改变，每个人都要理解为什么新角色对企业实现梦想是不可或缺的。

事实上，人们有一种惊人的适应和发展的能力，只要这种改变能够为员工创造意义。梦想创造意义，新角色产生动力，给人们提供发展的机会。当企业领导者明确了新角色如何融入企业的发展全局，同时支持向梦想的转变时，角色的转变也就变得意义非凡且鼓舞人心。

角色是一种身份

演员可以扮演与其真实身份完全不同的角色，但在商业领域和体育运动中，角色与身份之间的关系却并非如此。在企业里，角色塑造的身份是员工自身形象的一部分。无论是在组织内部，还是在外部与客户、媒体和其他利益相关者沟通时，员工的身份都是其角色的重要组成部分。

正如前面提到的，人们是被一种需要被认可的需求所驱动的，这一点对理解新角色背后的含义尤为重要。一个角色如果表现优秀，就必须得到被他人认可的机会。

在体育运动中，出于战略上的考虑，教练可能会把一名队员安排在一个更有可能犯错、在观众和媒体眼中形象不佳的位置上。如果该队员不明白抓住机会和冒险可以提高团队成功的可能性，那么这可能会对这名队员的自尊产生负面的影响。在这种情况下，领导者必须向团队其他人清楚地表明，他为什么要去冒险，并公开承认这名队员在极其困难的情况下发挥了自己的最佳水平。当每个人都了解自己的角色，以及他们如何成为整体的一部分，并受到尊重时，他们就能充分利用自己的个人技能，实现个人的不断成长，进而促进团队的成长。

如果角色背后的含义不透明、不清晰，或者队员不清楚自己该如何融入全局，抑或教练和团队没有对该队员给予足够的认可，那么这名队员要么失去自尊，要么转而专注于自己的个人目标。这类队员可能会开始按照他们自己的方式比赛，以此来获得观众的认可和媒体的赞扬，而不再是为了团队的利益比赛。我们从体育运动中深刻地体会到了这一点，一支拥有世界上最优秀球员的球队可能会输给一支普通球队。因为，普通球队是作为一个团队来比赛，而不仅仅是一群有着各自需求和想法的世界级球星。

在商业领域中也可以看到类似的情况。如果员工无法在企业长远的发展计划中看到他们的角色，或者如果这个角色不能提供足够的、被认可的空间以满足员工的心理需要，就像我们在第 4 章中讨论过的那样，员工的参与感就会消散，这样团队也就无法发挥全部的潜力。

作为企业的领导者，你必须清晰地阐述和沟通，哪些新角色对于构建实现企业梦想所需的能力是必不可少的。为了给新角色提供施展的空间，你需要对企业现有的角色进行调整。员工需要知道该如何去适应自己的新角色，以及他们的角色将如何融入企业的全局。这也同样适用于与各个部门和团队。因为，每个组织都必须认同它们作为新角色对企业实现梦想起到了重要作用。

关于角色的一些建议

- 确定企业里对开发关键细节至关重要的角色，以及哪些角色在新赛季是多余的或者已经丧失了其重要性。
- 确保新角色的定义清晰，不仅员工能够完全理解，而且各个组织也能够接受。员工需要了解全局，并理解这些角色如何帮助企业实现梦想。
- 决定如何以最优的方式开发新角色。企业内部是否存在可以调整的现有角色？是否需要通过收购获得新角色？
- 确保尽快开发新角色。根据任务的难度评估新角色开发的进展情况。
- 引入新的关键角色，并为新角色预留成长空间。通常情况下有必

第 7 章
关键细节

要减少现有的角色，为新角色提供足够的发展空间、关注，以提高其影响力。

- 做好改变或打破企业现有权力结构的准备。这通常需要改变企业治理和会议结构，以确保新角色在组织中具有所需的影响力。
- 在企业中积极展示新角色起到重要作用的示例。各个部门需要了解新角色的积极作用，以及如何通过新角色获得成功。

各种技能

企业的雄心壮志需要通过各种技能才能实现，一家企业想要在市场中脱颖而出需要各种技能的支持。企业的差异化决定了企业需要哪些技能来实现其雄心壮志并进行赛季转换。

对苹果来说，实现梦想的关键细节是创造出色的用户体验。这意味着实现出色的用户体验的技能，例如工业设计、软件设计和提高可用性等对苹果来说是至关重要的技能。拥有了这些技能，开发第一台 iPod 的苹果团队设计出的产品，才能像苹果广告所描绘的那样——"在你的口袋里储存一万首歌"，而且电量充足。

为了兑现广告里的承诺，苹果在硬件方面的技能需要得到进一步扩展，否则 iPod 就会过大。与此同时，苹果必须掌握以前并不具备的新技能。苹果需要以一种对用户友好和直观的方式来帮助用户管理音乐内容，同时也要遵守版权和其他法律法规，甚至要具备与唱片公司谈判的技能。在此情况下，苹果需要具备全新的技能来管理数字版权，以此来确保唱片公司不会面临数字资产被复制的风险。

在苹果推出 iPod 之前，很多用户被迫从 CD 上拷贝内容，或通过

梦想
与
细节

Napster、Kazaa 等类似服务参与非法的文件共享,将音频内容下载到 mp3 播放器上。唱片公司之所以乐于与苹果合作,是因为苹果开发了管理数字版权的技能,这样一来,对用户来说获取音乐内容变得更加容易,对唱片公司来说风险更小。让用户拥有一万首歌曲,并以每首 99 美分的价格销售数以百万计的歌曲,苹果 iPod 的梦想是如此激进,甚至彻底改变了整个音乐产业。但是如果苹果没有开发出这些新的技能,iPod 就会和其他 mp3 播放器没有什么不同之处。苹果专注于少数却至关重要的技能,并以比竞争对手更快的速度开发这些技能,这是苹果 iPod 取胜的关键。

以苹果 iPod 为例,企业需要将现有的技能提升到一个全新的水平。有些技能对企业来说是完全陌生的,需要从头开始培养或者从企业外部获得。

在 SAP,实现梦想的关键细节是以两倍的速度开发软件。我们评估后认为 SAP 可以自己开发这些加速研发所需的技能。然而,这需要大规模的培训和彻底的改变,以大幅度提高绩效水平,现有的假设和习惯必须接受挑战。SAP 必须向规模更小、发展更快的企业学习。SAP 的高管必须做出郑重的承诺来支持这一变革。我们投入了大量的时间研究敏捷开发方法,这样我们就可以挑战错误的假设,并领导开发过程中所需的改变。

当然,加快研发速度并不是对 SAP 进行重塑的唯一要求。我们的产品也需要对客户具有足够的吸引力。因此,软件研发人员需要更好地理解客户的需求。为了提高设计出极具吸引力的解决方案的能力,我们对产品经理和研发人员进行了关于一种可以提高其设计能力的新方法的培训,这种方法就是"设计思维"(design thinking)。使用该方法可以确保研发团队更好地理解客户的需求,并构建创造性解决方案,这些解决

第7章
关键细节

方案不但在技术上可实现，在经济上也是可行的，最重要的是这些解决方案更加符合客户的需求。

云业务模式要求我们为客户简化现有的软件。尽管SAP在创新的过程中取得了重大进展，为设计出理想的解决方案提供了可能性，但很明显SAP无法在内部开发出所有这些必需的新技能。特别是在极短的时间内成为云计算领域的行业领导者的雄心壮志，对我们来说是前所未有的一项重大挑战。此外，云业务这种商业模式也极具挑战性，因为无论创新过程多快，对SAP来说，最初几年的营收都会非常低。另外，在此之前，SAP在开发和交付云解决方案方面也并不具备丰富的经验。

为了实现成为云计算领域领导者的梦想，我们明确了SAP所需的新技能，由于我们无法在内部迅速开发出这些技能。因此，我们决定收购市场上领先的云计算企业，以加速我们的转型。2010～2013年，SAP先后投入了120多亿美元进行收购。这些收购让我们向前迈进了一大步，并获得了世界级的云业务能力。我们没有合并被收购的公司，而是决定将SAP的云业务转移给这些公司，来加快它们的发展速度。这些被收购的公司都采用了敏捷开发方法，因此它们也可以帮助SAP加速创新过程中向敏捷开发的转型。

正如SAP的例子所表明的，在赛季转换期间，仅仅只是扩展企业现有的技能是不够的，企业通常都会需要新技能。与此同时，可能会有一些到目前为止对企业来说很重要的能力在新赛季里会失去其部分意义，甚至是完全丧失其重要性。对企业的领导者而言，一个重要的领导职责是评估各个组织能否快速在企业内部发展新赛季所需的新技能，或者是否需要从企业外部获得这些新技能。

SAP选择收购具有一定规模的云计算企业，被收购的企业都是它们所在细分市场的领导者，因此在被SAP收购后，它们仍将拥有极大的自主性去继续发展它们的技能。任何一家小型云计算公司都可能面对被SAP这种体量的大型企业所压制的情况，同时也不会成为提高云计算技能的催化剂。

——

随着数字技术不断改变产品、客户关系和商业模式，越来越多的企业需要开发新的数字技能。将实体产品与软件和数字平台相结合的能力，对企业在下一个赛季的业绩起着决定性的作用。

很多企业按照惯例都会将软件开发和信息技术进行外包，这在一款软件只需侧重于帮助企业提高效率，而对其战略并不重要的旧赛季是合乎情理的。然而，当软件对企业的未来发展具有重要的战略意义时，企业将IT功能外包的假设就必须受到挑战。相反，企业管理层应该去思考，如何将那些对下一个赛季具有决定性作用的技术进行内部化。

特斯拉打造世界上最好的汽车的梦想，要求特斯拉必须让自己生产的汽车与众不同。如果特斯拉想在未来的汽车市场上获得竞争优势，就不能仅仅只满足于人们对汽车通常标准的定义和预期。

特斯拉希望在许多方面让自己的汽车做到与众不同。特斯拉汽车是100%纯电动汽车，能够通过软件升级增强功能，并实现自动驾驶。

特斯拉如果想要在上述这些方面脱颖而出，就需要与之相对应的特殊技能，而这也正是当时特斯拉的竞争对手并不具备的技能。例如，开发电池和电源管理软件的技能以及管理软件升级周期的技能。与此同时，通过人工智能开发基于互联网的传感器系统和传感器数据的技能也必不可少。

特斯拉很早就已经意识到，上述这些技能将帮助特斯拉在与传统汽车制造商的竞争中脱颖而出。重新发明交通工具的梦想，使特斯拉能够

第7章
关键细节

吸引这些领域中最优秀的工程师,并在竞争对手发现在下一赛季也同样需要这些技能之前就发展这些技能。这就是特斯拉能够获得比通用汽车更高的市场估值的原因之一,尽管特斯拉的产量只是通用汽车每年 900 多万辆汽车产量的一小部分。

择善而从

当你确定了那些能够让企业变得与众不同的关键技能后,向其他已经充分利用了这些技能的企业学习是非常有价值的。通常情况下,你会在其他行业里找到这些值得你学习的企业。

在 SAP,加速我们转型的最大推动力是我们接受了一个事实,即 SAP 并非事事都做得最好,尽管我们认为自己是市场的领导者。作为市场领导者,你很容易认为没有什么企业是值得学习的,向市场中的第二名学习通常没有多大的意义。

然而,SAP 将开发时间减半并显著提高产品可用性的目标十分具有挑战性,这要求我们向其他行业中优秀的企业探求并学习它们的经验。我们决定创建一个"探索成功"的项目,在这个项目中,SAP 的领导者将拜访那些值得学习的、拥有世界级领先技能的企业。

在我们拜访的众多企业中有艺电游戏(Electronic Arts Game),艺电是一家全球领先的虚拟游戏公司。众所周知,艺电非常了解自己的游戏玩家,并从数百万用户那里获得反馈来改进游戏。在了解了艺电开发游戏的过程后,我们学到了一条挑战 SAP 假设的新规则。艺电有一条规定,即如果一款游戏不能在七分钟内给用户带来明显的乐趣,他们就永远不会发行这款游戏。艺电知道那些过于复杂而无法带来乐趣的游戏永远不会获得成功。我们对商用软件易用性的假设提出了挑战,在 SAP 的研发部门引入了类似艺电的新规则。

梦想
与
细节

我们还参观了其他一些企业，学习如何加快创新过程。我们从保时捷学到了精益原则（lean principles）；从行业中规模较小，但发展速度更快的软件公司学到了敏捷开发方法。思科也给我们上了宝贵的一课，我们学会了如何通过收购来加快创新进程，而不是让被收购的公司陷入官僚主义和各种大型企业固有的局限之中。思科的前车之鉴对我们后来的收购具有警示作用。我们允许被收购的公司在 SAP 原有的庞大的组织结构框架之外自主地发展并帮助被收购对象取得成功，而不是像我们以往所做的那样去整合收购对象。

重塑 SAP 的过程给我们最大的启示是，即使你已经是市场的领导者，你也必须始终保持谦逊，不断向他人学习，勇于挑战自己的假设。

新赛季需要每一个人吗

在赛季转换时，企业原有业务的某些部分将变得不再重要，而其他一些业务却变得更具有战略意义。如果企业的某些业务基于不再需要的技能，那么你必须快速进行评估让现有员工开发新技能是否现实或者是否需要引入新的团队。

为了实现企业的梦想，你必须减少在未来并不重要的领域上的资源投入。这将为新技能的发展创造空间，并将企业的焦点从旧赛季转移到新赛季。如果不减少不必要的资源投入，你可能就无力去追求新的机遇。

这种转变自然会引发一些员工的不安，他们可能会担心自己未来在企业中的发展。但我们的经验表明，不把员工的技能转移到面向未来的成长型市场，实际上会对企业组织中现有的工作造成更大的负面影响。

作为企业的领导者，我们不应落入保护不相关的旧职能的困境。相反，我们应该致力于培养正确的技能，为我们的员工提供更多面向未来的发展机遇。如果我们创造了一个足够强大且鼓舞人心的梦想,许多员工就都会希望尽其所能为企业的梦想发挥作用,并做出积极的贡献,即使对于员工来说,这需要他们做出根本性的改变。

在我们领导SAP重塑的过程中,一些中层管理人员发现很难在新的角色中看到自己的位置,因为角色和权力基础已经发生了巨大的变化。我们将在下一章关于变革平台的内容中对此进行更详细的讨论。但这里需要强调,不仅是中层管理人员,几乎所有员工都需要在原有技能的基础上调整和发展他们的相关技能。

企业的领导者必须决定首先开发哪些技能。一家企业不可能一次开发所有需要的技能,所以必须以正确的方式确定开发技能的优先级和先后顺序。在战略相关性较低的领域减少资源投入的能力,将为企业和员工开发相关的技能提供空间并创造机会。将技能和工作重心从旧赛季转移到新赛季是企业重塑取得成功的关键。企业的管理层如何处理这种转变尤为重要。在大多数情况下,现有员工的技能都可以进一步开发,因此企业应该首先选择开发现有员工的技能。然而在这一过程中,一些员工会不可避免地被裁。企业的领导者必须清晰且果断地处理这种情况,对每一名员工负责并给予他们高度的尊重。这是保证企业内部信任和维持外部信誉的关键,企业在这方面处理得当甚至可以加速企业重塑的进程。

关于技能的一些建议

- 定义企业应该具备哪些新技能来开发实现梦想所需的关键细节。这些技能可以帮助企业脱颖而出,实现梦想。
- 定义哪些技能需要在企业内部进行开发,哪些技能可以由外包实现,哪些技能已经不再需要。
- 你的企业有能力发展哪些新技能?如何快速获得并发展这些关键

技能？

- 你的企业最需要哪些技能？不是所有的技能都可以一蹴而就，开发技能的优先级和先后顺序十分重要。
- 投入时间和资源针对企业所需的关键技能进行培训。
- 向其他行业里最擅长该技能的企业学习。
- 重新审视管理层的角色，并尽可能减少不必要的管理层级。
- 以快速、清晰和尊重的方式处理不得不进行的裁员。可能的话，为被裁撤的员工提供其他领域的发展机会。

协作

为了开发实现企业梦想所需的关键细节，我们定义了员工以及各个组织所需要的角色。同时，为了让这些角色最优化地去执行关键细节，我们还定义了这些角色需要具备的技能。开发细节的最后一个维度是协作。协作是角色之间的一种关系。换言之，它就是哪些角色应该以怎样的方式共同努力，为实现梦想创造最好的条件。

就像人们在体育运动和艺术创作中进行协作那样，在企业里进行协作的前提也是先理解他人的角色以及角色间的相互依赖关系。协作必须在四个层面上都具有意义。协作应该对个人、团队、团队与其他团队间的交互方式，以及实现梦想的整体策略都具有意义。

我们都体验过那种需要协作的体育运动，人们在一起配合得很默契，甚至让你觉得运动员彼此心意相通。观看这样的比赛就像欣赏一场精心编排的舞蹈演出。尽管事先没有任何计划，但是这种协作已经被反复实践过。尽管比赛的发展不可预测，但每个队员都会在正确的时间出现在正确的位置上。他们以一种能够预测将要发生什么,以及能够在正确的时间和正确的地点做出正确的反应的方式比赛。

在企业里也完全可以实现这种默契的协作。当每个人都理解自己的角色如何与企业的梦想契合,理解他人的角色,知道自己能力的极限,每个人都朝着同一个梦想努力,并能了解如何利用自己的技能与他人的合作来实现共同的梦想时,这种奇迹就会发生。

协作需要练习

为了在企业中实现这种默契的协作,领导者必须让员工自由地在没有指令的情况下合作。在体育领域,为了让团队在比赛中充满活力,教练在赛前对团队的角色、技能和协作能力进行训练。我们可以想象一个相反的场景,教练在赛前计划好每名队员在比赛中要做什么,包括每个动作、每次传球,以及得到多少分。这么做完全没有道理。在商业领域以这种方式制订详细的计划也越来越没有意义,因为市场环境变化得如此之快且不可预测,尤其当一个行业正在经历赛季转换之时。每个人都理解了整体的"比赛理念",相应的角色和技能到位,并且能够在不受干扰的情况下协同工作时,团队和企业的表现都会大幅度提升。

协作是关于角色间如何相互关联的,与理解比赛和每个动作之间的关系有关。为了理解这种交互,参与其中的每个人都必须达成共识,并清楚地知道自己如何做。

在团体体育运动中,我们认为协作是一系列依次进行的动作,例如由运动员的每次触球组成。当比赛以最佳状态运行时,协作便拥有了一种近乎音乐般的节奏,即比赛的各个元素自然地呈现出来,并彼此保持平衡。为了充分理解这一点,我们必须更深入地挖掘各个元素之间的相互依赖关系。理解这一点十分重要,仅仅评估单次触球,但不考虑每次触球之间发生了什么是远远不够的。每次触球背后都有它自己的故事，就像商业领域中的每一种情况都不能仅仅用数字来衡量，而是必须在整体背景下进行全面评估。

如果你理解了这种互动关系，你也就理解了比赛。在比赛中拥有这种交互的能力，让你能够更直观地预测和理解比赛。因为，被动地比赛往往难以取胜，通常比赛进展非常之快，仅仅被动地做出反应是不够的，你必须预测比赛的发展并积极主动地做出反应。将企业里的协作方式在数字化的环境中与以往进行比较，在数字化的条件下，面对空前的发展机遇，企业现有的协作方式过于保守、低效，无法为企业未来的数字化竞争战略奠定基础。

为了实现企业的梦想，每名员工必须了解如何协作，无论是作为一个团队还是个人。协作需要练习，需要清晰的沟通，这样每个人都能看到自己的角色应该如何与他人磨合。

在合作中做到公开、透明十分重要。在体育比赛中，你可以在赛前与团队举行战术会议来决定：谁做什么，使用什么战术，有什么目标，要特别注意什么，谁负责防守对方最优秀的进攻队员，等等。比赛结束后，你还要对比赛进行评估，回顾哪些方面做得好，哪些地方需要改进，以及如何在下一场比赛前改进。

———

在SAP，当我们引入敏捷开发方法时，我们重新定义了产品研发部门的协作方式。在此之前，角色之间有明确的界限，各个组织的不同团队负责创新过程的不同阶段。新产品的需求由一个团队编写，另一个团队根据产品需求开发软件。最后，质量管控团队接管，并根据产品需求测试软件。随着敏捷开发方法的引入，编写需求、开发软件和确保质量的角色被整合,自我管理的敏捷团队负责所有的角色。这与体育运动中的团体运动是相通的,运动员在训练的过程中锻炼自己的角色、技能和协作能力,为比赛做好各项准备。教练员在场边指导,而不是在比赛中进行干预。

SAP 的每个敏捷团队都拥有定义和交付最终产品所需的所有角色及相关的技能。敏捷团队不再将一个半成品移交给另一个团队,而是全面负责整个产品的生命周期并保证产品最终取得成功。

敏捷团队中的不同角色间紧密合作,他们每天早上召开会议,回顾进展,相互挑战。团队中的密切协作以及与客户的频繁对话及合作,让研发团队的生产力和创造力显著提高。这与体育运动中的简报会、战术会议和任务报告非常相似。

敏捷开发方法引入了一种全新的协作方式,也为人们在开发的过程中交换新思想创造了空间。全新的合作方式鼓励敏捷团队这种自我组织、自我管理的团队进行积极的互动、试验、定义优先级并快速学习。这种协作方式也能让团队找到最好的解决方案,并在新的绩效水平上发挥作用。

——

在研发部门中应用这种全新的协作方式让研发效率得到了显著提高,并大大地缩短了产品的上市时间。此外,与客户更频繁的合作也确保了产品的相关性,并增加了产品为客户创造的价值。

从很多方面来看,在敏捷开发中的每个开发周期里不断与客户进行交互,就像在体育比赛中源源不断地获得各种反馈。从客户那里获得新的反馈有助于团队去理解哪些工作进展顺利,什么地方需要改进。敏捷开发可以让人们不断提高绩效表现,同时也让人们希望得到认可的需求得到满足。

实事求是地评估绩效

给予人们认可对于激励人们来说非常重要。问题在于给予认可的基础是什么。一些员工可能表现得很出色，但结果却仍然很糟糕。例如，市场可能出现了意外暴跌，或者某个项目本身的风险就过大。相反，一个团队也可能在没有什么出色表现的情况下就取得了优异的成绩。因此，我们不应该将良好的市场状况与良好的业绩或领导力混为一谈。

20世纪90年代初，在国际排球运动中，我们开发了"排球分析"软件，这是市场上第一款通过数据识别排球比赛中一系列动作间相互依赖关系的软件。这款软件的灵感来自一群美国人，他们曾在游戏数据方面有过相关的工作经验。通过这款软件，我们可以分析自己或对手第一波的进攻中各个动作间的所有联系。这让我们对比赛有了新的、更深刻的理解，我们在此后的许多比赛中之所以能够获胜，就是因为我们对比赛具备了这样的洞察力。其中关键的秘诀是评估数字的真正价值，而不是盲目地相信数据。这些数据不但让我们对比赛的情况有了更多了解，也告诉我们比赛场上正在发生的情况，尤其是在数字变化之间正在发生的情况。

我们意识到比赛不仅仅要关注比分。每一次评估都应该根据比赛的更深层的根源来进行判断，特别是要理解那些单个数值背后，运动员个人对比赛环境的感知。如果不考虑运动员的具体情况，仅凭数据去评估绩效表现，那么这些数据对运动员来说就毫无意义，他们只会在比赛时记住这些数据，这就像企业的员工盲目地追求一个目标，而不去考虑这对提高绩效水平是否有所帮助。

如果数字用错了地方，动机和绩效就不会提高。在丹麦国家排球队中有一个很有天赋的球员叫安德斯。在一场全国性的比赛中，他表现得不是十分理想。比赛结束后，比赛数据也证实了安德斯在比赛中的攻击水平相对较低。在比赛间歇的更衣室汇报中,我们回顾了比赛情况,安德斯在全队面前受到了挑战。

"安德斯,该死!你的进攻效率这么低,这样我们赢不了比赛。"这是一位教练在评估基于数字的结果时所犯的一种典型错误。安德斯抬起头,什么也没说,但他可能在想:"教练,你知道,看到这样的结果我也不高兴。但是你真的关注比赛了吗?在整场比赛中,我都在艰难地拦网来阻止对手的猛烈进攻。这不是借口,但这给了我们其他队员进攻的机会。如果你认为我真的有问题,为什么不帮我改进呢?我总是在暂停期间听到你抱怨。你为什么不告诉我怎样做才能提高呢?作为我的教练,你能告诉我,你什么时候为我建立了训练机制来帮我在进攻方面进行改进吗?我们现在不能改变这些统计数字,但如果你能以一种不同的方式指导我,也许我们在以后的比赛里可以改变这些数字。"

更衣室里的这一幕清楚地表明,仅凭结果去指责他人是没有任何意义的。相反,作为企业的领导者,你必须考虑以下问题:这一路上你帮助过你的员工吗?你了解企业的基本业绩、数据背后的故事吗?你知道如何利用这些结果来帮助你的团队在未来取得更好的表现吗?仅仅只是关注数字是毫无用处的。

员工的敬业度取决于他们个人的角色、发展空间,以及他们获得的绩效反馈是否考虑了他们面临的种种挑战。

整个团队必须理解如何协作,并以高度透明的方式定义他们的角色。如果一个团队对他们应该做什么都无法达成共识,你怎么能要求他们精诚合作?

一个理解了如何比赛的团队,队员可以看到彼此的能力如何在比赛中开花结果,并在给定的框架下最优化地发挥绩效水平。每个队员都将按照相同的思维模式自主地采取行动,并清楚地了解每个人在实现梦想的过程中所扮演的角色。每个人都成为实现共同梦想的过程中不可或缺和有意义的一部分。

出色的绩效表现必须得到认可，而不应该只是去称赞积极的结果。良好的结果不是糟糕的绩效表现的借口，但是专注于提高绩效表现，良好的结果就会随之而来。虽然不是每次都如此，但是专注于提高绩效表现，取得良好结果的可能性也会随之增加。

实事求是和赞许同样重要。为了实现最佳的绩效表现，企业的各个组织不应该只是赞许那些进展良好的领域。不断进步来自找出那些仍可以提高绩效表现的地方。在企业里创造一种不断寻求改进的企业文化尤为重要。也就是说要实事求是地、不断地去挑战现有的工作方式，同时认可出色的绩效表现，而不仅仅只是赞许那些优秀的结果。

关于协作的一些建议

- 定义哪些角色和技能应该紧密协作，以完善关键细节。
- 在最重要的领域进行培训并优化合作。
- 重新审视企业的领导结构，消除妨碍和影响合作的官僚主义和不必要的流程。
- 围绕如何提高绩效而不是结果制定激励机制。对合作而不是个人的努力进行评估。这些激励措施将促成更积极的合作。
- 对精诚合作的事例给予赞许，以确保每个人都知道什么是好的榜样。对需要改进的领域要实事求是，并保证公开、透明。

绩效文化

美国国家橄榄球联盟（NFL）教练比尔·沃尔什是体育界最具传奇

色彩的领袖人物之一,在他职业生涯的大部分时间里,他都在旧金山49人队(San Francisco 49ers)执教,并带领该队取得了数不胜数的胜利。他出版的《比分自理》(*The Score Take Care of Itself*)是一本关于橄榄球的书,该书也全面展示了比尔·沃尔什基于对人类心理和动机的深刻理解的领导哲学。

这本书的书名"比分自理"指的是沃尔什的信念,即如果你长时间练习相关的细节,并专注于尽可能地展现出最好的表现,那么比赛结果自然会如你所愿。如果结果并不理想,那么你必须找到新的方法来提高绩效表现,尤其是找到在关键细节上提高绩效表现的新方法。

企业也可以向体育和艺术领域学习,在体育和艺术领域中,训练关键细节是必不可少的。在商业世界里存在一种倾向,人们大多认为一家企业的资源、人力和机器设备是构成其生产的静态元素。由于第四次工业革命,或者我们所定义的第一次数字革命的出现,越来越多的职能将由智能机器和软件承担。因此,人的表现将是企业区别于其竞争对手之处。企业之间的不同之处在于,谁更有能力释放人的潜力、改造组织并达到更高的绩效水平。

——

许多企业都有专门的人才培养计划,但并没有多少企业授权其领导团队去寻找实现远大梦想的最佳途径,并系统性地发挥人的潜力来提高绩效水平。

在体育和艺术领域中,有不同的专业训练时间来演练比赛或表演中可能发生的各种情况。在商业世界中,大多数企业总是身处当下赛季的比赛之中。在商场中,演练即实战,演练不可能在封闭的会议室里进行,一旦犯错就可能会造成严重的后果。然而,很多企业并没有为下一个赛季投入足够的精力进行训练。作为企业的领导者，我们必须重新思考如何看待员工的潜力培训与开发人的潜力，并找到释放人的潜力的方法，特别是在当下急剧变化的时代。

想要在体育和艺术领域中拥有优异的表现，你需要勤奋地训练，最大限度地发挥角色、技能和协作的作用。梦想创造了意志，对细节的训练增强了团队的关键技能。

一旦梦想确立了，我们就要开始着手处理需要改进的细节来实现梦想。团队应该拥有哪些队员和角色？哪些细节是他们工作的重点？员工需要具备并开发哪些技能？他们应该如何合作？

我们随后要确立训练日程，让每名队员都能够发展他们特定角色所需的特定技能。尽管你是一名团队项目的教练，但你必须非常注重个人训练。在开发个体技能的同时，我们也必须遵循团队的比赛理念，即团队作为整体应该如何发挥作用，个体之间应该如何协作。因此，对细节的训练是一种以个体为导向的体能和技术训练，是结合了注重战术元素和协作的团队训练的一种综合性训练。

我们要不断地调整我们的训练日程，并确保以足够快的速度开发关键细节。为了实现这一点，我们需要在训练的过程中不断改进和调整。队员不是一台机器上的零部件，而是有潜力的人，帮助他们个人取得职业发展是我们作为领导者的职责之一。

在商业领域中，每个企业的培训制度各不相同，但思路基本是相通的：我们怎样才能为开发关键细节和训练创造空间，从而提高我们的绩效水平？我们如何确保持续关注重要的绩效表现，而不仅仅是对比理论、计划的结果？

管理结果和管理绩效之间的区别特别明显。如果企业的梦想鼓舞人心，那些参与其中的人就会期待提高他们的绩效表现，无论是作为个人还是作为一个团队。对大多数人来说，渴望进步是一种强大的动力，尤其是当他们在自己的工作中发现个人意义的时候。当他们在个人职业发展的过程中能够得到帮助时，这就形成了一个认可的循环，他们会想做出更多的贡献。

然而，如果我们根据预先确定的计划去管理结果，我们就有可能把员工锁定在预先规定的任务中，从而限制了员工发挥潜力。相反，如果我们关注绩效表现和协作，每个人就都会努力改进自己，这可以产生比任何计划都难以实现的更好的结果。

企业的绩效文化通常会影响企业的思维模式，也会对我们的领导力产生影响，尤其对领导者而言，也会对员工如何看待自己和同事产生影响。提高绩效表现比追求结果更重要，因为当我们提高绩效表现时，我们可以让企业变得雄心勃勃，进而创造新的机会，并在下一个赛季展现出更好的绩效水平。

比尔·沃尔什在其书中提出的"绩效标准"（standard of performance）是一个看似简单却很有帮助的建议，值得那些希望提高企业绩效水平的领导者借鉴。

- 展现出强烈的、睿智的职业理念，旨在持续地改进。
- 展现出对组织中每个人的尊重。
- 致力于学习和教学，包括你自己的专业知识。
- 公平、公正。
- 展现个性。
- 注重细节与改进之间的直接联系，不懈地追求优化。
- 展现自控力，尤其是在重压之下。
- 展示和奖励忠诚。

- 使用积极的语言，保持积极的态度。
- 为自己的努力感到自豪，因为我是一个独立于我为之努力的结果之外的个体。
- 愿意为企业付出额外的努力。
- 正确对待胜利和失败、奉承和羞辱。
- 促进公开和实质性的内部沟通。
- 在自己和所领导的人之间寻求平衡。
- 把团队的利益和优先事项放在个人利益之前。
- 保持持续的高度集中和专注。
- 做出牺牲和承诺是组织的标志。

绩效评估

在细节方面的工作还包括评估关键细节的绩效水平是否正在改进。当你以结果为基础进行管理时，甚至可能会适得其反。在从旧赛季转换到新赛季时，如果企业未来的商业模式蚕食了当下的业务，企业的业绩就可能变得更糟。我们必须评估我们正在做什么以及我们提高绩效水平的能力，只有这样我们才能确保在新的赛季里拥有提高我们绩效表现的能力。

在 SAP，我们评估了研发团队在创新上投入的时间，测量了研发工作的速度。随着敏捷开发方法的引入，我们的两万多名研发人员可以投入更多的时间与客户共同创新。此外，创新项目的进展也越来越快。因此，SAP 能够在比以往更短的时间内为客户提供更多的创新。这反过来为 SAP 增加了营收，并为提高企业利润奠定了基础。

第7章
关键细节

换句话说，我们并不反对评估绩效指标，但我们必须衡量正确的指标，在关键细节、最主要指标的基础上来改善业绩。如果使用得当，衡量这些指标可以揭示出企业的核心竞争力和后续绩效表现是否在不断改进。

在体育领域，人们试图精确地测量所有数量上、质量上的参数，以区分比赛成绩和结果。即使你的表现并不出色，你也可以赢得一场比赛，只要你的对手比你表现得更差或者你足够幸运。虽然在很多个人体育运动项目中，比赛结果和成绩之间的一致性更强，但是比赛结果只体现出一些比赛信息，并不完全代表你的绩效表现。

在团队运动中，无数的参数可以告诉你一些关于团队绩效表现的情况，可能是触球次数、球是否准确命中、赢球次数，等等。这些参数共同描述团队整体能力，并为确定哪些细节有改进的潜力提供了基础。在国际比赛中，往往是微小的差距造成了比赛结果的差异。因此，在关键细节上表现最好的团队往往更有机会获得胜利。

比赛的最终结果永远不能说明一切。就像足球这样的运动，一支球队的表现可能远远好于另一支球队，却因为一次随机的反击或者是一粒毫无根据的点球而输掉比赛。

上述情况在商业世界中也有可能发生。即便企业的绩效表现良好，也可能出现完全随机和不可预见的事件导致不尽如人意的结果。如果企业只根据结果来衡量自己，就可能会让员工丧失动力，也就无法激发出团队的全部潜力。企业所处的大环境是衡量企业业绩时不可分割的一部分。数字并不能代表一切，作为企业的领导者，我们需要研究并理解数字的真正价值，并利用它们在最重要的细节上提高企业的绩效表现。

关于绩效评估的一些建议

- 定义相关的主要指标,针对关键细节评估绩效表现。这样评估绩效才有意义。不要只是衡量结果。
- 分析为什么绩效表现没有像预期的那样发展。问题很可能出在细节层面。投入时间和员工在一起,去了解如何更好地提高绩效水平。
- 评估细节和绩效表现是否有了大幅改进,从而对企业的目标进行相应的调整。
- 评估数据时要做到实事求是。基于事实是提高绩效表现的基础。
- 寻找数字间隐含的信息:产生当前数据的原因是什么?数字的真正价值到底是什么?了解根本原因并加以改进。
- 当你根据数字来评估一个员工时,确保你的评价针对特定的相关任务,而不是对员工的整体评价。尊重员工的现状,这样对员工的评价才能激发明确意义驱动的动机和敬业感。
- 确保每个人都了解企业在哪些方面提高了绩效表现,以及在哪些方面需要进一步改进。

参考及译者注释

[01] **沃尔特·艾萨克森**是一位美国作家和记者,现任教于杜兰大学历史系。艾萨克森曾任阿斯彭研究所(Aspen Institute,一家设立于华盛顿特区的无党派非营利智库)的总裁、CNN 的主席和首席执行官以及《时代杂志》的执行编辑。作为一位传记作家,艾萨克森曾为列奥纳多·达·芬奇、史蒂夫·乔布斯、本杰明·富兰克林、阿尔伯特·爱因斯坦和亨利·基辛格撰写传记。

获得乔布斯本人授权的传记《史蒂夫·乔布斯传》在乔布斯逝世几周后,于 2011 年出版发行。《乔布斯传》出版后一时洛阳纸贵,打破了传记类图书的销售纪录。全书基于艾萨克森与乔布斯本人在两年多时间里进行的 40 余次访谈以及他与乔布斯的好友、家庭成员及业界的竞争对手的对话。

[02] **瀑布模型**(waterfall model)最早强调软件或系统开发应有完整的周期,且必须完整地经历周期的每一个开发阶段,并系统化地考量分析与设计的技术、时间与资源之投入等。由于该模式强调系统开发过程需有完整的规划、分析、设计、测试及文件等管理与控制过程,因此能有效地确

保系统质量,它已经成为软件业大多数软件开发的最初标准(Boehm,1988)。瀑布模型定义了5个开发阶段:①需求定义(requirement),②设计(design),③实现(implementation),④集成与测试(verification),⑤移交与维护(maintenance)。

[03] **敏捷软件开发**(agile software development),又称敏捷开发,或快速程序开发(RAD),是一种从20世纪90年代开始逐渐引起广泛关注的新型软件开发方法,是一种应对快速变化的需求的软件开发能力。它们的具体名称、理念、过程、术语都不尽相同,相对于"非敏捷",更强调程序员团队与业务专家之间的紧密协作、面对面的沟通(认为这比书面的文档更有效),频繁交付新的软件版本,紧凑而自我组织型的团队,能够很好地适应需求变化的代码编写和团队组织方法,也更注重软件开发过程中人的作用。

敏捷软件开发描述了一套软件开发的价值和原则,其中,需求和解决方案皆通过自组织跨功能团队达成。敏捷软件开发主张适度的计划、进化开发、提前交付与持续改进,并且鼓励快速与灵活地面对开发与变更。这些原则支持许多软件开发方法的定义和持续进化。

"敏捷"(agile 或 agile)一词因"敏捷软件开发宣言"(Manifesto for Agile Software Development)而得到推广,"敏捷软件开发宣言"定义了相关的价值和原则。敏捷软件开发的框架不断发展,两个最广泛地被使用的是Scrum与Kanban。Scrum是一种敏捷软件开发的方法,用于迭代式增量软件开发过程。Scrum是橄榄球运动中列阵争球的意思。虽然Scrum是为管理软件开发项目而开发的,但它同样可以用于运行软件维护团队,或者作为计划管理方法。Scrum之间的合作称为"Scrum of Scrums"。

Scrum是一个包括了一系列实践和预定义角色的过程框架。Scrum中的主要角色如下:Scrum Master是Scrum教练和团队带头人,确保团队合理地运作Scrum,并帮助团队扫除实施中的障碍;产品负责人,确定产品的方向和愿景,定义产品发布的内容、优先级及交付时间,负责产品投资回报率；开发团队，一个跨职能的小团队，有 5 ~ 9 人。团队拥有交付可用软件需要的各种技能。

[04] **力拓集团**（Rio Tinto Group）是一个跨国性矿产及资源集团，它同时还兼营煤、铁、铜、黄金、钻石、铝、能源等业务。它成立于 1873 年。2007 年 8 月，美国反垄断当局同意他们收购加拿大铝业（Alcan）。新公司的总部设立于蒙特利尔，力拓集团首席执行官伊凡斯（Dick Evans）作为新部门"力拓 – 加铝"的领导。至此，该公司成为世界最大的铝业公司。

[05] **设计思维**是一个以人为本的解决问题的方法论，从人的需求出发，为各种议题寻求创新解决方案，并创造更多的可能性。IDEO 设计公司总裁蒂姆·布朗曾在《哈佛商业评论》上给出定义："设计思维是以人为本的设计精神与方法，考虑人的需求、行为，也考量科技或商业的可行性。"设计思维与分析式思考（analytical thinking）相比，在"理性分析"层面有很大的不同，设计思维是一种较为感性的分析，并注重"了解""发想""构思""执行"的过程。目前，多数教学都将设计思考过程浓缩成五大步骤："同理心""需求定义""创意动脑""制作原型""实际测试"。设计思维是一个创意解难的过程，通过运用设计思考工具中的元素，例如同理心、实验等，以找到一个创新的解决方案。采用设计思维做出的决定，基于潜在客户真正希望得到的事物而非只基于历史数据，或是基于证据而非根据直觉做出的带有风险的决定。

[06] **艺电**是美国一家跨国互动娱乐软件制作与发行公司，由特里普·霍金斯于 1982 年 5 月 28 日创立，总部位于美国加利福尼亚州的红木城，在美国、加拿大、英国、澳大利亚、中国等地区均设有分公司或子公司，世界各地雇员总数超过 9700 人。它主要从事电脑游戏、游戏机游戏、网络游戏、手机游戏等的开发、发行以及销售业务。EA Games 作为艺电旗下四大品牌之一，拥有最多的制作室和制作团。除了传统游戏外，EA Games 还负责制作大型网络游戏。同时，EA Games 还负责 EA 其他授权游戏的发行业务。

[07] **精益软件开发**（lean software development）是精益制造原则和实践在软件开发领域的变体。它基于丰田生产方式（TPS），由敏捷开发社区引入并发展。精益软件开发一词源于玛丽·帕彭迪克（Mary Poppendieck）和汤姆·帕彭迪克（Tom Poppendieck）的同名书。这本书对传统的精益原则重新进行了阐述，提供了22种开发实践"工具"，并与敏捷开发的实践做了比较。通过帕彭迪克夫妇在敏捷软件开发社区中的努力，包括他们在敏捷开发会议上的几次演讲，精益软件开发已经被敏捷开发社区广泛接受。和精益制造原则的概念相近，精益开发也可以总结为如下七条原则：消除浪费、增强学习、尽量延迟决定、尽快发布、下放权力、嵌入质量、全局优化。精益原则来源于日本的制造业，该词最早见于约翰·克拉富西克（John Krafcik）于1988年为麻省理工学院斯隆商学院撰写的文章中提到的"精益生产系统的胜利"中。

[08] **比尔·沃尔什**是一位美国著名橄榄球教练。他曾担任旧金山49人队和斯坦福红衣主教队（Stanford Cardinal）的主教练。在此期间，他推广了"西海岸"的进攻方法，在美式足球中，西海岸进攻是一种更注重传球而不是跑动的进攻方法。从49人队退役后，沃尔什做了几年体育播音员，然后回到斯坦福大学执教三个赛季。沃尔什带领49人队以102胜、63负、1平赢得了6个分区冠军、3个NFC冠军和3个超级碗冠军。1981年和1984年，他被评为全美橄榄球联盟年度教练。1993年，比尔·沃尔什入选美国职业橄榄球名人堂。

DREAMS
—AND—
DETAILS

第 8 章

变革平台

梦想
与
细节

2013年，在亚马逊创始人杰夫·贝佐斯（Jeff Bezos）收购美国著名报纸《华盛顿邮报》后，很多媒体从业者都感到十分震惊。《华盛顿邮报》被收购意味着什么？除了《华盛顿邮报》，像许多其他传统媒体一样，《纽约时报》的读者也在不断减少。尽管订阅数量在下降，但《纽约时报》仍实现了盈利，因为《纽约时报》的管理层削减了成本。来自新生数字媒体的竞争非常激烈，《华盛顿邮报》未能在这样激烈的竞争下在营收方面取得优势。

《华盛顿邮报》在被杰夫·贝佐斯收购后却实现了盈利。杰夫·贝佐斯允许《华盛顿邮报》雇用更多员工，并在严肃新闻报道和数字化方面进行了投资。杰夫·贝佐斯认为，《华盛顿邮报》取得成功的关键在于，从专注于广告收入转为关心读者的需求。杰夫·贝佐斯强调，一家企业不可能通过节衣缩食地降低成本而变得卓越不凡，企业必须对未来进行投资。杰夫·贝佐斯从一开始就强调，尽管他拥有巨额财富，但他不想被人们看作一名慈善家或赞助商。他能做的最糟糕的事情就是让《华盛顿邮报》不断"烧钱"而不考虑盈利能力。杰夫·贝佐斯表示，提出各种约束条件将驱动企业不断创新。

读者至上的理念、带有明确约束条件的框架，是杰夫·贝佐斯为《华盛顿邮报》创建的变革平台的一部分，用以支持梦想与细节的发展。构建变革平台需要考虑两个重要的组成部分：思维模式（理念）和框架。思维模式主要与梦想相关联。当我们在工作中做决定时，为了实现企业的梦想，我们需要怎样的思维模式呢？《华盛顿邮报》的理念是"读者至上"。

框架则主要涉及细节。角色、技能和协作需要在框架中被灵活地运用，框架就是企业的管理方式、治理模式以及企业所受的经济和其他各方面条件的制约。

第8章
变革平台

———

企业思维模式（理念）有助于确保企业的梦想在潜意识中被包含在所有的决策过程中。框架则允许企业优化和开发各种细节，使提高人的绩效表现成为可能。

框架可以被看作各种限制，因为某些客观条件是企业主观上不能改变的。但在理想的情况下，框架给出的各种约束将促进企业的自我重塑。就像杰夫·贝佐斯所说的那样，正确的约束将驱动创新。如果框架是清晰可见且有意义的，那么它还能够给人们提供安全感和公平感。例如，你可以想象一个规则不断变化的游戏，就像我们在第4章中提到的例子，作为员工你并没有被告知"在棋盘上移动"的游戏规则是什么。这样做毫无效率可言，因为没有人知道该去哪里，和谁一起比赛，或者如何得分。然而，如果框架定义明确，每个人都了解规则，参与者就可以最大限度地发挥他们的潜力，进而开发他们的技能来提高绩效表现。

———

思维模式和框架是梦想与细节领导力模型中变革平台的两个要素。思维模式将梦想转化为各项决策，框架将关键细节通过正确的方式转化为行动。变革平台确保梦想与细节时刻相连、彼此汲取灵感以提升企业实力，加速企业重塑的进程。

思维模式：大脑的过滤器

让我们回顾前面提到的开车从 A 地到 B 地的例子，如果你被告知"安全第一"，那么你就会遵守所有交通规则。在这一前提下，即使路况允许你超车，但为了安全起见你也会避免超车。如果你被告知以"尽可能快"的速度从 A 地开往 B 地，那么你就可能会选择更激进的驾驶方式，甚至可能会在途中违反交通规则，或者在路况不明的情况下仍选择将速度置于安全之上。

不难看出，从 A 地到 B 地的任务是一样的，但不同的思维模式将让你在这一路上做出不同的决策。

———

你可以把思维模式看作大脑的过滤器，思维模式决定梦想如何变成决策。这个过滤器必须与梦想保持一致，在企业的每个组织中，我们都需要安装这样的过滤器，以确保企业决策的一致性。因此，企业的思维模式（理念）需要易于理解和记忆。一份涵盖一长串观点的企业声明并不是企业理念。

正如前面提到的，在体育运动中，思维模式决定了我们如何比赛，还决定了我们需要怎样为比赛做准备，以及如何训练才能达到实现梦想所需的竞技水平。许多教练将这种思维模式比作拥有一种符合他们志向和梦想高度的比赛理念。

就像我们在前面提到的韦格曼斯食品超市的案例，如果所有员工的共同思维模式都是把"客户健康"放在首位，或者像以"读者至上"为理念的《华盛顿邮报》一样，假设员工在正确的框架内有能力按照他们的决策采取行动，那么即便当梦想受到质疑时，员工仍能做出正确的决定。

SAP 的历史性成功基于它具备为解决复杂的企业业务问题开发软件解决方案的能力。不言而喻，SAP 的企业文化对复杂性有一种莫名的"热情"，并且存在一种假设，即认为软件产品功能越复杂，对客户越有

第8章
变革平台

价值。

这既有其合理性，也是一种阻碍。一方面，客户喜爱SAP的解决方案，因为SAP的产品具有管理客户复杂业务的价值。另一方面，用户有时面对复杂的软件会不知所措。开发复杂解决方案的能力造就了SAP全球领先的ERP业务。现在必须彻底改造SAP，执着于复杂性阻碍了面向未来、简便易用、基于云计算的移动解决方案的发展。

SAP要想重塑自我、实现梦想，必须简化一切，包括软件产品的安装和运行，尤其是终端用户的体验。换句话说，SAP必须将立志成为云计算市场领导者的雄心壮志转化为一种全新的企业理念，这种企业理念可以让SAP在开发面向未来的产品时引导所有员工让产品变得更简单易用。

经过大量的思考和讨论，我们决定在2015年前实现拥有10亿个SAP终端用户的目标。这个目标虽然极具挑战性，但也切合实际。当然，当时人们对这一目标仍存有很大的争议。因为直到2010年，SAP历时38年才达到拥有5000万个终端用户的水平。

人们对SAP想要在短短五年时间内实现9.5亿终端用户增长的目标存有争议，这让每一个听到这个目标的人都不得不停下来思考：这能实现吗？

这是一个关乎SAP未来的目标，因为它与SAP的梦想相契合——"让世界运转更卓越，让人们生活更美好"。要让这个梦想可信，SAP就必须为更多用户提供服务。这一目标不是实现10%、20%或者100%的增长，而是在极短的时间内实现指数级增长。

我们本可以选择一条保守的道路，并根据历史数据来决定什么样的目标更现实。按照这种思路，拥有6000万个终端用户对当时的SAP来说将是一个更容易企及的目标。相反，我们决定提出质疑并挑战假设，如果 SAP 要在五年内实现拥有 10 亿个终端用户，我们需要做出怎样的改变？我们如何才能在短时间内接触如此众多的用户，并向他们提供服务？

最重要的是，拥有 10 亿个终端用户的目标在 SAP 内部激发出了正确的思维模式。研发人员热情洋溢地回应道："哇，想象一下，我创造出一种能被 10 亿个用户使用的产品！那真是太酷了！"

眼前的热情引发了后续更深入的思考："为了向这么多用户提供服务，软件产品必须做到简便易用"。同时，我们也认识到："只有通过移动设备，我们才能触及数量众多的用户"。这标志着新的思维模式即将在 SAP 诞生，并开始影响团队的决策。这种适应了企业战略方向的新思维模式，挑战了 SAP 固有的认为软件产品的复杂性将为客户创造更多价值的假设。

SAP 原有的思维模式建立在软件产品的复杂性是一种价值品质体现的假设之上。在过去的赛季里确实如此，但是对于 SAP 的重新创造来说，成功与否取决于 SAP 能否获得用户数量的飞跃。软件产品的易用性是先决条件，如果你的目标是为 10 亿个用户提供服务，那么你的产品显然必须做到简单易用。而且，产品还必须颇具吸引力，让 10 亿人都想使用它。新的思维模式改变了像敏捷开发团队这种类型的自我管理团队的决策方式，管理层将不再下达具体的指示，也没有必要编写冗长详细的需求文档。

勇于挑战假设

在赛季转换之际，企业的领导者必须创造一种新的思维模式。首先，哪些以前正确的假设现在已经不再适用？例如，第 7 章提到的那些假设。挑战假设很困难，就像评估哪些角色或技能对企业不再重要一样。在新赛季，你也同样必须挑战那些阻碍实现企业梦想的思维模式。

其次，在新赛季中取得成功需要哪些新的假设？在未来的市场中，企业将如何成为一个重要的、不可或缺的参与者？你的企业该如何运作，与原来的运作方式有什么不同？为了实现梦想，对 SAP 而言，最重要的、新的假设就是提高产品易用性，以及加快研发和客户增长的速度。

新的假设被确定后，你就可以定义一种全新的思维模式，用以指导企业的决策过程，朝着与企业梦想相一致的正确方向前行。作为企业的领导者，我们必须思考"如何描述这种全新的思维模式，来让所有人凭直觉就可以做出最有利于实现企业梦想的决策"。

思维模式不应该像一个固定的程序那样支配着每一个决定。很多企业都有处理各种事物的固定程序，比如处理客户投诉。程序或经验法则与思维模式是不同的，思维模式时刻提醒人们在做决定时什么才是最重要的。

思维模式必须清晰，同时允许员工运用自己的判断。员工可能会找到比预先计划更好的解决方案。美国零售连锁企业诺德斯特龙百货公司（Nordstrom）以售后服务著称，该公司向员工传达的最重要的一条信息是"在任何情况下，都要运用你的最佳判断"。

象征性的举措可以帮助你去厘清思路。当丹麦银行的新任首席执行官托马斯·博根取消了高管团队的司机和高管专用的餐厅时，这一象征性的举动，突出强调了一种新的思维模式，即丹麦银行为所有人服务，而不仅仅只为精英阶层服务。

为重塑的组织建立一种特定的思维模式，将梦想转化为接近行为的日常决策，这是释放人的潜能最强有力的方式之一。

关于思维模式的一些建议

- 评估企业里的哪些假设相较于未来的市场和企业梦想已经不再适用。
- 定义一个全新的、能够帮助实现企业梦想、能够最大限度地改变员工日常工作习惯的重要假设。
- 将企业对未来的假设转化为企业理念,用一句箴言进行总结,以便让员工在日常决策中拥有正确的思维模式。
- 确保每个人都理解"参赛、比赛"的理念,以及人们需要什么样的思维模式及后续行动来比赛。
- 以新的思维模式开展工作。对新的思维模式进行沟通、讲解及阐述。
- 一定要在行动中体现出新的思维模式。牢记每个人都在以企业领导者的一言一行作为榜样。

框架:最佳的比赛场地

企业的理念、员工的思维模式将企业的梦想转化为人们日常工作中的各种决策。变革平台的另一部分,即框架,是企业在经营活动中各种限制条件和界限的组合。框架包含了企业运营的所有条件,它既包括法律法规、合规规则、标准、条例等外部条件,也包括企业组织结构、经营模式、决策结构、薪酬模式、行为准则等内部条件。

在体育领域,框架取决于我们从事的运动、我们必须遵守的比赛规则以及比赛目标。因为,所有参赛者都已经了解了比赛的规则和目标,所以他们可以在不花时间去讨论比赛规则的情况下完成比赛。清晰的规则能够让运动员专注于自己的绩效表现，并确保当有人违反规则时能够给出清晰的处理结果。除了比赛规则外，框架在体育运动中还包括我们训练的方法以及我们为提高成绩采用的工作方式。

在体育训练的过程中，发掘团队的潜力至关重要。如果你想要与世界上最好的球队竞争，就必须一直观察这些球队来评估对方的球员是如何训练和发展的。作为教练，我们反复思考"我们能否通过增加训练量来提高我们的水平？"

回顾我的执教生涯，我们关于框架的开发理念可以用以下方式来解释。我们每天都在使用新的训练方法来不断地促进运动员进步。有些训练方法比其他方法效果更明显，我们一直坚持不懈地在训练方法上探索新的道路。其中包括采用在当时来说独一无二的专业录像和计算机分析等方法。我们进行了大量的训练，在这一阶段我们只关注技术执行的质量，并不关注结果。我们这样做是为了确保在竞技水平上先取得质的飞跃，这将改善日后的结果。通常，改变一项技术会在短期内造成负面的结果，但是一旦技术得到了改进，那么从长远来看，我们就会取得更好的结果。在短期内承受负面结果，这需要勇气和耐心。

在训练的过程中，队员互相反馈技术上的表现和问题，并作为彼此的教练相互指导。他们互相帮助，自己的进步也因此得以巩固。

在体育运动中，每次训练都有其相应的重点，单调的技术训练通常特别乏味。因此，我们深入研究了如何才能更好地帮助运动员进行技术训练。事实证明，这些以个人为中心、量身打造的、有针对性的个人训练对提高队员个人和团队的绩效水平有举足轻重的作用。

即使是在赛季的中途，我们仍安排了各种各样的训练项目，聚焦于不断改进每名队员的技术细节，这些训练是队员提高竞技水平的重要动力来源之一。很明显，队员在对细节的不断训练与竞技水平的提升过程中找到了存在的意义。同时，这也让队员个人在团队中建立了自尊，并懂得去尊重他人。

对队员来说，这不再仅仅是成为一支获胜球队的一员，或者是成为比赛中首发阵容的一员。这些训练创造了一种环境，在这样的团队里，队员间互相欣赏，为彼此技能的提升而欢欣鼓舞。这种氛围造就了团队精神，同时也为团队赢得比赛创造了更好的机会。

现在我们回头去看，在当时的情况下，很多决定都是凭直觉做出的，但事实证明当时的决定是正确的。我们关于应用框架的灵感来自本书第4章介绍过的理查德·瑞安和爱德华·德西提出的"自我决定理论"。"自我决定理论"从理论上解释了为什么我们通过识别个体能力、自主性和归属感创造的环境及模式是卓有成效的。所有这些因素都是我们培养队员的核心问题。当然，这一过程中也出现过各种问题，一些队员可能会说"是的，但并非总是这样"。确实如此，但我们总是尽力为之。

任何组织和团队合作的关键是人与人之间的合作。对开展合作的人来说，最重要的是对参与其中的每个个体的意义。合作的过程就是寻找意义的过程，无论是对于独立工作的个体，还是团队或大型组织中的各个部门来说。

在我领导的排球队中，我们建立了一种被称为"特殊的行为准则"的传统。按照这种传统，赢得冠军后的第一次训练对全队来说是一年中最艰难的训练。我们通过这种方式表明："我们赢了，所以现在其他对手会更加努力，希望未来打败我们。所以，今天我们必须再次向前迈出重要的一步，从今天开始，开启新的赛季。"

在排球运动一年一度的赛季规则框架下，不断改善细节成为我们每个人遵循的道路，也是我们作为团队共同的发展道路。这一框架绝不

第8章
变革平台

能被抛弃，在极少数情况下，队员如果不能参加训练，他们总是会通过教练向团队通报原因。这个理由必须被团队里的每个人所接受。我们彼此依赖，依赖于彼此的能力。我们是一个团队，如果我们对彼此失去信心，就会破坏我们共同的梦想。这种情况绝不能发生。

所有训练都以全员列队或简报的形式开始和结束。在全员列队的过程中，我们总是通过全队共同的话题和故事来激励团队。我们共同的旅程将去往何处？下一个激动人心的目的地在哪里？我们能否在明天崭新的舞台上，打开通往新梦想的大门？全员列队时还要明确方向，并宣布每个队员要进行哪些针对性训练，得到哪些提升。针对性训练的目的是什么？如果表述不清楚，队员的积极性就达不到针对性训练所要求的水平。高强度的训练对队员的身体和意志力是极大的考验，需要队员做出郑重的承诺，还要得到其家人的大力支持。

在商业领域，一对一的辅导，一般情况下只会出现在对员工进行年度绩效考核的谈话中。绩效考核通常包括计算前一年的奖金，以及确定明年需要改进的方面。想象一下，企业的领导者能够持续地运用体育领域使用的训练方法及框架对员工进行指导。这将大大加速企业组织中人员潜力的发展，并让流于形式的年度绩效考核失去意义。让我们试想一下，这样的框架对员工绩效表现会产生怎样的积极影响。

企业各个业务的框架常常只关注外部规则。外部规则通常非常清晰，其结果也是如此。然而，在很多企业里，员工都会感到内部框架不清晰也不具有约束力。这有点像站在浓雾弥漫的足球场中，你只能看到最近的标识。你对整个球场的范围没有感觉，所以你只能待在你的视线范围内，看不见你要去哪里。你可能处在正确的位置上，但你的能力是

有限的。来自哥本哈根商学院的简·莫林（Jan Molin）教授解释说，当企业的发展全景不清晰时，个人行为往往显得毫无意义和无关紧要。如果一名员工很难看清企业的发展全景，组织内部的凝聚力就会瓦解，即使有些人努力去做正确的事情。管理层的反应通常是试图通过制定更具体的目标和绩效要求来控制局面，但这只会让员工更难看清他们在企业发展全局中的角色。

我们认为，企业的全局和框架必须非常清晰明确。这种确定性允许员工自由地做出决策并执行，而不必担心犯错。

作为企业的领导者，你必须调整企业的框架，使其在一定时间内能够持续地帮助企业的各个组织获得最佳的绩效表现。但是，必须对框架的调整进行足够多的解释说明，让所有员工都能够理解做出调整的必要性，否则人们就会开始怀疑框架调整的公平性，进而变得消极。

框架必须有意义

正如前面提到的，框架支撑梦想以及人们在细节上的工作。框架不是一个目标，而是一个工具。框架由企业的战略方向所决定。许多企业的领导者宣布将重组作为企业改革项目的一部分。重组可能是必要的，但如果没有很好地解释改变企业框架的原因，这就可能被认为是一种不公平的改变。一些员工加入围绕企业新的战略方向的各种改革项目，并在开始时热情满满。但是，这种热情会逐渐消退，因为企业的框架并没有发生实质性的改变，也没能帮助企业在新的战略方向上取得进展。企业领导者所宣扬的改革和员工每天所经历的实际情况的不一致将会扼杀任何试图改变的努力。

出现上述这种情况的原因可能是企业的思维模式与企业的梦想相矛盾。如果企业说一套做一套，梦想的可信度就会消失殆尽。通常情况下，企业的原有组织结构会成为一种障碍。以 IBM 为例，郭士纳希望更加关注客户的需求。如果 IBM 继续保持其基于区域或产品的组织结构，这将成为 IBM 转型的一个障碍，并让 IBM 的梦想变得毫无意义。令人欣慰的是，IBM 最终实现了基于全球行业解决方案的全新组织结构，该构架允许 IBM 的各个部门更加面向客户，让它们能够更好地理解客户需求，更好地为客户提供最上乘的服务。这种对框架的调整完全符合 IBM 成为领先服务型企业的梦想。

谁应同场竞技

企业在创建框架时最重要的问题是"哪些员工应该在同一个团队中工作"。

如果软件研发人员要与产品设计人员紧密合作，他们就不应该相隔十万八千里。也许他们本就不应该被分配到不同的部门，他们甚至应该在同一间办公室里工作。

在 SAP，我们在决定引入敏捷开发方法之后得出上述结论。在此之前，SAP 的组织结构是基于专业领域的，这与 SAP 旧的假设相吻合，即复杂性是好的。但是，当 SAP 转换赛季时，简化和加速起到决定性的作用，所以关键的角色必须在同一团队中一起工作，不能再像井底之蛙一样，只顾着自己头上那一小片天空。SAP 的组织结构从专业化、层级化的结构转变为自我管理的团队。

与此同时，SAP 管理层的角色也发生了变化。当敏捷开发发挥作用时，自我管理的团队就会进行自我调节、自我管理。因此，企业管理层的管理工作重点也发生了根本性的变化。管理的职能不再是计划、决策和评估，而变为指导团队成员，发展团队技能，为团队发展消除障碍。

这种转变意味着我们可以大大减少 SAP 的组织层级和中层管理人

员，因为自我组织的敏捷团队只需要产品经理和敏捷教练负责管理产品交付，而不再需要其他的管控。事实上，企业中层管理者角色的转变是企业转型过程中需要克服的最大障碍之一，因为角色的转变挑战了组织内部原有的权力结构。在 SAP，很多中层管理人员在此后被赋予了更接近产品或客户的角色，并体验到了更高的成就感，因为他们成了更具有意义、直接创造价值的过程的一部分。

———

每一家企业都应该因地制宜，因为不存在放之四海皆准的公式。对于 SAP 而言，通过敏捷开发团队这种自治型团队实现 SAP 的梦想是正确的，但这并不代表这就是你实现你的企业梦想的最佳框架。有些企业应该让一些职能角色更紧密地结合在一起，而另一些企业则需要跨部门的团队，重点是要消除妨碍协作和企业变革的障碍。如果两个部门之间经常发生冲突，这很可能说明企业框架不是最优的形式。然而，这也可能是一种迹象，表明企业框架对所有人来说都不够清晰，也说明角色分配和对协作的期望不明确，这是产生不确定性和滋生冲突的温床。

透明度与可见性

综上所述，框架必须对每个人都清晰可见，这样人们就能够看到整个比赛场地，并知道谁该在什么位置上发挥什么作用，以及哪些角色间相互依赖。即使你只是扮演其中的一个小角色，如果你能看到全局，知道你所做的事情如何融入全局，你的绩效表现就会提高。因为透明、可见的框架提高了人们参与的积极性，同时加强了人与人之间的合作关系。

框架界限的透明度与可见性给人们创造了一种信心，让人们的自主性得以增强，在这个框架内人们可以自由地发展。我们认为，企业应该加强对员工赋权的意识。那些与客户或产品有密切联系的员工通常最了解企业的真实情况以及应该如何改进。数字化进一步促进了透明度的提高和知识的共享。但是，授权并不意味着"想做什么就做什么"。每个人都拥有共同的梦想和思维模式，企业框架清晰可见，这是更多地向员工赋权的先决条件。

当各个组织中所有的员工都理解了企业的梦想是什么，并在关键细节上提高自己和组织的绩效表现时，他们就会主动提出改进建议。领导者的职能从做出重要决定转变为提出相关问题，而这些问题的答案将来自企业的员工。

每个员工都必须了解企业与梦想之间的关系，以及如何改进关键细节中的技能。同时，在企业里如何就这些内容进行沟通，对企业重塑成功与否起着至关重要的作用。

校准框架

为了更简单直观地介绍如何使用和校准框架，我们把框架想象成一个体育比赛场地。思维模式是比赛的核心策略，即我们如何比赛才能赢；框架是球场上的标记和比赛中必须遵守的规则。在比赛场地上，运动员必须利用他们的角色和技能，作为个人和团队共同合作，朝着梦想的方向前进。

教练不能控制场上队员的每一个动作，因为比赛节奏太快。但是，教练可以确保所有队员都有相同的思维模式，即比赛策略。教练还可以确保比赛场地和比赛规则对每个队员来说都是清晰明确的。除此之外，教练还可以通过赛前训练来确保关键细节得到了充分训练。通过这些措施，教练确保球员充分发挥他们作为团队的潜力，并增加了实现梦想的可能性。想象一下，不清楚比赛场地在哪里，或者团队成员不了解比赛规则，甚至不清楚能否拿起球带着球跑，这种情况将对比赛造成怎么样的影响呢？

有些教练会试图在场外控制一切，但这远不如让球队自己做好准备，训练他们以最佳的方式比赛来得有效。获得以最佳方式比赛的能力，是通过让人们拥有一个雄心勃勃的梦想、一种共同的思维模式、一个清晰的框架以及对那些关键细节进行训练来获得的。在体育运动中，人们对这一点有非常清楚的认识。在商业世界中，人们是否也已经清晰地认识到了这一点呢？

保持框架的清晰和统一是成功的关键。企业的领导者必须对框架进行校准，以此为团队提升绩效表现创造出最好的条件。"框架"能否在不改变企业发展"方向"，削弱企业"志向"的情况下给予员工最大的行动自由？框架是清晰可见和易于理解的吗？框架是否允许团队充分发挥他们的潜力？

当团队发展并达到新的绩效水平时，我们需要再次对框架进行调整。在赛季转换而发生根本性变化的时期，当企业的各个组织从旧赛季转换到新赛季时，要不断地对框架进行重新校准。在变化较少的时期，企业面临的主要挑战是防止框架变成一种官僚主义的束缚。

就框架的调整进行积极的沟通十分必要，框架必须得到所有员工的认同。如果在没有通知或做出任何解释的情况下对框架进行调整，就会让人们产生不安全感和挫败感，从而导致绩效水平下降。如果不对框架的调整进行沟通，人们就会开始讨论框架本身，而不是专注于实现雄心勃勃的梦想。企业的组织结构或者谁向谁汇报成为员工午餐桌上的主要话题，就是对框架调整沟通不充分的体现。

第8章
变革平台

毫无疑问，有些企业的领导者会坚持认为，理解变革并接受框架是员工自己的问题，管理层又不是心理医生。但根据我们的经验，关注企业财务业绩和人的潜力之间并没有矛盾，两者是相辅相成的。为了达到出色的绩效水平，领导者必须确保所有员工共享同一个梦想，对关键细节进行训练，让员工在共同的框架内工作，并基于共同的思维模式做出决策。作为领导者，如果你不充分关注人的因素，即使不是完全不可能，但你也很难带领企业取得较高的绩效水平。毕竟，在大多数企业里，人为因素创造了差异化的基础，而这正是快速重塑企业的关键因素。

这并不是说企业应该接受或适应每个员工个人的愿望或期望。但当你改变了框架后，新的框架应该是可见的，是与企业的梦想相一致并被每个人所接受的。企业的领导者不应在没有充分理由的情况下随意改变企业的框架。当改变的原因与雄心勃勃的梦想以及开发关键细节的需求相一致时，人们就会被改变所鼓舞，并积极投身到企业下一阶段的再创造之中。

关于框架的一些建议

- 定义一个公开的、条理分明的框架，使之与企业的梦想和变革保持阶段性一致。允许员工在框架内发挥其积极性，自由地去执行。
- 建立一个既可以对当下赛季进行优化，又可以开发新赛季的框架。有可能需要一个临时性的框架，来保护新赛季初期的各种成果。

- 裁撤不必要的组织结构层级，以确保关键细节得以最大规模的扩展，这样那些毫无价值的行为就不会影响企业的全局发展。
- 定义企业未来的治理模式和会议结构，以确保新的角色和技能到位，确保各部门间的协作顺利进行，并随着时间的推移不断对之加以改进。
- 当企业的各个组织进入重塑的下一个阶段时，重新对框架进行校准。确保梦想与细节之间总是保持着最理想的关联状态。明确变革的意义，对变革进行透彻的解释，这将促进并加速企业重塑的进程。
- 框架不但要确保为释放和发挥每个员工的潜力创造机会，同时还要为团队内的、跨部门的协作提供最理想的环境。

参考及
译者注释

[01] 《华盛顿邮报》(*The Washington Post*)是美国华盛顿哥伦比亚特区具影响力且发行量大的报纸之一,共获得47项普利策奖,其中2008年获得独立的6项普利策奖,仅次于《纽约时报》在2002年创下的一份报纸获得独立的7项普利策奖的纪录。该报总部位于华盛顿K街富兰克林广场,20世纪70年代初期该报记者领导了美国媒体对水门事件的调查性报道,导致了尼克松总统的辞职,该报因此名声大振。"华盛顿邮报"擅长报道美国国内政治动态,自由派人士和保守派人士均在《华盛顿邮报》上撰写专栏。"华盛顿邮报"网站为美国流量最大的新闻网站之一。2013年10月,"华盛顿邮报"以2.5亿美元现金的价格被杰夫·贝佐斯控股的公司Nash Holdings收购。

[02] 诺德斯特龙百货公司是一家美国高档时装零售公司,由约翰·W.诺德斯特龙与卡尔·F.沃林创建于华盛顿州西雅图。它最初是一家鞋类零售公司,后期将业务扩展至服饰、饰品、手袋、珠宝、化妆品和香水。一部分诺德斯特龙百货公司还有婚礼与家居部门。

多年以来,诺德斯特龙百货公司的新员工在入职时都会收到一张灰色的 13 厘米 ×20 厘米大小的纸,上面只写有简短的员工手册:"欢迎加入诺德斯特龙百货公司。我们很高兴有你的加入。我们的首要目标是为客户提供卓越的服务。请将你的个人目标和职业目标都提升至较高水平。我们相信你有能力做到。诺德斯特龙规则:第一条,请在所有情况下使用最佳判断。再无其他规则。在任何时候都可以向你的部门经理、商店经理或区域经理提出疑问。"

如今,新员工培训时只被提醒注意"使用最佳判断",并收到一些其他法规和公司期望方面的手册。无论如何,诺德斯特龙一直将"使用最佳判断"作为新员工的首要职责。

第 9 章

全局：保持动态平衡

国家地理学会，是一个折射出历史光辉的名字。100多年来，该协会发表了来自世界各地精彩绝伦的照片和开创性文章。《国家地理》杂志刊登了戴安·弗西（Dian Fossey）和她的《迷雾中的大猩猩》（Gorillas in the Mist），刊登了在秘鲁发现的印加马丘比丘古城、在印度尼西亚发现的未知原始部落居民的照片，以及阿波罗11号宇航员在月球表面所插旗帜的照片。

1888年，33名探险家、科学家在美国创建了国家地理学会，他们希望增加公众对地理知识的了解。同时，他们还创办了《国家地理》杂志，这本杂志成为世界上最著名和受人尊崇的杂志之一。具有象征意义的是，圆珠笔和柯达的第一款手持相机也在该杂志成立的同一年问世。

1998年，当约翰·法伊（John Fahey）成为国家地理学会首席执行官时，《国家地理》杂志月刊仍是该协会的主要产品。此前，"国家地理"创建了自己的网站，出版发行了日文版，并创办了自己的电视公司。这些只是一些很小的改变，因为"国家地理"认为没有必要进行大的改变，他们认为"国家地理"作为信息来源比获取商业利益更为重要。"这是一个有着悠久历史的组织，曾经的辉煌岁月已经一去不复返了。"约翰·法伊后来这样描述当时的情况。他发现"国家地理"既注重形式又过于谨慎，各种决策需要漫长的时间，员工的工作态度是"我怎样才能保住我的职位"，而不是"我们能实现些什么"。

约翰·法伊当时就已经意识到将国家地理学会带入全球化和数字化时代的必要性，他开启了一项大规模的重组计划，从根本上改变了国家地理学会的经营方式。在随后的10年里，"国家地理"从最初的以实体杂志为基础，发展成为一家覆盖全球3.6亿人的多平台企业。"国家地理"学会涉足了多个领域，例如电影、广播节目、音乐、地图、旅游探险、教材、展览和国家地理频道，《国家地理》几乎成为所有有线电视台的固定节目。同时,国家地理学会还涉足电子商务,包括服装甚至园艺用品等。

在很多方面,《国家地理》杂志的改变都是典型的数字化转型驱动的赛季换季,传统的实物产品和实体客户之间的互动受到了数字平台和线上虚拟客户关系的挑战。约翰·法伊非常清楚,赛季转换要求所有的变化因素都在同一时间被校准并同步发展。战略的改变不仅需要产品和商业模式的改变,还需要对企业文化、薪酬结构、组织结构和人员配置等方面进行改革,甚至企业的使命有时也会在赛季转换的过程中受到挑战。2004年,约翰·法伊将"国家地理"的企业使命从"传播地理知识"转变为"激励人们关爱地球"。

你无法欺骗梦想与细节领导力模型

在很多方面,约翰·法伊领导下的"国家地理"采取的措施正是我们要推荐的。首先,"国家地理"明确了要进行赛季转换,并创造了一个更加远大的梦想,这一梦想为"国家地理"在新赛季里指明了方向。这一切都基于一种根植于新目标的激情。其次,法伊确定了在新的商业领域中对转换到新赛季至关重要的那些细节。同时,他也为"国家地理"创造了一种创新的思维模式,以及一个具有创新空间的全新的企业框架。

"国家地理"的例子非常清楚地表明,仅仅依靠梦想、细节和框架是不够的。梦想、细节和框架就像机器上的零部件一样必须经过仔细校准才能互相配合。如果没有对这些元素进行校准并同步开发,那么变革将无法持续。元素之间的平衡和统一创造了必需的意义,并激发出新的潜力。

很多时候，作为企业的领导者，我们需要处理各种各样的事务，分身乏术，因此无法同时开发上述所有元素，我们必须选择关注最符合企业当前优先级，并能在当下为企业带来最大改变的元素。

然而，为了使梦想与细节领导力模型让企业蜕变，必须确保所有元素都处于一种平衡并且相互支持的状态。如果梦想与细节领导力模型的元素之间不能达到平衡，随之而来的问题就会很快显现出来。

作为企业的领导者，你不能仅仅只是建立一个鼓舞人心的梦想，并希望企业自身解决所有细节问题，就像你不能假设企业现有的思维模式和框架仍然适用一样。梦想与细节领导力模型中的各部分必须动态地协同工作，不平衡将降低其效力，出现的变化将是有限的、暂时的。

你无法欺骗梦想与细节领导力模型。如果缺少元素或元素间不平衡，这就要求企业的领导者采取措施。企业的梦想可能不准确，或者梦想无法根植于企业之中。细节也可能没有被赋予正确的优先级。通常情况下，在变革平台上各种问题会很明显地被找出来。企业的思维模式和框架是否支持企业的梦想与细节？企业固有的假设和习惯是否阻碍了企业的发展？

如果梦想与细节领导力模型不符合逻辑，员工很快就会发现问题。一种毫无意义的感觉将取代参与的热情。每个人都必须感受到他们正面对一个契机，能够通过释放自己的全部潜力为实现企业的梦想做出自己的贡献。

不断调整各元素

如果"国家地理"在 1999 年后不做出改变，按部就班地发展下去，那么几年之后，这家企业很可能就不得不为生存而战。但通过对下一个

第9章
全局：保持动态平衡

赛季进行投资，"国家地理"开发出新的业务领域，为其在数字世界中的生存和发展奠定了基础。然而，2008年的全球性金融危机冲击了所有行业，"国家地理"也不能幸免。"国家地理"在2009年进行了裁员并降低了发行成本。对于约翰·法伊和其他领导者来说，关键是要确定企业所面临的这些挑战仅仅由金融危机造成的，还是根本性的变革已迫在眉睫。

随后"国家地理"开展了一项针对近500名员工的内部问卷调查，调查结果显示，员工十分沮丧，觉得有些事情毫无意义可言。他们抱怨各部门之间的权利斗争激烈、冲突管理不善、晋升不确定、许多部门服务效率低下，以及管理层指令不清晰。员工调查结果还显示，竖井思维在企业中占据主导地位，许多新的职能领域被设置为孤立的业务，这在组织中创造了一种竞争的氛围，而不是共同的使命。当三个部门设法在短短两周内推出类似"国家公园"的计划时，问题就变得越发明显。

2009年的种种挑战表明，"国家地理"迫切地需要采取下一步改革措施，进行再次重塑。在开发新业务领域的阶段完成后，需要再次聚焦和对组织进行整合。"国家地理"的梦想对所有人来说是一种普适的价值观，而且仍然很清晰——"激励人们关爱地球"，但"国家地理"众多的、相互竞争的业务部门表明，这一梦想的方向已经变得模糊，各个部门间的合作已经不起作用。当时有14名高管直接向约翰·法伊汇报工作，这表明"国家地理"的企业框架基于竖井式结构，这增加了梦想与细节领导力模型中的不确定性，让各元素无法达到平衡状态。

"国家地理"的新战略中有一些很好的元素，但很明显，这些元素和企业发展全局并没有随着新机遇的出现而共同发展。相反，现有部门和新部门之间出现了竞争。每个部门都更关注自己的成功，而不是为共同的梦想做出贡献，部门间并没有在对企业未来至关重要的细节上合作。

"国家地理"的许多新业务领域造成了优先级的不确定性。核心业务到底是什么？不同的业务领域如何以相同的方式与客户交互？"国家地理"可以在哪些领域做得最出色并实现他们的梦想？网上内容、电视制作还是商品销售？

员工内部问卷调查发出的明确信号引发了"国家地理"的全面重组，其中包括增设一个新的负责所有部门电子商务业务的高管职位。框架的调整旨在加强各个部门之间的协作，并将面向客户的各种产品进行集成。

"国家地理"是否采用基于独立产品部门的旧框架太久了？该框架最初帮助企业创造了新的机遇，但随着变革的深入，该框架也限制了"国家地理"各部门创造协同效应的可能，也导致企业不断自我重塑的潜力无法充分发挥。几年后，"国家地理"经历了其历史上最大规模的重组。今天的"国家地理"分为国家地理学会和国家地理合作伙伴，前者仍是一家非营利性的杂志出版商并拥有一家网上商店，后者主要负责电视节目的商业运营。国家地理合作伙伴是 21 世纪福克斯（21st Century Fox）公司在 2015 年收购国家地理电视频道的产物。

"国家地理"的案例表明，随着时间的推移，校准梦想与细节领导力模型所面临的挑战和重要性。因此，模型中所有元素都必须同步开发以加快企业重塑的进程。在赛季转换的第一个阶段，挑战可能来自在优化现有业务的同时，还要为新业务领域创造创新的空间。在赛季转换的第二阶段，面临的挑战通常是需要整合不同的创新，创造协同效应，为客户带来更多的价值。

要想成功地重塑一家企业，首先，必须将企业的日常工作与梦想、细节和平台进行校准并使各元素达到平衡；其次，变化是一个动态的过

第9章
全局：保持动态平衡

程，梦想与细节领导力模型中的所有元素都随着时间的推移而同步、不断发展。所以，企业进入新赛季的步伐可能会越来越快，并呈指数级增长。

当一家企业专注于细节，其业绩逐渐提高达到某一点时，可能会激发企业的信心，去加速开发新的能力进而加速赛季的转换。正是这个动态的过程使得赛季转换呈现出指数级增长。如果梦想与细节领导力模型中的元素没有根据变化被调整，就像"国家地理"的情况一样，企业可能会面临发展停滞或各元素间发展不平衡的风险。因此，对于企业的领导者来说，持续关注赛季转换的进展、倾听组织的反馈，并采取相应的行动是非常重要的。

对于一家在旧赛季中业绩表现不佳的大型企业来说，要成功地重塑还需具备对其现有业务进行优化的能力。如果快速进入下一个赛季而不重视现有业务，就可能扼杀企业进行重塑的尝试与努力。在这一方面，那些没有任何历史包袱的初创企业更容易做好，这也是大型成功的企业很少能够拥有的自由。这也就是克莱顿·克里斯坦森所说的"创新者的窘境"。我们认为，这种困境可以通过结合渐进的、革命性的方法来解决，然后逐步加快赛季转换的步伐，直到它成为企业的一种新的运作方式。

新旧业务间的冲突

约翰·法伊成功地重塑了"国家地理"，创建了新的平台，同时保留了现有业务的传统和声誉。这个例子也说明，即使约翰·法伊创造了一个意义明确的梦想，并且在企业重塑的第一阶段取得了成功，最初创造这种变革的平台，随着变革的发展也成了一种阻碍。

开启赛季转换后，企业所面临的最大挑战是随着时间的推移如何加速这一进程，直到完成企业的全面重塑。在赛季转换时，现有业务和新业务之间就会难以避免地发生冲突。有能力确保在正确的时间以正确的速度，从现有的赛季转换到新赛季，是赛季转换成功的决定性因素之一。一旦企业对现有业务过分关注、负重前行，就会在新赛季开始之前被压垮。但如果新赛季受到过多关注，现有业务就可能过早消亡，这将削弱企业的财务实力和完成赛季转换的能力。企业领导者面临的挑战是要确保新旧业务间的共存与合作基于未来的共同梦想。

这种新旧业务间的困境类似于球队想要把新队员整合到一个由经验丰富的队员组成的团队中时面对的挑战。你需要确保老队员肩负起整合这些新队员的责任，并对他们帮助新队员的贡献给予认可。如果不这样做，老队员很可能就会排斥新队员，因为老队员把新队员当作竞争对手。如此一来，随着时间的推移，老队员自己的表现也会变得越来越差。这将在团队内部制造一场"战争"，并削弱团队的整体竞争力。

许多企业领导者和体育教练都曾经试图通过让两支团队竞争有限的资源来发展出一支更强大的团队。但他们最终往往意识到，这并不会加速他们向新赛季的过渡，也不会提高团队的竞争力。

当涉及人的内在意义驱动的动机和敬业精神时，我们回到了我们在第 4 章中介绍"动机键盘"时提到的三个至关重要的心理因素（能力、归属感、自主性）。如果你感受到威胁，或者你的能力受到质疑，你的自主性被剥夺，你就会觉得你在团队中的地位被削弱了。在这种情况下，你会努力"斗争"去抢回你原来的位置。

相反，如果你被要求为一名新队员（新业务）的发展负责，并且你被视为他们走向成功不可或缺的组成部分，因为你有能力扮演这一角色，情况就会大不相同。你将很快进入你的"新角色"，在团队中有了新的身份。这种新角色会得到认可，并重建你的归属感，对你来说，这比和团队里的新队员竞争更有意义。

当有人替代你原来的角色时，你也会认为这是自然而然的事情，每个人都会认为你对新人才的发展和团队的改造做出了巨大贡献。

新旧业务之间的过渡是领导企业重塑的过程中最具挑战性的任务之一。你真实的一如既往、有影响力的领导力是解决新旧交替困境的根本之所在。为实现梦想展示真诚的感染力将使团队中的所有成员都因转变而兴奋。你个人对关键细节的积极参与将为每个人的发展，以及释放他们的潜力创造机会。同时，你坚持不懈排除阻力的行事风格也将为企业改革创造可信度。

参考及译者注释

[01] 《国家地理》，原名为《国家地理杂志》（*National Geographic Magazine*），是美国国家地理学会的官方杂志，内容涉及地理、科普、历史、文化、纪实、摄影等。

[02] 约翰·法伊，国家地理学会的名誉主席。1998年3月~2013年12月，他担任国家地理学会的首席执行官。1998年3月~2010年12月，他担任该组织的主席。法伊出生于纽约，1973年在曼哈顿学院获得工程学士学位，并在密歇根大学获得工商管理硕士学位。2008年，他获得了密歇根大学罗斯商学院颁发的David D. Alger校友成就奖。法伊还被《广告时代》评选为100位最佳营销人员之一，并被《爱尔兰裔美国人》杂志评选为100位最佳爱尔兰裔美国人之一。2014年2月，美国前总统奥巴马任命法伊为史密森学会理事会成员，任期6年。

[03] 戴安·弗西是一位研究山地大猩猩的美国动物学家，曾在卢旺达火山国家公园丛林中研究大猩猩种群18年。1983年她出版著作《迷雾中的大猩猩》，讲述了她的研究经历和成果。1985年她在研究营地被杀害，至今尚未结案。

[04] **竖井思维**（silo mentality）也被称为竖井心理或孤岛思维。有竖井心理的个人往往表现出不愿意和协作方分享信息，做事缺乏大局观而倾向于从对自己有利的角度出发。有竖井心理的组织里的成员通常仅仅关注各自的职能或业务。个人或组织因竖井心理而非常有限地关注组织，并进一步阻碍组织里的个体部门对整体运营的卓越性发挥促进作用。由于竖井心理会降低团队士气，造成组织冲突并影响组织绩效，因此一直以来它就是企业管理层常常讨论的热点话题之一，去除组织里的竖井心理也成为团队管理的一个现实挑战。

第 10 章

赛季转换:连接新旧赛季

梦想
与
细节

　　俯瞰纽约曼哈顿，映入你眼帘的是一幅完全不同于世界上任何其他大都市的奇妙景象。曼哈顿的道路纵横交错，宽阔的主干道从北向南，街道则自东向西。但在这纵横交错之间，一片 1.5 平方英里㊀的绿地打破了曼哈顿井然有序的布局，这就是中央公园。

　　在曼哈顿熙来攘往的街道上，人们行色匆匆从一个地方奔向另一个地方，但他们看上去都很专注，一边低头摆弄手机，一边健步如飞。无论他们是步行、乘出租车还是搭乘地铁，他们总是行色匆匆，在曼哈顿时间对人们来说似乎更宝贵。如果你初来纽约，置身于曼哈顿的车水马龙之中，起初你可能会感到疲惫不堪，但最终你会被它所吸引，被街道上嘈杂的能量所感染。

　　与熙熙攘攘的街道相比，中央公园是一个完全不同的世界。对于纽约来说，川流不息的大街小巷就像这座城市的脉搏或是它的名片，中央公园对纽约来说同样重要。在这里，人们得以喘息，不必忙碌与专注。人们嬉笑玩耍、轻松交谈、去爱和思考。在这里，人们有时间抬头看看天空和周围的花草树木。在这里，人们享受着轻松愉悦的氛围，不需要刻意地表现。在这里，人们可以获得自由，让思绪徜徉，让忙碌的生活放慢脚步。

　　在熙来攘往的大街小巷，人们很难产生创造性的想法。创造力也许会随着日复一日的奔忙成长，但只有当你有时间思考、与他人互动时，创造性的想法才会真正地涌现出来。

　　在曼哈顿的大街上，人们都知道他们要去向何处。在中央公园里，人们漫无目的地闲逛，与素不相识的人交流。这通常会激发出意想不到的火花，从而产生新的、原创的想法。或者，用乔布斯的话来说："在我们这个网络化时代，有一种假象让我们认为，使用电子邮件和 iChat

---

　　㊀　1 平方英里 = 2.59 平方千米。

的过程中能够产生出创意。这太疯狂了。创造力来自自发的对话,来自随机的讨论。你遇到某人,你问他们在做什么,然后你说'哇',之后你很快就想出了各种各样的点子。"

令人遗憾的是,许多企业为了铺设更多的"大街小巷"放弃了它们的"中央公园"。另一些企业则把它们的"中央公园"设定并限制在特定的部门里,譬如市场营销或研发部门。企业员工的创造力空间被压缩到最低限度:在非正式的会议场所或在饮水机旁闲逛和聊天是不被允许的。

作为企业的领导者,我们不需要创建一个实体的"中央公园",但重要的是要创建一个空间,让人们可以自由地思考,让人们互动,而不一定要有特定的目的,而且这不应该仅针对在特定部门里工作的少数人。企业的员工也不可能在"繁忙的街道上"获得灵感和新的想法,每个人都可以进入企业的"中央公园",它不是一个封闭的保护区,企业的"中央公园"里的人们也可以自由出入,重新成为充满活力的、熙熙攘攘的街道上的一部分。

企业在尝试自我重塑时,有充分的理由去建造一块用来激发员工创造性思想的"绿洲"。当员工在企业的日常工作中忙碌了一段时间后,有时间和空间来进行创新和思考新的想法时,他们在工作中的表现会更加出色。当我们一直高速奔跑时,我们并不具备创造力。此外,让员工有机会与其他角色和部门的同事进行非正式的沟通可以在整个组织中营造互信的氛围。当我们彼此信任时,我们可以自在地提出新的想法和建议;当我们在一起交谈时,我们就可以更好地了解其他人所面临的问题和挑战,并通过合作来解决这些问题和挑战。企业的梦想和思维模式往往是在这样的"绿洲"里培养出来的,在这里,我们有时间思考自己为什么要做自己正在做的事情,反思并挑战各种假设,提出改进和创新工作方式的想法。

对于那些想在强势地位上进行重塑的企业来说，当前赛季正在进行的工作最好是在"大街小巷"中进行管理，优化现有流程并进行改进。对企业的重塑通常是在"中央公园"里开始的。企业的"中央公园"不仅仅是娱乐和举行非正式会议的场所，也是新思想得以发展和人们挑战固有假设的地方。然而，每个人都需要贡献自己的力量，无论他们服务于当前的赛季还是服务于即将到来的新赛季。

"中央公园"并不比"大街小巷"优越，反之亦然。无论身处何处，提高效率和专注度都是必不可少的。同样，必须挑战假设，提出新的想法，并以非正式的方式进行讨论。作为企业的领导者，我们必须在"中央公园"和"大街小巷"以及它们之间的互动中发挥领导作用。

训练与比赛同步进行

"中央公园"的比喻也同样适用于体育领域。在体育运动中有专门进行训练的时间。事实上，我们大部分的时间都投入到了训练上，因为只有不断训练我们在比赛中的表现才能提高。在训练的过程中，这里的条件就像身处"中央公园"，新的想法可以在这里测试、开发和提炼，而无须冒很大的风险。由于大部分时间都被投入在训练上，因此你才能够在比赛中发挥得更好。这种情况对一家大型企业来说很难实现，因为企业不可能投入一两个季度的时间对员工进行培训。企业必须在优化现有业务（即训练）的同时，为新的赛季不断进行尝试。

在许多企业里，尝试往往仅限于研发部门，员工在那里对企业未来的新想法进行实验。然而，对这些创新实验的投入既来自企业内部也来自外界。训练和比赛最大的区别就是在训练中犯错是被允许的。在训练阶段，对创新实验的投资很小，它们必须以"迅速失败或快速扩展"的方法为指导。这能减轻失败带来的压力，并将失败转化为学习的机会。企业的各种尝试必须首先去挑战企业的现有假设，并通过各种尝试去检验新的想法。

训练中最困难的工作是为新赛季中的创新项目确定优先级。并不是所有的实验项目都能在新赛季中出现，所以在很多方面这都是一个筛选的过程。选择特定的项目并押注于它们的成功需要勇气，而拒绝和终止创新实验项目则需要更大的勇气。这对有效地开展赛季转换是至关重要的。同样，在体育运动中，训练期间开发出的新技能，在被确认能够显著提高团队在比赛中的竞争力之前，不会被比赛计划采纳。

一旦做出同意或拒绝某一项目的选择，企业的领导层就要改变关注点。企业领导者的关注点将朝着围绕新的方法建立信誉，以及最大限度地扩大应用这种新方法的规模的方向转变。在这个阶段，并不需要过多地关注创新实验项目本身，而应更多地关注关键细节（通常是新的技能和新的工作方式）。

当正确的想法和具体的项目形成规模，新的细节被开发并成为现有业务的一部分时，赛季转换就会发生。这就是一家企业进行自我重塑的过程，而且这一过程可以不断地循环往复。

从尝试和构思到形成规模并进行整合，这一动态过程可以通过不同阶段的指数曲线来描述（见图10-1）。

如图10-1所示，企业的业务活动由现有业务和同步进行的面向新赛季的新业务活动所组成。新赛季的产生经历了"尝试"和"扩大规模"两个阶段。在早期阶段，尝试并探索新的想法，这是一个需要快速迭代并具有高风险的阶段。一些想法要么很快被抛弃，要么进入下一个阶段，被进一步开发。企业重塑的过程可以概括地分为三个步骤：选择正确的想法，扩大规模，在现有业务中将新技能融入新的最佳实践或习惯。

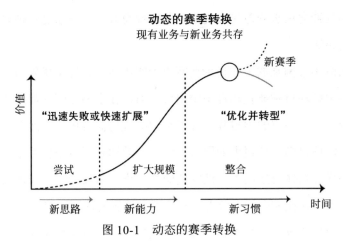

图 10-1 动态的赛季转换

引入新赛季

初创企业往往只需要专注于新赛季。然而，对于一家服务于现有客户并与当前竞争对手竞争的成熟企业来说，情况却并非如此。有些人会说，初创企业开启新的赛季相对来说更容易，因为它不会被现有业务的习惯和企业传统所束缚。这也许是对的，但是如果你能在当下赛季和新赛季之间创造出适当的平衡，那么拥有一项运营良好的现有业务，将是你进入新赛季的巨大优势。

许多初创企业投入了大量的时间试图获得在新赛季中扩大规模所需的资金，而成熟企业往往具备对下一赛季进行投资的财力。成熟企业比初创企业在资金上更具有优势。除了拥有资本和资源外，已有的品牌知

第10章
赛季转换：连接新旧赛季

名度、成熟的客户关系，以及进入全球市场的渠道也会让成熟企业在进入新赛季的过程中受益匪浅。

尽管如此，初创企业往往会在新赛季的竞争中脱颖而出。它们对新赛季的新规则的反应速度，要快于那些被官僚主义、行动迟缓、错误的假设或陋习所限制的成熟企业。因此，成熟企业的领导者在赛季转换时的任务就是确保企业在面对变化时不会放慢脚步，像初创企业那样行动，同时发挥成熟企业自身的优势、影响力和规模效应。

备战新赛季

在尝试阶段，企业的绝大多数想法会被抛弃，但是一旦某个想法有可能改变整个行业，那么这个创新项目就应该进入下一个阶段，在这个阶段这一想法将被继续开发和扩展。在这一点上，企业必须在许多方面像初创企业一样运作。

通常情况下，开发新想法的机会，需要通过投资计划来评估。然而，企业投资计划的出发点往往只是投资机会的预期资本回报率。

不幸的是，在赛季转换时，这意味着企业往往会倾向于对现有业务进行过度投资，对未来业务却投资不足。造成这一结果的原因是企业的现有业务提供了已知的、稳定的收益，并且被认为风险较小。此外，在新兴领域的投资回报往往是不确定的，而且企业在新兴领域的经验有限。然而，企业的领导者很少会提出这样的质疑："我们不对新兴事物进行投资的风险是什么？"

一旦企业确定了要投资的项目，接下来的挑战就是尽快扩大投资项目的规模。这一阶段要求企业领导者为新方法的发展创造尽可能好的条件。

企业领导者的一项重要责任是为使用新的方法建立可信度,并保护它们不受旧的假设或陋习的影响。就像一颗橡树果,它很可能成长为一棵巨大的橡树,但是它却被遮掩在其他大树的阴影里,没有良好的生长条件,如果你希望这颗橡树果最终能够长成橡树,那么你就要特别关注它。

在这种情况下,企业领导者需要找出新赛季的阻碍并消除它们。其中一个主要的阻碍是创新项目经常挑战现有的赛季,并可能被看作对企业当前业务的一种威胁。因此,创新项目自然会遇到很多阻力,许多人甚至会认为它们毫无意义。此时,领导者必须保护创新项目,确保其早期的成功迹象能够引起人们的关注,只有这样创新项目才能获得足够的发展机会和空间。

一些企业选择在企业外部运营这些创新项目。企业这样做可能有很好的理由,但是我们应该注意到,这使得以后在新赛季中将创新融入现有的组织变得更加困难。你可能会冒着赛季转换发生在企业以外的风险,这些创新项目像快艇一样以自己的速度航行,而企业自身却像一艘在旧赛季里漂浮的、不灵活的大船一样苦苦挣扎。重要的是,快艇也可以作为拖船,与母舰保持联系,帮助母舰更快地驶向新赛季。

在创新项目的开发阶段,成功的关键在于让那些在企业现有业务中经受过考验且思想开放的领导者去领导这些创新项目。这增强了这些创新项目的公信力,并有助于将新的功能集成到企业现有业务的日常工作中。

优化:开启新赛季

企业的一些部门正在努力尝试新的机会,但是企业仍需对当前赛

第10章
赛季转换：连接新旧赛季

季中现有的组织继续进行优化。换句话说，企业的现有业务部门需要在当前赛季集中精力改善和精简现有的流程，来确保企业获得在下一赛季所需的投资和资源。为了防止企业的现有业务在新赛季的实验中占据压倒性的优势，企业的现有业务和新赛季的实验项目通常应该处于两个不同的领域中。这就是约翰·法伊在"国家地理"采用的方式，当时约翰·法伊创建了几个新的并行业务来寻找新赛季的机会。然而，这种方式也存在一定的风险，因为当时"国家地理"原有的业务并没有成为新赛季的一部分，而参与其中的各业务部门也并不认为自己为企业的重塑做出了贡献。

为了避免上述这种情况发生，作为企业的领导者，你必须让每个人都清楚地意识到，企业必须通过提高现有业务的绩效水平来为新赛季提供资金支持。此外，在时机成熟时，企业的现有业务在把新功能集成到业务中的过程中将扮演重要的角色。因此，企业要致力于同一个梦想，即同一方向、志向和激励。企业的现有业务也是整个企业的统一元素，而不仅仅是其中的一部分。企业中从事现有业务的员工必须了解，他们与新赛季的员工一样，对实现企业的梦想同样不可或缺。能够将新技能转移到企业的现有业务当中，对企业的成功再创造起着至关重要的作用。

这是一个周期性的过程，在这个过程中，如何应用领导力也会因业务领域的不同而有所不同。有些领域需要优化，有些领域需要裁撤，有些则需要为其创造尝试和学习的空间。因此，对企业现有的业务和新赛季的业务分别根据不同的标准进行绩效评估尤为重要。

企业现有业务的绩效标准应注重效率、持续改进以及新能力的开发，而新赛季的绩效标准则应以新能力的开发速度和增长为衡量标准。通过区分衡量不同业务领域的绩效水平的方法，你可以更好地评估企业重塑的进展情况，并随着企业在新赛季进入指数级增长，调整领导力模型中的各个元素。

每个人都要为新赛季贡献力量

对企业的重新塑造，要求领导者清晰地告知每个人他们应该如何为企业的重塑贡献力量，因为每个人的贡献都必不可少。如果企业的部分业务失去其重要意义，那么最好将它裁撤掉，而不是忽略它，这将为每个人提供清晰的思路。

企业中从事现有业务的员工通常希望拥有明确的未来，解决这个问题很重要。激励企业所有员工为梦想和未来而奋斗是重中之重。企业的不同部门扮演着不同的角色，它们随着时间的推移而发生变化。随着新赛季的到来，越来越多现有业务部门的员工将参与到新赛季的工作中，发展新的技能，扮演新的角色。因此，新赛季将逐渐成为企业现有业务的一部分。当企业完成面向新赛季的重新塑造时，企业也会有能力去探索下一个新赛季。

新赛季中的董事会

确立正确的企业梦想，关注关键的细节，对企业进行重新塑造，是高管团队的日常工作任务。董事会并没有直接参与这些工作。然而，现代企业中的董事会可以为高管团队创造空间，在企业重塑的进程中发挥其重要作用。

按照惯例，董事会将大部分时间用于评估企业当前赛季的财务业绩。董事会通常每季度召开一次会议，以确保企业每一季度的业绩令人满意，同时确保企业的运营符合法律法规和其他要求。因此，董事会成员的大部分时间都集中在关注企业过往的努力和成果上。通常董事会会将每季度的业绩与预算进行比较，以评估企业是否在按计划运营。但与预算进行比较主要说明高管团队在规划以及在执行计划方面做得够不够好，而不能表明企业在市场上的表现到底如何，对预算的评估也不能表明企业在重新塑造方面的进展情况。

每季度的业绩也会与去年的业绩进行比较，这是一个目的更加明确的对比，因为这种对比可以告诉我们一些关于自去年以来企业的发展状况。然而，它仍然没有透露企业在新赛季的进展情况。许多董事会还会花时间评估企业的业绩相较于其他竞争对手如何，这是一个必不可少的分析。但即便如此，你也正冒着将自己与传统竞争对手进行比较的风险，因为传统的竞争对手都是在按照旧赛季的规则比赛。

一般情况下，董事会花在评估新晋竞争对手上的时间太少，这通常是因为这些竞争对手往往规模较小，影响力不大。然而，如果一个竞争对手的年增长率超过50%，那么它的规模有多大已经不再重要了，因为这样的竞争对手可能已经找到了一种为客户创造价值的新方法，这将挑战下一赛季的比赛规则。因此，不仅仅是企业高管，董事会也必须去了解竞争对手正在以怎样不同以往的方式为客户创造价值，这将为你的企业创造新的机遇。

除非企业的现有业务出现重大危机，否则董事会应该投入足够的时间来了解未来的赛季，并确保企业为新赛季投入了充足的资金和资源，以创造新的机遇。在这个巨变的时代，董事会最重要的责任之一就是确保企业未来可期。

管理风险也意味着要承担风险

除了评估每个季度的财务报表，董事会还会评估企业面临的各种潜在风险。管理风险是确保股东利益的一项重要任务。然而，这项工作不能成为规避风险的借口。在赛季转换时，不愿冒险的倾向可能是所有风险中最大的风险。

近年来，企业董事会的作用发生了重大转变。传统意义上，董事会的主要工作是确保企业合规，即企业的行为符合法律、法规和各种规章制度。在过去的几年里，对企业治理的要求大幅提高，部分原因是2008年的金融危机以及出现了一些企业及其管理人员未能妥善履行职责的丑闻。因此，确保企业合规的任务非常重要，在许多方面，董事会的治理模式为企业文化确定了基调。

以健全的法律、法规管理企业是成功的必要条件，但这远远不够。在这个瞬息万变的世界中，企业必须在发展新业务的同时优化现有业务，因此董事会承担的任务远比仅仅是确保财务报表准确、企业合规要紧迫得多。

开拓未来

首先，董事会需要确保企业拥有正确的战略和鼓舞人心的梦想。企业的战略应集中精力，并转化为明确的"方向"、具有挑战性的"志向"和鼓舞人心的"激励"。制定企业战略不是董事会的工作。但是，董事会必须确保在战略制定的过程中提出正确的问题。董事会成员可以帮助管理团队挑战企业的现有假设，激发新的灵感。董事会成员具备其他行业的经验和能力来扩大企业的眼界，对企业来说是非常有利的。通常情况下，来自其他行业的经验可以成为发现新赛季和确定关键细节的催化剂。

为了帮助企业开展赛季转换，董事会必须要求高管团队对整个价值链进行分析，并基于由外向内的方法评估企业未来的增长潜力和盈利能力。如此一来，企业的战略对话就会聚焦在企业未来应该扮演怎样的角色上。对快速增多的新竞争对手和客户未来需求的分析，也可以作为开启赛季转换的灵感。企业的战略工作是否落到实处取决于战略是否已转化为具有正确方向、雄心勃勃、鼓舞人心的企业梦想。

另外，董事会最重要的作用还包括确保企业拥有正确的领导团队。拥有适合的高管对企业提高重塑的能力起决定性作用，就与在体育运动中选择适合的教练团队一样。赛季转换有时需要全新的技能，因此高管团队能力的发展对企业的再创造至关重要。

董事会要对高管团队的组成和职责的划分进行持续评估，这有助于确保企业从旧赛季到新赛季的动态过渡。另外，随着企业进入新赛季，对董事会成员的构成和关注点也需要不断地调整。

定义成功

董事会的另一项重要任务是决定如何对高管团队进行奖励，这不仅仅是薪酬的问题，更重要的是企业如何定义成功。具有良好职业素养的高管通常不会被奖金计划中的个别项目所激励，而是会专注于对企业有利的事情。然而，董事会通过薪酬结构向企业内部和外界传达了一个明确的信息，即董事会认为什么对企业来说是重要的。因此，薪酬制度成为在当前赛季和新赛季之间取得平衡的重要工具，结合正确的思维模式，可以加速企业重塑的过程。

通常情况下，高管团队的薪酬是固定薪酬和各种激励措施的组合。在大多数企业，短期激励根据企业达到年度预算的能力来计算。这种短期激励的缺点在于，基于短期业绩发放的奖金会让高管团队将注意力集中在当前赛季，因为现有业务通常比新赛季的任何投资都更有利可图。此外，这种薪酬及奖励模式建立在企业未来是可计划的假设之上，但这种情况实际上很少发生。

换言之，董事会必须挑战企业对成功的定义，使其更具可持续性，以支持企业的重塑。要让梦想与细节领导力模型发挥作用，董事会就必须要求高管团队不仅要确定财务目标，还要制定绩效目标，以衡量企业在开拓未来机遇的关键细节上的能力。如果董事会能够了解从当前赛季到新赛季的转变是如何发生的，那么董事会就可以更好地支持管理层为重塑企业所付出的各种努力，董事会也能够更好地满足股东对企业长期成长和价值增长的期望。

结合长期激励措施，这将在企业所有利益相关者之间建立一种统一的平衡。这种平衡增加了重塑企业成功的可能性，进而让企业获得可持续的成功。

基于正确的管理模式、风险管控和信任，通过提出正确的问题，董事会就可以在企业重塑的过程中给予支持，帮助高管团队承担适当的风险，做出艰难的决定，并帮助企业在现有业务和新业务之间找到适当的平衡，这样一来，董事会也成了企业在强势地位开启自我重塑的催化剂。

关于董事会的工作，需要解决下列问题：在董事会会议上，应该投入多少时间讨论现有业务？应该投入多少时间来回顾下一赛季的创新项目的规划？我们想在哪个领域尝试并冒险？我们学到了什么？哪些细节对企业的未来至关重要？在下一个赛季中，企业需要哪些新技能？我们如何衡量我们优化现有业务的能力以及在新业务中的执行力？我们如何才能加快重塑企业的进程？

换言之，如果赛季转换即将发生，那么董事会应该集中精力，组织会议进行讨论，让高管团队能够以更快的速度逐步完成赛季转换。开启新赛季必须得到董事会的大力支持。在董事会里，大家共同设定了企业的志向，定义了企业成功，评估了风险。董事会与高管团队之间相互信任的关系为企业的成功重塑奠定了基础。

DREAMS
—AND—
DETAILS

参考及
译者注释

[01] **预期回报率**（expected rate of return）为每种可能回报率的所有可能结果与各自发生的概率的乘积之和。最低预期资本回报率（minimum acceptable rate of return）又被称作停止投资率（hurdle rate），是在已知一个项目风险以及放弃其他项目的机会成本的前提下，投资者或企业愿意接受的这个项目的最低回报率。在很多情况下，可以将其视作最低收益率的同义词。

[02] **董事会**（或称董事局）是一家公司最高的治理机构，由多位董事组成，其代表者称为董事长或董事会主席。理论上说，控制一家公司的实体有两种：董事会和股东大会。实际上，不同的公司董事会的权力差别很大。大型上市公司的董事会还有一个特点，就是董事会通常拥有实际权力。董事会主要由三大类型衍生出来：英美模式（单轨制：股东大会→董事会→各委员）；德国模式（双层制：股东大会→监事会→董事会）；日本模式（双轨制：株主总会→取缔役会；株主总会→监察役会）。一人可担任多家企业的董事。

DREAMS
—— AND ——
DETAILS

第 11 章

领 导 力

2017年，美国《财富》杂志将芝加哥小熊队（Chicago Cubs）运营总裁西奥·艾普斯坦（Theo Epstein）评为全球最佳领袖，其排名高于阿里巴巴集团的马云、教皇方济各（Pope Francis）、梅琳达·盖茨（Melinda Gates）、安格拉·默克尔（Angela Merkel）和杰夫·贝佐斯等世界级领袖。

西奥·艾普斯坦获奖的理由是他在2012年提出的一个梦想，即带领芝加哥小熊队赢得世界棒球职业联赛（Baseball World Series）的冠军。在艾普斯坦加入小熊队时，小熊队已经有100多年没有赢得过世界级大赛的冠军了。西奥·艾普斯坦和小熊队在2016年获得了梦寐以求的冠军。决赛前的一系列比赛吸引了来自美国不同地区的观众，人们聚集在一起见证了这一长期处于劣势的球队一路过关斩将最终成为世界冠军。值得注意的是，小熊队成功地实现其梦想是建立在专注于人类的潜能和价值开发的基础之上的，这也正是本书反复强调的重点。

西奥·艾普斯坦在此前曾担任波士顿红袜队（Boston Red Sox）的总经理，他也成功地带领波士顿红袜队多次参加世界大赛，并两次赢得联赛冠军。西奥·艾普斯坦的方法在很大程度上基于数据分析，这使得他能够准确地识别每个队员的个人素质及其在比赛中的作用。

2011年，波士顿红袜队正处于危机之中，排名不断下滑。球员之间冲突不断，当获胜遥不可及时，球队的意志崩溃了。在波士顿任职期间，西奥·艾普斯坦深深地领悟到，要想获胜仅仅依靠提高球员技术、技能和加强数据分析是远远不够的，当比赛进展顺利时拥有坚强的意志，并不意味着当比赛出现问题时，球员也能坚守这种坚强的意志。带着这些经验，艾普斯坦来到了芝加哥，他深知，芝加哥小熊队想要赢得世界职业棒球联赛的冠军，必须依靠那些在逆境中也拥有坚强意志的球员。

第11章
领 导 力

在芝加哥小熊队为期三天的全体教练和团队领导参加的研讨会上,西奥·艾普斯坦在最初两天谈到了他对球队管理的总体理念,包括团队的比赛策略等。研讨会最后一天的全部时间都用来探讨艾普斯坦认为至关重要的关键细节,即人的性格特征。西奥·艾普斯坦不仅要求球队的球探寻找技术娴熟的球员,而且也要求他们必须根据自己的观察和基于熟悉球员的人的反馈,提供详尽的报告来评估球员的个人性格特征。西奥·艾普斯坦十分重视这些报告,因为他深知人的性格特征对实现梦想的重要性。

西奥·艾普斯坦信心十足地表示将带领球队赢得世界职业棒球联赛的冠军。他的领导力是建立在激发人类最优秀的品质以及提高俱乐部发挥这些品质的能力之上的,后者和人的性格特征本身同等重要。西奥·艾普斯坦认为小熊队需要专注于细节并不断开发这些细节,还要拥有一种绩效思维模式,通过为球员和球队创造最佳的条件来释放他们的潜力。

"当人们做一件事时,他们甚至不确定自己是否有能力,我认为这又回到了人与人之间关系的问题上。"西奥·艾普斯坦在《小熊队之路:打造最佳棒球队并打破诅咒的禅意》一书中解释道,"与队友的关系、与团队的关系,队员需要感觉他们属于这个环境。我认为这是一种人类的需求,一种感觉彼此相连的需求。我们并非孤立地生活于世。大多数人不喜欢单独工作,有些人可能喜欢,但喜欢独来独往的人通常不会玩棒球,也不会加入美国职业棒球大联盟。"

《财富》杂志将一位体育界高管评选为世界顶级领导者,这向我们表明,领导者可以从体育领域学到很多值得借鉴的东西。西奥·艾普斯坦本人对获奖则表现得很淡然,他在发表获奖感言时笑称,他甚至无法让自己的狗不在地毯上撒尿。"我根本不是我们团队里最好的领导者。最好的领导者是我们的球员。"他的回应说明了他的领导方式,他把别人放在自己前面,勇于在事情进展不顺利的时候站出来承担责任,但把成功归于他人。

体育领域的成功领导者

体育领域的领导者总是关注个人和团队的表现及动机。成功的体育团队的领导力风格有几个共同的特征,这些特征已被详细论证过。这些特征也与我们的领导力哲学相一致,因为它们都围绕着梦想与关键细节来推动领导力,使之成为未来发展的起点。

在《超越胜利:伟大哲学家教练的永恒智慧》一书中,加里·沃尔顿(Gary Walton)指出了体育领域成功教练和领导者的一些显著特征。

- **体育领域的领导者尤其注重以价值为导向**。西奥·艾普斯坦对人的性格特征的关注,是许多顶级体育俱乐部应用基于价值导向的领导力的一个例子。价值被置于首位,把奖杯带回家(赢)和如何赢得胜利一样重要。在应用梦想与细节领导力模型时,对价值的专注就是梦想中鼓舞人心的激励元素,它贯穿于企业的思维模式和框架。

- **体育领域的领导者以梦想为基础,有明确的方向和志向**。在体育界,几乎所有的成功都有一个共同点,那就是每个成功的团队都有明确的方向。在梦想与细节领导力模型中,基于企业想要在未来市场中扮演的角色,拥有一个清晰的方向,将让企业的梦想变得更可信。

- **体育领域的领导者对绩效表现都有很高的期望**。在体育界,当教练激励团队去挑战他们之前未曾想象过的巨大成就时,人们的动力和参与热情就会飙升。很多人在有机会大展拳脚时也会有同样的感受。激发人们的动力和参与热情,使之达到实现某一成就的水平,这需要对人类心理有很好的理解,梦想必须具有足够的挑战性,足以激励人们。同时,梦想还要现实到让人们相信它可以实现。在梦想与细节领导力模型里,拥有雄心勃勃的志向和对细节的不懈努力对实现高水平的绩效表现至关重要。

- **体育领域的领导者引导人们高度关注细节**。在大多数体育团队中,教练对每个运动员进行一对一指导是常见的形式,因为每个人的表现都十分重要。一些运动员需要大量的指导和帮助,而另一些运动员则需要更具体的指导和反馈来激励自己。因此,没有放之四海皆准的解决方案。在梦想与细节领导力模型中,对个体的领导力是通过领导细节来实现的。对团队则必须通过构建平台和框架,来提高团队整体的绩效表现以及增强团队的协作能力。

- **体育领域的领导者始终如一、充满爱心**。在体育界表现出色的领导者能够在适当的时机给人以激励,同时也能挑战团队里的个体。同理,企业的员工也不应该对自己的方向产生怀疑,当他们表现出色时,即使结果低于预期,领导者也必须给予认可。同时,领导者也需要证明个人业绩是重要的、有回报的。对员工的批评应该是有建设性和针对性的,例如"我们能从错误中学到什么",而不是"我们做错了什么"。

- **体育领域的领导者诚实、正直**。诚实、正直与言行的一致性有很大关系,但诚实、正直在很大程度上也与企业内部和外部沟通时的可信度有关。你必须依靠企业的领导团队，无论你是员工、股东还是合作伙伴。领导者必须对所有人真诚，用实际行动来支持人们的梦想，并证明实现梦想是可能的。这和具有个人魅力是不一样的，尽管这通常被认为是领导者必备的品质。事实上，首席执行官基因组项目（CEO Genome Project）对数千名领导者进行了长达10多年的研究，以寻找他们的共同特点。换言之，如果你沉默寡言，就不要试图成为乔布斯式的领导者。此外，你还需要学会利用自己真正的个性去领导。

- **体育领域的领导者把队员看作完整的人来合作，而不仅仅将之看作运动员**。正如我们在关于细节的章节中所阐述的，发展绩效取决于成为一个完整的、全面的人。因为，个人的发展尤其是在高绩效的环境中，与其职业发展是相辅相成的。领导者要理解"以人为本"的重要性，如果我们不了解员工的个性，不知道如何与他们合作而是与他们对抗，就有可能危及其职业发展。因此，企业需要真正的领导者，而不是不必要的、过多的管理者。美国计算机先驱、海军少将格蕾丝·赫柏（Grace Hopper）曾经说过："你管理一切，你领导人们。"因为只要有人参与，人们就需要领导者。

- **体育领域的领导者在各自的领域中能力出众**。体育界的领导者通常对其从事的体育运动有深刻的理解。他们不一定是这项运动的顶级运动员，但他们清楚地知道要达到完美的关键细节需要什么，他们可以提供有效的反馈。在商业领域中有一种倾向，高级管理人员是不需要特定专长的通才，但要理解和识别关键细节，必须具备专业背景。这并不意味着你必须是一名土木工程师或程序员才能与这些领域中的团队一起工作，但是你必须对需要完成的工作有基本的了解，领导力的一般概念以及围绕它的辅助性职能，包括人力资源、评估方法、各种原理和标准化管理培训，已经把领导力的重点不再局限于专业人才。然而，在梦想与细节领导力模型的思维模式里，专业人才是核心。作为领导者，如果我们想发掘员工的潜力并培养员工，我们就必须利用自己的专业知识和经验。

体育领域成功的领导者的最后一个共同特点是，他们深知个体需要明确的、意义驱动的动机以及被认可的重要性。没有这一点，运动员将不会把他们的教练视为公正的领导者。归根结底，这是人与人之间相互尊重的问题。

如前所述，传奇橄榄球教练比尔·沃尔什特别关注"绩效标准"，这是他领导旧金山49人队的理念，也是他用来消除障碍，帮助他的队员和球队提高绩效表现的方法。

我试图将旧金山49人的注意力集中在如何提高临场表现，以及如何使整个团队尽量不受媒体、球迷、朋友或排名等其他外部因素的影响上。这是一项艰巨的任务，但我基本上完成了。输了比赛会让人沮丧，赢了比赛让人感到幸福。但这两者都不是我努力或关注的焦点。我知道，如果我们能够保持这种专注，胜利就会自然而然地到来；如果不能保持专注，我就会想方设法提高我们的绩效表现水平。这听起来可能不是很高大上，但它是非常全面的，是我推出的彻底的变革平台。

卓越绩效的共同特征

谈及上述领导力品质时，很少有人会质疑它们对体育界所产生的巨大影响。不断地在特定的方向上训练团队的技能，树立远大的志向，就有可能实现梦想并取得非凡的成绩。同样的道理也适用于艺术世界，在艺术世界里，实现梦想和创造不同凡响的表演，需要旷日持久的练习，保持高度的专业精神，并诚实、坚持。

这种领导力哲学之所以对体育界和艺术界的成功举足轻重，是因为这两个领域都在不断经历赛季的转换。释放人类潜能的能力对于进行赛季转换起着决定性的作用。

丹麦皇家剧院、皇家丹麦歌剧前艺术总监、英国皇家伦敦歌剧院前歌剧总监加斯帕·霍尔腾（Kasper Holten）在他的书《诱惑》（*Forførelsen*）中这样描述梦想："梦想让所有人都朝着同一个方向努力，并在前进的路上做出正确的决策。"这正是实现梦想的关键之所在。

在我的世界里，梦想会让人们哭泣。也就是说，我们在歌剧方面的工作要求我们在制作的过程中忘记自己，歌颂美，去感染同事，在细微之处通过关注技术细节来展现虚空浮华或其他的艺术效果。同时，我们还必须牢记我们的目标，我们的梦想是创造感动观众的表演，唤起人们新的情感，触摸他们的灵魂。歌剧院应该成为观众的"心理健身中心"。

加斯帕·霍尔腾的上述叙述再次印证了，一切都源于梦想——如何处理细节、框架和思维模式。

但对我来说，总的原则是让每一位演员都清楚地了解梦想本身，这样他们所做出的每一个决定，都是在这一真实意义的指引下做出的，即要"感动观众"！

体育与艺术领域的领导者的领导力风格和梦想与细节领导力模型所倡导的还有其他共同点。在训练关键细节时，企业的领导者也必须全身心投入。但当比赛或演出开始后,领导者干预的能力是有限的,领导者和教练投入大量的时间和精力去训练和开发团队,就是为了让团队有能力独立比赛并最终获胜。

乐团指挥在很多方面都在传递着梦想与细节领导力的哲学。乐队指挥经验丰富,要对乐队的声音和演奏负责。但是,指挥却并没有发出声音或参与到演奏中。在音乐会中,指挥几乎不会发出任何声音。一名指挥,仅凭手势和表情就可以带领乐团的每个人,让所有人成为一个整体,为观众创造一种独特的体验。指挥首先要了解每个音乐家的角色和技能,然后还要了解他们在乐队中如何相互合作。

但是,指挥也有责任确保每个人都有一个共同的梦想,即音乐应该表达什么,应该给予人们怎样的体验。指挥让每个人都拥有一张相同的乐谱,确保每个人理解自己在全局中的角色,并让每个人的细节演练得完美无缺。如果没有这些在音乐会之前的训练和准备,人们也许仍能听到演奏,但那仅仅是一些声音,绝不会是一种音乐的享受。有了正确的梦想,在这个梦想下,音乐家可以时而独立创作,时而共同发挥他们的全部潜力,交响乐的魔法就这样被指挥创造出来了。

在本书中,我们一直强调企业所处的商业环境越来越接近于体育、艺术和科学领域。在这些领域中,情况会随着赛季和比赛的不同而发生变化。但即使赛季没有转换,大多数成功的领导者,不管他们来自哪个领域,他们也都清楚地意识到,只要关注人的发展,释放人的潜力,就能创造出更高的绩效水平。

高绩效研究院(High Performance Institute)自 2005 年开始,对一组成功的领导者进行了为期五年的研究。研究的目标是确定在商业、体育、艺术和科学领域中,是否存在共通的、能带来最好的绩效表现的领导力特质。研究结果显示,尽管这些领导者在不同的条件下工作,但他们的成功基于三个主要特征：持之以恒、追求完美、不断创新。无论领导者来自哪个领域，该结果都适用。基于这项研究，高绩效研究院为杰出的领导者提出了九项建议。

- 创造意义，注入激情。
- 确保对绩效的开发和日常执行同步进行。
- 培养人才，释放其潜力。
- 听取专业建议。
- 勇于选择团队，并在必要的时候进行裁撤。
- 提供具体的、给予认可的反馈。
- 时常给予真诚的赞美。
- 创造被个体认可的团队文化。
- 让你的直觉成为判断依据的重要组成部分。

上述这些建议得到了西奥·艾普斯坦、加里·沃尔顿和比尔·沃尔什的积极响应，这些建议与罗伯特·格林里夫（Robert K. Greenleaf）在20世纪70年代提出的"仆人式领导"（servant-leadership）惊人一致。詹姆斯·亨特（James C. Hunter）在《仆人》（*The Servant*）一书中指出仆人式领导者具有以下特征。

- 具有领导和帮助他人的意愿和渴望。
- 为事业奉献爱心。
- 为他人的成功服务与牺牲。
- 在别人眼中，作为权威出现。
- 通过赢得的影响力进行领导。

领导者的权利被领导者的责任所代替，迫使人们做某事的权力被人们愿意跟随所取代。

丹麦上校、现任丹麦皇家礼仪官金·克里斯坦森（Kim Kristensen）曾多次作为国际军事行动的指挥官，包括指挥在阿富汗赫尔曼德省打击叛乱分子的一次重大行动。金·克里斯坦森在他的《跟随我》（*Follow Me*）一书中写道：

仆人式领导就是你要关心和爱护你的士兵。在你的领导行为中，你必须理解为什么你应该有耐心，有爱心，保持谦逊，尊重他人并对人宽容。因为你必须牢记，士兵不是为军官而存在的，反之亦然。军官要为士兵服务。你永远不能付钱让士兵跟着你穿越敌人的交叉火力，他们追随你的原因完全不在于此。

因此，一个追求梦想与细节的高效领导者必定是一位"仆人型领导者"，而不是一个"自私型领导者"。领导者为企业和员工服务，企业和员工不是领导者实现个人抱负的工具。

——

在很大程度上梦想与细节领导力模型背后的基本原理是，确保上述领导原则能够在商业活动中发挥更大的作用。我们认为，在艺术和体育领域帮助人们提高绩效水平的领导力对商业领袖极具启发作用。我们相信，就像在体育和艺术领域一样，在数字化的未来，人的素质将成为企业竞争的差异化因素。与此同时，企业转型和重塑的能力决定了谁将成为未来的赢家。

世界著名的中国排球教练郎平就是这方面的榜样。郎平是20世纪80年代排球运动的传奇明星。她是世界上唯一一位获得过奥运会排球金牌的运动员和教练员，无论男排、女排仅此一位。

她被称作"铁榔头",作为中国女排的核心队员,在20世纪80年代连续四次赢得世界冠军。郎平和她的队友所取得的成绩极大地鼓舞了她们的同胞,她们被人们看作民族英雄。她们的肖像被印在邮票上,她们的团队精神被称为"女排精神"。在所有队员中郎平是最著名的明星。

但是,郎平的成就并不止于此。作为教练员,她的执教水平和天赋也被誉为"超乎常人"。她在理解队员、解读比赛和制定战术方面拥有超乎寻常的能力,她应对挑战的成功率以及她从队员那里赢得的尊重使她成为世界上最优秀的体育教练之一。

1995~1998年,郎平成功执教中国女排。在担任美国女排主教练之后,她带领美国女排打入2008年北京奥运会的决赛,并摘取了银牌。

她的传奇并没有就此结束。2013年,"铁榔头"再次执教中国女排。在此后三年中,她带领中国女排在2014年世锦赛上获得银牌,在2015年世界杯和2016年里约热内卢奥运会上摘取金牌。出色的表现和成绩令人印象深刻。

通过郎平说的话,我们可以更好地理解她的执教方法和执教哲学。

女排精神不是赢得冠军,而是明知道不会赢,也会竭尽全力,是你一路虽走得摇摇晃晃,但站起来抖抖身上的尘土,依旧态度坚定!

在一个著名的电视节目对世界上最优秀的女排运动员之一朱婷的采访中,郎平教练表示:"我在世界各地有很多学生,你(朱婷)是最值得我骄傲的!当你站在球场上时,你就是最棒的。所有的困难都是必须去面对的挑战。我相信你能够战胜它们。"

听到这样的话,朱婷泪流满面。随后朱婷说:"谢谢您,郎平教练。在我心里我知道您一直对我非常好。能得到您的指导一直是我的梦想。我会尽力,直到最后一刻。"

第11章
领　导　力

这应该就是教练和球员、领导者和员工之间的关系。我们彼此服务，以释放最好的潜力，共同获得胜利。

用梦想与细节来领导

梦想与细节领导力模型要求领导者在领导企业现有业务的基础上，同时开发新的业务。领导者通过树立梦想、关注细节来领导人们，帮助他们达到更高的绩效水平，帮助他们成为更好的自己，帮助他们超越最好的自己。领导者能否通过梦想与细节来领导，取决于他能否赢得企业的信任并获得员工的尊重，这绝非易事。梦想与细节领导力模型定义了变革型领导力的新要求。

当然，不可能开发出一种能够被所有组织采用和执行的领导力风格。然而，变革型领导力日渐发挥其重要作用：树立一个鼓舞人心的梦想，领导关键细节的开发并引入变革平台。这关乎企业里的每一个人，不管领导者在组织中处于什么位置。这适用于董事会、执行董事会和所有团队领导层。

我们相信，在未来企业的领导者将作为一个团队共同合作，在企业内部和外部的动态协作中进行横向和纵向的运作，就像一个网络。这些领导者必须具有深刻的洞察力，理解和尊重其他人的领导能力，因为企业的领导者只有相互信任、彼此支持才能使企业走向成功。

在企业自我重塑的进程中，领导力也将不断演变进化。这是领导者的责任，通过对企业的重塑以及对他们自己的领导力风格的重塑得以实现。正确的领导力可以激励人们，让人们的绩效表现远远超越他们自己曾经认为不可能达到的水平。

对领导力的重塑势在必行。时至今日，领导力已经远远超出了优化业绩和重塑业务本身的范畴。当今世界是一个全球化、互联互通的世界，不确定性不断增加，各行各业深化转型及改革，企业领导者在推动社会进步方面也发挥着重要作用。

世界经济论坛创始人克劳斯·施瓦布（Klaus Schwab）对"应势而为，勇于担当"的领导力的定义如下。

在一个饱受各种遗留问题、动荡情绪所困扰的纷乱的世界之中，做出正确的决定是当今领导者所面临的一项艰巨任务。要完成这项任务，领导者需要用敏锐的洞察力作为雷达系统，把价值观和愿景作为指南针。没有雷达系统，就不可能被接受；没有指南针，也就不会受人信任。最终，衡量我们的标准是我们的价值观、愿景和行动。今天的领导力不能再建立在权力的基础之上，而应该建立在通过坚持不懈、真诚努力所赢得的信任的基础之上。只有那些超越自身利益，为社会服务从而脱颖而出的领导者，才有资格被视为社会精英。

因此，领导力比以往任何时候都意味着承担责任，展现勇气和承诺，真诚地解释问题的广度和复杂性，积极地提出解决办法，并果断采取行动。

参考及译者注释

[01] **芝加哥小熊队**是一支在伊利诺伊州芝加哥的美国职业棒球大联盟球队,隶属国家联盟中区。1870年成立时是一个独立职业俱乐部。1871年加入国家联合会。在1876年以创始成员加入国家联盟。在长达100多年的队史之中,小熊队一直被"山羊魔咒"困扰着,导致其108年都无法获得世界大赛冠军,故在华人世界里,小熊队又有"光绪熊"的戏称(因为在"山羊魔咒"破除前小熊队夺冠已是1908年的事,那年中国还是清朝时期,也是光绪帝在位的时候),这也让小熊队一直以来都是大联盟乃至整个北美职业体育界中最有话题的球队之一。"山羊魔咒"已在2016年随着球队夺冠而宣告破除。

[02] **西奥·艾普斯坦**是芝加哥小熊队的执行副总裁和总经理。波士顿红袜队在2002年聘用当时年仅28岁的艾普斯坦为总经理,他也成了大联盟历史上最年轻的总经理。2004年,艾普斯坦在他上任的第二年就带领红袜队打破"贝比鲁斯魔咒"夺得阔别86年的世界大赛冠军,并在2007年再度夺冠。艾普斯坦于2011年与小熊球队签下5年合约,并于2016年带领小熊队打破"山羊魔咒",在108年后夺得美国职业棒球大联盟冠军。

[03] **波士顿红袜队**是一支位于波士顿的职业棒球队,隶属于美国职业棒球大联盟的国家联盟东区。球队主场为拥有悠久历史的芬威球场。红袜队是全联盟客场平均观众人数最多的球队之一,而芬威球场对观众人数有限制,使其总上座率无法在联盟名列前茅。它拥有大联盟满场最长纪录,自 2003 年 5 月 15 日至 2013 年 4 月 10 日 794 场满座,包含季后赛则是 820 场。

[04] **贝比鲁斯魔咒**(curse of the Bambino)是指美国职业棒球运动员贝比·鲁斯(Babe Ruth)因 1920 年被红袜队卖给扬基队,因此诅咒红袜队无法再拿世界大赛冠军的事件。红袜队自 1920 年后,再也没有拿到世界大赛的冠军,一直到 2004 年才再度夺冠。"贝比鲁斯魔咒"是美国史上最耳熟能详,而且最具经济价值的魔咒。贝比鲁斯魔咒并不是放诸四海皆准,这个魔咒只适用于纽约扬基队与波士顿红袜队这两支球队而已。这两支球队刚好都是美国出钱最大方、最会赚钱的超人气球队。

[05] **首席执行官基因组项目**(CEO Genome Project),首席执行官基因组研究作为 ghSMART 首席执行官基因组项目的一部分已经进行了 10 多年。ghSMART 对 1.7 万名首席执行官的评估数据库涵盖了所有主要行业及部门,以及从《财富》100 强企业到价值 1000 万美元的企业。该数据库包括职业和教育、行为模式、业务结果和每位高管的绩效的详细信息。这些数据由 ghSMART 通过对每位高管进行 4~5 小时的采访收集而来,通常还会辅以对其团队、董事会成员和商业伙伴的采访。

[06] **罗伯特·格林里夫**,美国管理学家,被认为是"仆人式领导"这一现代管理思想潮流的发起人。格林里夫曾任 AT&T 公司管理、研究、发展和教育部门的高层负责人,并兼任 MIT 斯隆管理学院和哈佛商学院的访问讲师,也曾在达特茅斯学院和弗吉尼亚大学任教。从 AT&T 公司退休以后,格林里夫创建了应用伦理学中心,最终发展成罗伯特·格林里夫仆人式领导中心。

[07] **詹姆斯·亨特**,JD 亨特顾问公司的创始人,该公司是一家以领导者的训练及发展为主要业务的管理顾问公司。亨特曾辅导过不少知名企业,如美

国运通（American Express）、雀巢、宝洁、南方电力公司（The Southern Companies）等。其著作有《仆人：修道院的领导启示录》《仆人修炼与实践》。

[08] **世界经济论坛**（World Economic Forum，WEF）是一个以基金会形式成立的非营利组织，成立于1971年，总部设在瑞士日内瓦州科洛尼。它根据《瑞士东道国法》于2015年1月获得正式地位，确认了论坛作为国际公私合作机构的作用。它以每年冬季在瑞士滑雪胜地达沃斯举办的年会（俗称达沃斯论坛（Davos Forum））闻名于世，历次论坛均汇聚全球工商、政治、学术、媒体等领域的领袖人物，讨论世界面临的最紧迫的问题。2006年，该论坛在中国北京和美国纽约设立了区域代表处。世界经济论坛是一个中立的非营利性组织，不涉足任何政治、党派或国家利益。该论坛的宗旨是"致力于改善世界经济状况"。世界经济论坛在联合国经济与社会理事会中拥有观察员身份，接受瑞士联邦政府的监管。

　　该论坛最高管理机构是基金会董事会，目前有29位成员。本书作者思纳博先生为29位董事之一。截至2020年年底，华裔及中国籍董事委员包括，美籍华裔大提琴演奏家马友友，阿里巴巴集团前董事局主席马云，清华大学国家金融研究院院长、国际货币基金组织（IMF）前全球副总裁朱民博士。

[09] **克劳斯·施瓦布**，德国工程师和经济学家，后加入瑞士籍。世界经济论坛创办人和执行董事长。1938年出生在德国拉芬斯堡，先后在弗里堡大学拿到经济学博士学位，在苏黎世联邦理工学院拿到工程师博士学位，在哈佛大学约翰·F.肯尼迪政府学院拿到公共行政硕士学位。他还取得了多个荣誉博士学位，并担任以色列的内盖夫本-古里安大学和中国的外交学院的荣誉教授。他于1971年成立欧洲管理论坛，随着影响力的不断扩大，1987年改为世界经济论坛，定在每年的1月末在瑞士小镇达沃斯举行年会。2007年，他又创建了夏季达沃斯论坛，定在每年6月或9月在中国天津或大连举办。

结 语

领导力的新赛季

2008年，SAP时任首席执行官孔翰宁（Henning Kagermann）先生给了我一个发展领导力的机会，他希望我为SAP扮演更加全球化的角色做好准备。我应邀参加了欧洲工商管理学院（INSEAD）的AVIRA（意识、远见、想象力、角色、行动）之旅项目，在那里我们进行了为期一周的理论学习，重点是商业在全球化中扮演的角色。该项目由INSEAD的萨勃拉曼尼亚·冉杆（Subramanian Rangan）教授与林赛·莱文（Lindsay Levin）创立的名为"领导者探索"的组织共同合作推出。在很多方面，这个项目从根本上改变了我对领导力的看法。

在旅途中，我们会见了很多不同地区的领导者，其中一些是政治家，另一些是商业人士，还有一些来自社会组织和草根运动。他们的背景非常不同，他们所代表的企业、挑战和机遇也各不相同。我们也会见了很多成功的大型企业的领导者，给我留下最深印象的是印度非政府组织的年轻领导者德维卡·马哈德万（Devika Mahadevan）。

那时的孟买还十分混乱不堪，这个至少有 2000 万人的大城市，每天都有更多的人不断涌入。孟买对新建筑和新基建的需求是巨大的。当时，印度建筑业有 3500 多万名从业人员，其中大部分在孟买。在大多数情况下，建筑工人和他们的家人一起生活在建筑工地上，因为他们别无选择。当项目完工后，建筑工人和他们的家人就搬到下一个工地。这种不断的迁移，造成建筑工人的孩子无法上学接受教育，从而对他们以后的生活产生了不利影响，造成了重大的社会问题。

2008 年，当我们和德维卡·马哈德万初次会面时，有 4 万多名儿童居住在建筑工地上。德维卡·马哈德万是孟买流动托儿所的负责人，该托儿所致力于在建筑工地上建立临时学校来解决建筑工人的孩子无法上学这一社会问题。当建筑工人把大楼第一层的屋顶建好后，学校就搬进在建大楼的第一层。德维卡·马哈德万向我们解释了孟买流动托儿所如何从附近受过良好教育的老年妇女中招募教师，这些妇女愿意每天教孩子们几个小时。

一些赞助商在教学材料和行政管理方面提供了帮助。因此，孟买移动托儿所能够给孩子们提供教育，让这些孩子有机会获得更好的生活。

德维卡·马哈德万的梦想很具体，也让人深受鼓舞——"到 2010 年让一万名孩子有书可读"。她希望到 2010 年，每年能够帮助一万名工地上的儿童接受教育。1969 年，德维卡·马哈德万的祖母创建了孟买移动托儿所。后来，这一被升级为"10 × 10"（到 2010 年让 10 万名孩子有书可读）的梦想成为该非政府组织发展的基础，并为筹款创造了机会。今天，孟买移动托儿所已经让 270 个建筑工地上的 10 多万名儿童有书可读，同时让 1000 多名成年人接受了师范教育。

德维卡·马哈德万的故事是一个很好的例子，说明一个清晰的愿景以及强大而真实的领导力可以解决世界上最让人绝望的情况。德维卡·马哈德万并不是领导着一个员工众多的大型组织。事实上，参与其中的大多数人都是受她的梦想所激励的志愿者。她没有庞大的预算，也没有赚很多钱。她的基本思路是确保有需要的儿童接受良好的教育。每个孩子每月的花费不到20美元。尽管孟买流动托儿所是一个预算有限的小组织，但德维卡·马哈德万通过自己的领导力为许多人创造了机会，为孟买的许多孩子创造了未来的梦想。

尽管当时德维卡·马哈德万年仅30岁，但她在很多方面已经理解了领导力的真正意义，即参与并创建一个致力于实现梦想的社区来释放人的潜能。

我们通常会认为，一个人的领导力或重要性要通过其所负责的组织或预算的大小来衡量。德维卡·马哈德万证明了领导力关乎领导者可以实现的改变，激励他人致力于组织的梦想，以及领导者吸引和发展他人的能力，即使他们只是志愿者。

传统意义上的领导力很大程度上基于头衔或角色赋予领导者的权力。因此，传统的领导力注重如何使用被赋予的权力来确保组织和员工执行管理层所做的决策。德维卡·马哈德万的例子表明，真正的领导者不需要任何正式的赋权，就可以带领人们实现共同梦想，并取得显著的影响。是梦想、激情和你真实的领导力让一切变得不同。

梦想与细节领导力模型所定义的领导力完全不同于基于赋权的领导力。梦想与细节领导力是一种基于激励人们发展以及充分利用他们的潜力来追求共同梦想的领导力。这是一种基于领导者对他人的影响力，关乎领导者释放他人潜能的能力，依赖领导者与他人合作能力的领导力。梦想与细节领导力模型将释放创造力并创造空间，为企业创造新的、更好的机遇。

结语
领导力的新赛季

我们经常把优秀的领导力与定义目标和做出决定的能力联系在一起，并在其后确保决策得以执行，绩效目标能够实现。这种形式的领导力在那种你有正式的授权来管理所有相关事务的组织中，或者在你可以计划未来，根据事实做出正确的决策，并根据现有的假设来实施这些决策的组织中可能很有效。

在赛季转换频繁的时期，很难获得做出正确决策所必需的全部信息，而且由于很多条件未知，因此往往不可能制订出所谓的最佳计划。计划和目标往往会被证明过于保守或好高骛远，这取决于企业在指数曲线上的位置。在这种情况下，传统的领导力模型存在很大的风险，极可能将绩效表现和企业业绩都限制于计划之内。这只会削弱人们的士气、胆略和追求更大梦想的意愿。

如果你想使用本书中关于带领组织和员工实现共同梦想，并在关键细节上挖掘人的全部潜力的思想，那么你首先需要从自己的领导力风格和自己作为领导者这一角色的假设入手。经过我们的分析和思考，那些值得我们学习的领导力类型不基于拥有决定权以及控制计划和衡量结果的权力。相反，梦想与细节领导力关于创造清晰的、可信的和负责任的能力，并利用你的影响力去激励他人追随梦想，帮助人们挖掘潜力。

转型和各种转变始于清晰的定义。如果梦想不明确，它就很难激励人们。明确的细节也至关重要，因为细节会把组织的注意力集中在那些将要发生重大变化的地方。明确放弃不再需要关注的细节，让组织能够专注于最重要的细节，这种取舍的能力同样重要。最后，清晰的思维模式和框架会增加梦想的可信度，为变革搭建起平台。这为人们各自发展和相互协作创造了空间。

领导力的重点不是根据企业的商业计划做出正确的决定，而在很大程度上是关于如何提高组织的能力，最优化地处理任何出现在他们面前的状况。清晰的梦想、细节和平台为参与其中的人与他人的合作奠定了基础,同时提高了组织果断做出决策的能力。梦想与细节领导力模型不是要让领导者给出正确的答案,而是要在正确的时间向正确的人提出正确的问题。通过梦想与细节领导力模型可以为企业创造一种思维模式和框架,让员工自己去做出正确的决定。

"给予信任是好的,能够掌控更好。"当我们引入控制机制来确保计划顺利实施时,我们经常会这样表达。但如果这种说法并不正确呢?我们坚信,对预定计划的控制限制了组织自我重塑的能力。通过控制计划,你最多可以完成计划预定的路径。但是,如果计划变得无关紧要,不再是最好的计划,那该怎么办呢?在大多数情况下,创建计划时人们的认知和现有的假设限制了计划本身。

在赛季转换期间,计划很可能是错误的,因为各种情况都会随着赛季的转换而发生变化,而且这些变化在计划开始时并不为人所知。本书中所描述的领导力,不是控制一切使之按照计划进行,而是高度信任员工,相信他们具备找到更好途径的能力以及作为个人和团队呈指数级飞跃式发展的能力。

信任和清晰同等重要。当人们受到共同梦想的鼓舞并愿意追求关键细节使之趋于完美时,以信任为基础的领导力,相信人的潜力以及人们合作的协同效应。很多例子可以说明,当人们被一个鼓舞人心的梦想所驱动时,他们能够创造奇迹。金钱和头衔很难鼓舞人心,但承诺、意志和人的能力可以创造奇迹。

当领导力建立在信任的基础上时,就会发生根本性的变化。基于信任的领导力,认为人们将怀着不断发展关键细节的意愿去追逐梦想,相比基于各种控制机制的领导力,它能更好地释放人的全部潜力。基于信任的领导力要求领导者去倾听和不断学习。此外,发现和管理失误也很重要，这样失误也可以成为组织学习的机会。

　　信任不是马上就可以获得的，随着时间的推移你能积累信任。信任建立在我们是谁，我们做事的方式以及诚信的基础之上。我们还要认识到自己的弱点和错误，必要时勇于承担责任。要创建基于信任的领导力，领导者绝不能将个人目标置于首位，必须剔除组织中各种政治化的、官僚主义的议程。信任是双向的，是领导者和员工之间相互的承诺。

　　总而言之，领导力需要始终如一、毫不妥协地坚持原则，还要做到物有轻重、令有缓急。没有这些品质，你的视野就会变得模糊，转变的效果就会被大大削弱。只有坚持不懈、毫不妥协地让自己和身边的人接受更高的标准，坚持那些能够实现梦想的原则，才能实现真正的自我重塑。

　　许多人认为基于信任的领导力是不牢靠的，但实际上基于信任的领导力是非常稳定和强大的。相比一位仅因为权力和地位而让人们不得不服从的领导者，一位信任员工、被员工信任、坚定的领导者将激励人们做出更好的成绩。

　　基于控制的领导力，每年都会对员工进行评估，以判断他们实现既定目标的能力。超过目标的员工会得到好的评价，通常会获得更高的奖金。没有达到目标的员工会收到很差的评价，也不会得到奖金。这种制度是相对的，并不总能确保对员工的业绩表现进行准确的、有意义的评价。在这种情况下，没有达到目标的员工，事实上有可能表现得比任何人预期的都好，反之亦然。此外，在发展员工关键细节上的能力和表现方面，基于控制的领导力未必会发挥作用。

　　当领导者评估一名员工的绩效表现时，基于信任的、坚定的领导力方式更加二元对立，即非此即彼的角度：一名员工有参与梦想的意愿，有能力在关键细节上开发他的潜力，或者没有。如果没有这种意愿，坚定的领导者会毫不犹豫地把这名员工调整到不同的环境中或赋予他其他角色。这种不妥协的领导者给每个人机会去开发他们实现梦想的潜力，也会让那些不想或没有能力发展其潜力的人承担责任。

这同样适用于坚守组织中的原则和价值观。作为领导者，你不能接受基本原则或价值观被打破，即使打破原则和价值观的是最有价值的员工或领导者。当然，这也适用于你自己。同样，你也不能接受不忠诚的行为、不公平对待他人的行为或政治游戏，尤其是在组织中的领导者之间。对不忠诚于梦想或团队的行为要毫不妥协地予以反击。不妥协的领导力将增加组织的透明度和信任感，并在组织为实现梦想而努力时让大家团结一致。我们可以把它描述为一种对组织和员工"高标准、严要求"，同时又极其关心组织及员工发展的行为。

传统的领导力建立在客观认知及客观事实的基础之上。客观认知对于做出合理的决定是必不可少的。但在赛季转换的过程中，挑战在于你往往没有足够的客观认知或事实依据来做出正确的决策。在赛季转换时，领导者不会推迟到有了足够的认知时才去做出决策，而是管理基于经验的直觉认知，以及对未知做出实事求是的判断。这要求我们必须勇于运用自己的判断力。

我们推荐的梦想与细节领导力风格最重要的特点之一就是要求领导者有勇气：勇于承认事实，即使事实与你的假设相悖；相信自己直觉的勇气、信任他人的勇气、勇于尝试未知事物的勇气、勇于承认自己错误并从中吸取教训的勇气，以及诚实的勇气、不妥协的勇气；通过将你的个性融入你的领导才能，勇敢地做真实的自己。最重要的是，要有勇气挑战自己的假设，领导一个需要不断创新的新世界。

改变，一如既往，由内而生。我们希望梦想与细节领导力模型能启发你的灵感，让你有勇气去重塑你的领导力，让企业在强势有利之时得以重塑。

参考及
译者注释

[01] **孔翰宁**，1982 年加入 SAP 公司。孔翰宁先生是 SAP 历史上最成功的首席执行官之一，他为人低调内敛、和蔼可亲，是德国商界备受尊敬的传奇人物。孔翰宁先生也是德国工业 4.0 的主要推动者、德国总理默克尔的顾问，现任德国国家科学与工程院院长。2016 年，孔翰宁先生被德国联邦交通与数字基础设施部长任命为德国政府自动驾驶伦理委员会成员。

[02] **林赛·莱文**，其职业生涯的前 15 年都在创建创业公司。2001 年，她创办了"领袖之旅"（Leaders' Quest）。从那以后，她一直致力于将各个学科和行业的领导者联系起来，共同探索当今世界的一些重大问题的解决方案。目前，她的大部分时间都花在与企业首席执行官和他们的领导团队合作，研究企业、公司价值观和文化变革所扮演的角色上。林赛是一家英国养老院集团和一家印度投资公司的董事会成员，后者为创业型企业开发融资结构，让那些处于经济金字塔底层的人受益。

[03] **德维卡·马哈德万**是印度曼德西基金会（Mann Deshi Foundation）的战略和沟通主管。该基金会向农村妇女传授商业技巧，并向她们提供贷款。曼德西基金会的员工会到她们的村落，为她们提供各种行业培训，但只象征

性地收取很低的培训费。

  在过去的 15 年里，德维卡·马哈德万一直在社会部门工作，研究与城市住房、基础设施以及儿童权利和移民相关的问题。她是孟买流动托儿所的董事会成员，该组织致力于帮助居住在建筑工地的儿童。德维卡·马哈德万也是印度国家制度改革（National Institution for Transforming India）普惠金融委员会的成员。德维卡·马哈德万拥有伦敦经济学院发展研究硕士学位，并曾在津巴布韦和中国工作过。

致 谢

基于我们共同的梦想,我们决定出版一本关于领导力的书。我们梦想为最具挑战的领导力问题找到解决方案:企业领导者如何在一个强而有利的位置,领导一个成功的组织进行重塑?当人们已经成功的时候,你如何激励他们再次改变,如何让他们超越自我,再创辉煌?你如何突破阻碍了许多成功企业在剧变的时代进行自我重塑的"创新者的窘境"?

当我们开始最初的讨论时,我们并没有答案,但我们知道答案就隐藏在如何提高释放人类潜能的能力之中。

本书基于大量的讨论、分析、反思以及我们的观点和想法。梦想与细节领导力模型是反复迭代的结果。梦想与细节领导力模型的核心始终是如何开发人的潜能,梦想与细节领导力模型就是从这一核心发展而来的。我们每次会面和讨论都让我们更加坚信这一点,因为梦想与细节领导力模型中所定义的每一个元素,都来自我们每次讨论中获得的新灵感、新案例，以及我们的经验。

将梦想与细节领导力模型中的每一个元素及细节以统一的方式结合在一起是巨大的挑战。感谢苏珊·塞耶斯（Susanne Sayers）一如既往的支持，她帮助我们将脑海中的想法转化为跃然纸上的文字。感谢幽默风趣的苏珊一如既往的鼓励，以及你坚持让"梦想与细节领导力"束简成书的信念。

我们也非常感谢谢里克（Rikke）和比尔·弗里曼（Bill Fryman），感谢他们给予支持，并将本书从丹麦语翻译成英语。谢谢你们帮助我们重塑了这本书。

思纳博　特欧乐

作者简介

  思纳博先生，西门子集团（Siemens AG）、马士基集团（Maersk A/S）董事长，安联保险集团（Allianz SE）副董事长。同时，思纳博先生也是世界经济论坛董事会成员。思纳博先生服务于 IT 行业近 30 年，他在 SAP 和 IBM 担任了各种不同的领导角色，领导全球咨询、销售和产品开发等部门。2008 年，他被任命为 SAP 执行董事会成员，2010 年与孟鼎铭一起出任 SAP 联席首席执行官。2012 ~ 2017 年，思纳博先生担任 Bang & Olufsen 副董事长。通过世界经济论坛，思纳博积极参与推动有关商业及社会在数字化转型方面的工作。思纳博先生拥有奥尔胡斯大学

（Aarhus University）经济学及工商管理硕士学位。此外，思纳博先生还是哥本哈根商学院（Copenhagen Business School）的客座教授。2018年，怀抱着通过本书中的理念和战略思维触及更广泛读者的梦想，思纳博与特欧乐共同创立了梦想与细节学院（Dreams and Details Academy）。

特欧乐先生，梦想与细节学院的联合创始人兼首席执行官，该学院由特欧乐先生与思纳博先生于2018年创立，他们的梦想是拓展一种新的领导哲学。特欧乐先生的职业生涯包含8年的国际排球运动员生涯以及21年的俱乐部和国家队主教练生涯，总计带领丹麦国家男排参加了342场比赛。特欧乐先生是丹麦排球协会的体育总监和首席执行官，同时也是欧洲排球联合会教练委员会的秘书长。作为企业顾问，他曾与许多丹麦和国际企业、组织合作，包括丹麦政府、丹麦皇家剧院、丹麦红十字会和丹麦国家电视台。特欧乐先生拥有哥本哈根大学生物和运动科学的理学硕士学位，他是哥本哈根大学、耶鲁大学和哥本哈根商学院高管高绩效领导力项目的客座讲师和考官。

译者简介

  高大众，先后供职于 SAP（德国）及 Deloitte（瑞士），创立 SupInt Management GmbH 管理咨询公司，为 Accenture、Alstom、BASF、Bosch、BMW、CMA & CGM、DHL、EDEKA、IBM、Israel Chemicals、Panalpina、Nestlé、SABIC 等国际企业提供咨询服务。现就读于清华大学经济管理学院及欧洲工商管理学院 Tsinghua-INSEAD Executive MBA（TIEMBA），师从白重恩、陈煜波等著名经济学、管理学大师，其间译有《偏执乐观：诺基亚转型的创业式领导力》(*Transforming NOKIA: The Power of Paranoid Optimism to Lead through Colossal Change*)、《梦想与细节：重塑企业数字新赛季的领导力》(*Dreams and Details: Reinvent Your Business and Your Leadership from a Position of Strength*)，著有《再别枫丹白露》(2021)。